CH. CASTELLANI

VERS LE NIL FRANÇAIS

Avec la Mission Marchand

PARIS
ERNEST FLAMMARION, ÉDITEUR
26, RUE RACINE, PRÈS L'ODÉON

VERS LE NIL FRANÇAIS

AVEC

LA MISSION MARCHAND

*Il a été tiré, de cet ouvrage,
10 exemplaires sur papier de Chine,
tous numérotés.*

IMPRIMERIE E. FLAMMARION, 26, RUE RACINE, PARIS.

CH. CASTELLANI

VERS
LE NIL FRANÇAIS

AVEC

LA MISSION MARCHAND

150 ILLUSTRATIONS

D'APRÈS LES PHOTOGRAPHIES ET LES DESSINS DE L'EXPLORATEUR

PARIS

ERNEST FLAMMARION, ÉDITEUR

RUE RACINE, 26, PRÈS L'ODÉON

Tous droits réservés.

Je dédie ce livre au capitaine Marchand ainsi qu'à mes glorieux camarades de la mission, en les priant, comme je fais moi-même, de ne se souvenir que des bons moments passés ensemble. Je n'ai plus qu'un désir, c'est de les serrer tous dans mes bras, sains et saufs, couverts de lauriers et de fleurs.

Un compagnon de brousse

CH. CASTELLANI, peintre

PREMIÈRE PARTIE

DE MARSEILLE A BRAZZAVILLE

CHAPITRE PREMIER

A bord du *Stamboul*. — Las Palmas. — Le Charnier.
Le baptême du tropique.

J'habite Courbevoie. Je ne sais si vous connaissez ce coin des environs de Paris? Cette ville, où plutôt cette commune n'est pas précisément un Eden; mais l'endroit où je niche est ombragé de grands arbres, au pied du petit château de la Belle Gabrielle, un ancien rendez-vous de chasse du roi de galante mémoire, le bon Henri IV.

Je me plais dans ce nid, et cependant l'idée de le quitter me prend de temps à autre, comme vous vient la fantaisie, quand on est bien quelque part et qu'on est d'humeur vagabonde, d'aller courir ailleurs pour être beaucoup plus mal.

Cette fois, disons-le, ce fut un peu la faute du directeur de l'*Illustration*, lequel il est vrai, n'a pas eu grand peine à me décider. Je lui avais parlé vaguement de je ne sais quel projet de voyage en Afrique, au Transvaal je crois, quand il me proposa une visite au centre du continent même.

Dame, je n'ai pas hésité longtemps : les bosquets de la Belle Gabrielle m'ont subitement paru fades, à côté des forêts vierges que j'entrevoyais là-bas; et le ruisseau qu'on appelle la Seine, sali et empoisonné par les fabriques de la localité, m'a semblé pouvoir supporter difficilement la comparaison avec le fleuve Congo, qui roule ses eaux sur des largeurs de 20 et 30 kilomètres. Les vagabonds même, voleurs et assassins, qui hantent ordinairement la nuit les parages courbevoisiens, me sont apparus d'une pâleur ridicule à côté des fameux cannibales du Haut-Oubangui.

J'ai donc accepté d'emblée la proposition légèrement subversive de M. Marc.

Restait la réalisation du projet qui n'était pas tout à fait commode. Le directeur de l'*Illustration* se montrait prêt à faire tous les frais nécessaires; mais cela n'était pas suffisant : il me fallait un guide, une protection quelconque, pour pénétrer à travers ces pays vraiment peu fréquentés.

Une mission, dont je ne connaissais ni le but, ni les moyens d'action, consentit à me laisser cheminer auprès d'elle, à la condition que je ne me mêlerais pas de ses affaires et que je paierais mon écot. Tout fut arrangé à souhait et je bouclai mes malles.

Je dois dire, qu'au dernier moment, M. Marc crut devoir m'avertir que le voyage que j'allais entreprendre était bien plus dangereux que les voyages dans les autres parties du continent africain, étant donné le mélange d'humidité et de chaleur propre à ces contrées de la zone torride, où règnent en permanence les fièvres, la dyssenterie et autres inconvénients, sans parler des habitants qui ont, dit-on, la fâcheuse habitude de mettre leur prochain à la broche.

Ce qui me mordit surtout et m'attira dans cette aventure, ce fut l'idée de toucher du doigt la barbarie et la primitivité, que quelques voyageurs affirmaient régner encore là-bas, dans toute leur horreur ou leur candeur, au choix.

Oui ou non, existait-il encore de vrais sauvages, des cannibales, des peuplades vivant comme il y a dix mille ans, sans règles ni lois, et n'ayant aucune organisation sociale; de vrais *anarchistes*, dans toute l'acception du mot?

Un peu incrédule, je voulais, je le répète, comme saint Thomas, toucher du doigt.

Ce n'était ni le Sénégal, ni le Soudan, ni même le Nil qui me tentaient; ces contrées, tout intéressantes qu'elles puissent être, ont des civilisations relatives et appartiennent au monde connu par des constitutions, des organisations, des gouvernements, des religions.

Là, me disait-on, rien de semblable : vous verrez l'homme après sa création.

La mission avec laquelle je fus mis en rapport devait remonter le Haut-Oubangui, sous la conduite du capitaine Marchand, ancien compagnon de Monteil à la côte d'Ivoire. M. Marchand est un de nos officiers les plus distingués dans la jeune armée. Je n'avais plus qu'à aller de l'avant, et le 10 mai 1896, je quittais Paris pour embarquer le 25 du même mois à Marseille (route du Congo).

Ma relation faite au jour le jour sera sincère.

« A beau mentir qui vient de loin », dit le vieux proverbe.

Eh bien, sérieusement, je crois que, pour le voyageur qui observe, il y a tout bénéfice à ne rien inventer; et, le plus souvent, il n'a pour intéresser le lecteur que l'embarras du choix, au milieu des visions et des faits qui se déroulent sans discontinuer devant ses yeux. Le tout, me semble-t-il, est de savoir choisir et présenter ces faits. J'y tâcherai de mon mieux.

Il faut vous dire tout d'abord qu'en mettant le pied sur le pont du *Stamboul*, grand vapeur de la Compagnie Fraissinet (capitaine Vic), je me trouve subitement transporté dans un milieu tout à fait nouveau pour moi :

Mes compagnons sont plus ou moins des coloniaux de la

Côte-Ouest de l'Afrique ; militaires ou civils, administrateurs ou négociants.

Je trouve dans ce milieu peu ou point de figures communes ou banales ; et parmi ces gens, qui cherchent leur voie autre part que dans les sentiers battus du vieux monde, apparaissent quelques types très originaux : presque tous ont une physionomie et une histoire intéressantes : celui-ci est un haut employé de la maison Régis de Marseille, se rendant au comptoir de Vydda (Dahomey) : ancien captif de Béhanzin, il en a vu de dures avec ce roi nègre, et il n'oubliera jamais le voyage qu'on lui fit faire à la cangue ou au carcan, nu, en plein soleil, et quel soleil ! en compagnie de quelques-uns de nos compatriotes, pris comme lui et conduits jusqu'à Abomey, pour être présentés à Sa Majesté noire. M. X... le prisonnier en question, a rapporté sa tête, ce qui est déjà un beau résultat. Un autre de mes camarades de route, M. Germain, capitaine dans l'artillerie de marine, se rend à Loango, où doivent le rejoindre le capitaine Marchand et plusieurs officiers faisant partie de la mission. Quelle est cette mission ? et surtout quel est son but ? Je ne saurais le dire au juste. Dans tous les cas, c'est avec elle que je vais m'enfoncer dans le continent noir. Le capitaine Germain, avec qui j'ai fait connaissance à Paris et à Marseille, est un homme de trente ans environ et déjà un vieil Africain. C'est un vrai type d'officier français, d'un caractère jovial et ayant souvent de l'esprit ; j'aurai plusieurs fois l'occasion de vous parler de lui durant la route.

Je veux aussi vous présenter le commandant du *Stamboul* M. Vic, un petit homme brun de peau et de cheveux, agile et vif comme un écureuil. Un léger accent méridional lui assigne comme berceau les environs de Marseille ; mais il ne l'avoue pas ; sans doute il n'aime pas à se vanter. Nous sommes très bien ensemble, et il me lit *ses poésies*, qui sont pleines d'intentions satiriques. Ah ! il a la dent dure, le com-

mandant, et il ne fait pas bon l'avoir pour ennemi, bagasse !
En revanche c'est un homme charmant pour ceux qui lui
plaisent, et plein de bonhomie avec ses hôtes. Je le crois
assez sensible aux charmes du beau sexe. Comme il n'y a
pas de dames à bord, les conversations à table sont très co-

CAPITAINE GERMAIN

lorées et prennent souvent un tour tant soit peu grivois. Il
y a un certain docteur qui nous fait rougir jusqu'au blanc
des yeux ; de même un magistrat, d'allure plutôt sévère qui
tient audacieusement tête au docteur sur ce terrain scabreux :
les chants les plus hardis s'entrecroisent et frappent les
ondes sonores. O muse de Rabelais ! voile-toi la face ; ton

favori est distancé, tout au moins en effronterie ; ah ! on ne se gêne pas sur le *Stamboul*.

N'était l'horrible mal de mer qui empoisonne tout pour moi, je serais parfaitement heureux ; car le temps est splendide et nous vogons littéralement sur des flots bleus. Malheureusement, il me semble toujours avoir, ramassé à l'intérieur de l'estomac, comme un crapaud qui ne veut pas sortir et me donne un incessant sentiment d'horreur et de dégoût pour tous les aliments, lesquels refusent de s'assimiler à mon organisme. N'insistons pas.

Après avoir franchi hier le détroit de Gibraltar et rasé dans l'Océan le premier cap de la côte africaine, assez près pour apercevoir distinctement la végétation et quelques constructions marocaines, nous perdons peu à peu de vue la côte d'Europe, et nous nous élançons à pleine vapeur dans l'Atlantique, filant en ligne directe vers les fameuses îles Fortunées des anciens, les Canaries d'aujourd'hui. On en dit encore merveille de ces îles; nous verrons cela demain.

Dimanche 31 mai, à quatre heures du matin, j'entends stopper le *Stamboul*; je me lève en hâte et mets la tête au hublot.

Hélas! désillusion! Au lieu d'une terre de verdure et de fleurs que je m'attendais à voir surgir du sein des flots, c'est une côte banale et aride qui s'offre à ma vue. On m'affirme qu'il faut attendre, pour juger définitivement, que je sois débarqué. Je ne demande pas mieux ; mais le coup est porté : pour moi il n'y a plus d'îles Fortunées. A une heure de l'après-midi, un canot nous porte à terre et, ma foi, je consens à revenir un peu sur mon premier jugement.

La plus grande des Canaries, Las Palmas, si on pénètre dans l'intérieur, est vraiment pittoresque, avec ses vallées profondes et verdoyantes, émaillées de fleurs éclatantes, ombragées de grands palmiers. Il règne dans l'île, affirme-t-

UNE LAITIÈRE A LAS PALMAS

on, une fraîcheur éternelle, malgré sa situation en face du Saharah, lequel lui envoie sur l'aile des vents d'est, son sable jaune et fin, qui couvre toute la partie que nous avions aperçue à l'arrivée, ce qui donne au paysage l'impression d'aridité qui m'avait tant choqué d'abord.

L'aspect des habitants de Las Palmas, qui sont de race

LAS PALMAS

ibérique, uni au style des constructions et de l'église, fait penser à l'Espagne méridionale.

En visitant l'île ou plutôt le cimetière, j'ai été frappé par une scène tout à fait révoltante, dans un pays civilisé, absolument catholique et cérémonieux, si j'en juge par les pompes de l'église.

Ici comme dans toute l'Espagne, les cercueils sont enchâssés et cimentés dans le mur circulaire qui enferme le

LE CHARNIER DE LAS PALMA

champ de repos. Jusque là, rien que de normal; mais au milieu de ce champ j'ai été frappé, par la vue d'une fosse immense qui se présentait béante et qu'on était en train de fouiller pour en extraire une série de cercueils et d'ossements qu'on allait sans façon vider par dessus un petit mur donnant sur la mer, laquelle en cet endroit n'a aucune profondeur; ce qui procurait le spectacle répugnant de débris humains roulés avec le galet sur la plage, au milieu d'oripeaux noirs et ensanglantés.

A une question que je fis aux gens occupés à ce travail macabre, il me fut répondu que c'était le cimetière des pauvres, qu'on vidait ainsi régulièrement quand il était trop plein. C'est comme vous voyez tout à fait édifiant.

Nous quittons Las Palmas vers cinq heures. La mer devient de plus en plus belle, mais la chaleur augmente rapidement, et le soleil commence à devenir dangereux pour nos têtes d'Européens; nous sommes obligés d'arborer les grands feutres.

A la surface des eaux se montrent quantité d'animaux, pullulant au sein de ces mers : marsouins bondissants, poissons volants, qui semblent des lames d'argent mues par des ailes de cristal, galères à la voile de pourpre et d'azur, requins sinistres, baleines immenses.

L'une de ces dernières passe à notre portée : un de nos compagnons de bord, M. Gimmig, grand chasseur devant l'Éternel, essaie mon Lebel sur la bête et la touche probablement, mais son projectile ne paraît en aucune façon l'avoir inquiétée; le monstre replonge tranquillement après nous avoir laissé tout le loisir de l'examiner. M. Gimmig, non content de cette tentative, promène le meurtre sur la surface des ondes qu'il rougit du sang de victimes nombreuses.

2 *juin*. — Je subis le bâptême du tropique, avec accompagnement de seaux d'eau, baquets, pompes, etc. J'avais vainement tenté d'échapper au supplice en affirmant mordi-

cus, du haut d'une tribune improvisée, que j'avais déjà franchi plusieurs fois l'Equateur. Je fus habilement questionné par un magistrat passager, M. Coly : « Où avez-vous été? — Je répondis sans hésiter : A Buenos-Aires. — Combien de temps êtes-vous resté dans le port avant d'accoster le quai? — Environ deux heures. — Eh bien, Monsieur, je suis fâché de vous l'apprendre : il n'y a pas de port à Buenos-Aires, et les navires restent ancrés au large... » Puis, se tournant vers l'équipage : « Vous pouvez lui flanquer le maximum. » C'est là-dessus que, malgré mes protestations, je fus douché de la belle manière ; il me fallut en outre payer ma bienvenue dans la zone torride, ce dont je m'acquittai de bonne grâce.

CHAPITRE II

Dakar. — Le Marché nègre. — Le Margouillat. — Les tirailleurs sénégalais. — Konacry. — Les Croumanes. — Dreywin. — La barre. — Le gorille. — Grand-Lahou, un palabre.

Au 3 juin soir, nous atteignons Dakar, et je profite d'une relâche d'un jour pour descendre à terre. Là, subitement, il m'est donné de jouir d'un spectacle peu ordinaire pour un habitant de Paris, qui, presque sans transition, passe du boulevard à un marché nègre. Il s'agit naturellement du nègre demi-civilisé, qui n'a rien à voir avec celui qui s'affuble à l'européenne, et n'est que grotesque. Ici, je suis surpris par la variété des couleurs, qui grouillent et éclatent sans discordance, au milieu d'un paysage absolument adapté à la scène. Je n'avais jusqu'à ce jour rien vu, en fait de représentation écrite ou peinte, qui m'ait donné une idée de ce spectacle entièrement original. J'essaierai certainement de peindre le marché de Dakar, qui défie toute description. En traversant ce que l'on appelle le Jardin public, j'ai été frappé par l'apparition subite d'un animal étrange, une espèce de lézard multicolore, qui se promène tranquillement par les rues, la queue en l'air et branlant la tête, comme un lapin en plâtre : à mon approche, cette bête qu'on appelle le *margouillat* (je doute que ce soit son nom scientifique), rentre sans se presser dans un buisson; j'en vois d'autres qui passent la tête par des trous et semblent contempler ma promenade avec curiosité. Quelle drôle de bête! Le *margouillat*, qui n'est molesté par personne, paraît être absolument chez lui. Je ne crois pas le nègre malfaisant, et je pense qu'il est

LIEUTENANT MANGIN

plus avantageux pour le *margouillat* de vivre à Dakar qu'à la Villette.

Nous embarquons ici une compagnie de tirailleurs soudanais, ou plutôt sénégalais, destinée à escorter la mission.

C'est le lieutenant Mangin qui a été chargé de les recruter; il est le commandant effectif de la compagnie. Beaucoup de ces noirs sont d'anciens compagnons d'armes du lieutenant, pour lequel ils ont une véritable adoration, adoration que M. Mangin me paraît mériter à tous égards. C'est un homme essentiellement bon et distingué, plein de finesse et d'esprit; un peu à la façon des gentilshommes de la vieille école, ce qui n'est pas plus mal.

Je ne sais si M. Mangin a éprouvé pour moi la même sympathie que j'ai ressentie pour lui; dans ce cas, je serais loin de lui déplaire. Je ne parle pas de sa réputation de bravoure : lui et ses compagnons me font tous l'effet d'être vaillants comme des lames d'épée; on les a déjà vus à l'œuvre[1].

Je ne saurais passer sous silence une physionomie plus modeste qui a certes son intérêt, M. l'adjudant de Prat : il est à bord l'instructeur et l'initiateur des Sénégalais, et il s'acquitte de cette besogne avec un véritable zèle. J'aurai du reste l'occasion de vous entretenir souvent de ce sous-officier, qui m'a paru mériter une mention sérieuse.

Ce matin, 6 juin, apparaît Konakry, petite presqu'île toute verte, bien autrement attrayante de prime aspect que la Grande Canarie. Je trouve là une végétation qui me donne un avant goût des paysages de la zone torride. A part la chaleur qui est accablante, on se croirait dans un petit paradis terrestre.

En dehors de sa physionomie séduisante, Konakry, par sa situation et son commerce, est appelé à devenir un des points les plus importants de la côte : une route commencée vers le Niger navigable indique la tendance à ce but. Cent et quelques kilomètres sont déjà livrés à la circulation. Espérons qu'on n'en restera pas là.

A ce propos, M. Gimmig, qui n'est pas seulement un chasseur, mais surtout un négociant à grandes idées, me met au courant de ces projets, qu'il a lui-même étudiés et dont il

---

1. Expédition du colonel Monteil à la Côte d'Ivoire.

me prédit la réalisation quand ils auront été examinés en haut lieu. Je suis peu expert en ces matières, mais cela néanmoins m'apparaît fort intéressant après les développements lumineux et surtout pratiques, de mon aimable compagnon de voyage. Cette route, paraît-il, permettrait aux caravanes du Haut-Niger et du Fouta-Djalon, d'acheminer facilement leurs riches produits à Konakry, en détournant de plus, au profit de ce point, le mouvement commercial qui se fait actuellement vers la colonie anglaise de Sierra-Leone.

Inutile d'insister par ailleurs sur l'importance stratégique considérable qu'aurait pour la |France la route susdite, qui permettrait des ravitaillements rapides et économiques pour lutter avantageusement contre Samory, le vaincre définitivement et nous rendre maîtres une bonne fois, de tous les pays compris dans la boucle du Niger, où Anglais et Allemands essaient de nous disputer la suprématie qui nous appartient sans conteste possible sur ces riches contrées.

C'est ici que subitement, sans crier gare, une *tornade* épouvantable, accompagnée d'éclairs et de tonnerre, nous rafraîchit un peu vivement et nous oblige à demeurer à terre plus de temps que nous n'aurions voulu : la *tornade* est un phénomène atmosphérique qui se produit brusquement dans ces régions et fait en quelques instants passer le ciel et la mer du calme le plus complet à la tourmente la plus violente; c'est avec deux heures de retard que nous regagnons le *Stamboul*, dans notre canot conduit par des indigènes, qui pagayent en s'accompagnant d'un chant assez harmonieux, mais monotone.

J'ai commencé à faire connaissance avec les noirs, et jusqu'ici ces pauvres gens me sont plutôt sympathiques. On a beau leur prêter mille défauts, je les trouve surtout de grands enfants, avec toutes les naïvetés et les petites roueries de l'enfance; ils me paraissent surtout posséder une insouciance parfaite. Nos tirailleurs entre autres sont stupéfiants de gaieté et de philosophie : on les entend continuellement rire aux éclats ; et franchement, il n'y a pas de quoi : mal nourris, mal vêtus, mal couchés, parqués sur le pont, comme des animaux, à toutes les intempéries, ne sachant où on les mène, n'espérant rien, ne pouvant en réalité compter sur rien. Quelle existence étrange ! Je n'ai jamais surpris chez ces pauvres diables aucun instinct de révolte. Est-ce réellement une race inférieure ? Je ne le crois pas. Ils sont plutôt en retard et nous en abusons légèrement. Je n'ai au reste pas la prétention de rien juger à première vue; attendons l'expérience.

Pour terminer avec Konakry, j'ajoute que j'y ai vu pour la première fois un boa et deux singes : le boa, qui n'était autre que le fameux *constrictor*, était enfermé dans une cage, et les deux singes, genre chimpanzé, erraient en liberté. Ces quadrumanes usèrent et abusèrent de cette liberté pour venir boire dans nos verres et se *saoûler* comme des portefaix. Le serpent m'a paru avoir 3 à 4 mètres de long et les singes $1^m,10$ de haut; j'avais rêvé mieux que cela, surtout pour le serpent : j'espère bien rencontrer un jour, à distance bien entendu, quelque bon gorille ou quelque reptile, dans le genre de celui qui, paraît-il, arrêta autrefois l'armée romaine, trois jours durant, dans les déserts de Lybie. En attendant, je me contente de recueillir les documents que me fournissent là-dessus, mes compagnons africains ; les uns prétendent que le *constrictor* n'est pas si grand qu'on veut bien dire ; qu'il est absolument inoffensif; d'autres, au contraire, affirment qu'il y en a d'immenses et qu'ils peuvent avaler des bêtes considérables : il faudrait s'entendre.

A ce propos, à la suite d'une discussion qui s'était entamée à table, et pour clore le différend amené par la déclaration du jeune Mollex, lequel prétendait avoir envoyé promener, d'une gifle, un boa qui s'était présenté à lui inopinément, dans un escalier (la scène se passait au Dahomey), notre petit commandant M. Vic nous raconta que, se trouvant ancré à l'embouchure de je ne sais quel fleuve du sud, un boa gigantesque trouva moyen de grimper à son bord par la chaîne d'arrière et se présenta inopinément à l'équipage effaré.

L'animal, au dire du commandant, était gros comme un homme et ouvrait une gueule de deux à trois pieds de large. Le second le tua d'un coup de fusil. Le lieutenant Mangin ayant timidement et discrètement hasardé quelque doute à propos des proportions du monstre, fut fortement rembarré par M. Vic, qui en somme avait vu la bête de ses propres yeux. Je suis sûr que ce qu'il a dit est parfaitement exact : seulement j'aimerais encore mieux l'avoir aperçu moi-même; afin d'en parler plus en détail au lecteur.

5 juin, cinq heures de matin. — Le bateau, qui s'est ancré de la veille à la côte des Kroumanes, fait tout à coup entendre le sifflet de sa machine, et en un clin d'œil la mer se couvre de pirogues, montées par des noirs qui accostent notre flanc, s'élançant à l'abordage, comme s'il s'agissait de s'emparer du navire; en un instant tout cela grouille et crie sur le pont. Ces sauvages seraient beaux, n'étaient leurs grosses lèvres; les moutards surtout sont tout à fait jolis, avec leurs grands yeux étonnés et leurs mouvements de petits fauves. Nos tirailleurs considèrent tous ces gens avec un profond mépris; ils les traitent volontiers de *sauvages* et de *sales nègres;* et, si on le leur ordonnait, je suis persuadé qu'ils tomberaient dessus avec enthousiasme, et au besoin les extermineraient comme des animaux impurs.

Le capitaine Vic nous raconte à ce sujet qu'à un de ses précédents voyages, une rixe sanglante avait subitement éclaté entre Sénégalais et Kroumanes. Vous voyez ça d'ici : à grands coups de pagaie et de tout ce qui leur tombait sous la main; heureusement les tirailleurs étaient sans armes, de sorte qu'il n'y eut qu'un seul mort, mais quantité d'assommés ou grièvement blessés, des crânes défoncés et mâchoires fracassées. C'était touchant, paraît-il.

Ces Kroumanes viennent à bord pour tâcher de se faire embaucher comme matelots et hommes de peine du navire. Tous s'empressent et se bousculent autour du capitaine, se recommandant d'anciens services : « Toi, pas connais moi? moi, Grand Serin (je gaze)? moi, Grosse Trique (je gaze encore) et un tas d'autres noms de guerre qui feraient sursauter l'ami Rabelais ; noms qu'ils paraissent porter avec orgueil.

Aujourd'hui, nous avons fait à terre une excursion des plus intéressantes ; un grand canot monté par douze moricauds nous a conduits à Drewin, petit poste français, occupé par deux douaniers. Après avoir franchi la barre qui règne à peu près tout le long de la côte africaine et avoir payé mon tribut à ce fameux phénomène, en piquant une tête dans l'onde écumante, j'ai atteint le continent, ramené sain et sauf par quatre robustes nègres. J'ai un instant tout perdu en faisant mon plongeon : chapeau, fusil, jusqu'à mon porte-monnaie, tous objets qui me furent rapportés par un noir. Bref, j'en ai été quitte pour un bain complet.

Nous fîmes à l'intérieur une petite excursion sous la conduite d'un Anglais gigantesque, sir Arthur..., qui se livre à la culture des cafés. Ce gentleman fut plus courtois que ne le sont en général ses compatriotes : il nous mena à un grand village dont le chef, un vieillard presque aveugle, nous reçut en grande cérémonie ; c'était le premier *palabre* auquel il m'était donné d'assister... Nous offrîmes à ce roi plusieurs bouteilles de vin qu'il accepta avec reconnaissance. En nous quittant, il nous fit des présents consistant en fruits, plus un bouc, que nous ramenâmes et laissâmes du reste au chef douanier, qui nous avait donné l'hospitalité d'une façon toute cordiale.

Pendant notre promenade à travers la végétation merveilleuse de cette côte, le douanier me conta que le pays, depuis deux ou trois mois, était inquiété par un gorille, qui avait mis en pièces un jeune garçon, et que les femmes du village épouvantées avaient plusieurs fois aperçu dans les massifs. La terreur régnait à Drewin.

Aujourd'hui 10 juin, j'ai encore eu l'honneur d'être présenté à un chef; voici dans quelles circonstances : j'étais descendu à Grand-Lahou, où séjournent encore deux compagnies de tirailleurs sénégalais; le capitaine qui commande cette station reçut pendant que nous étions à terre la visite dudit chef qui, accompagné de ses fils et de plusieurs grands dignitaires, venait porter plainte contre les tirailleurs. Le fils aîné, qui parlait un peu le français, s'exprima avec véhémence en ces termes : « Tu sais, capitaine ! il y a tirailleurs qui venu village, qui embrassé femmes, qui donné coups hommes et tué poules. » — Tous ces gens me paraissaient en proie à une grande indignation et à une grande colère; en somme, il y avait de quoi : moi-même, malgré le comique de la déposition, je plaignais ces pauvres diables. Le capitaine, après avoir écouté gravement la plainte, répondit : « C'est bien, nous verrons. » Ça ne faisait pas tout à fait le compte du chef, qui fit subitement un geste éloquent avec son pouce dirigé vers sa bouche ouverte comme un four, en renversant et balançant la tête en arrière. Le capitaine comprit, et immédiatement fit apporter deux bouteilles de tafia. Toutes les figures s'étaient illuminées à la vue du liquide. En un tour de main, le monarque ingurgita le contenu de l'une d'elles, laissant circuler l'autre parmi les assistants : l'honneur était satisfait; et le chef reprit tranquillement la route de ses Etats, suivi de ses grands dignitaires, après nous avoir serré la main avec effusion, emportant avec lui l'espoir d'une indemnité promise par le capitaine. Comme vous pouvez voir, il y a ici en pareil cas moins d'histoires que chez nous ; et ces gens-là, en somme, me paraissent avoir très bon caractère. J'allais omettre un détail important de l'aventure, détail typique au point de vue mœurs : le chef qui me semblait très âgé et très vénérable, avait fait au moment de nous quitter un autre geste, aussi compréhensible que le premier, mais beaucoup moins honnête ; il s'agissait d'une requête, à laquelle le docteur s'empressa de faire droit, lui remettant une petite fiole que le monarque serra précieusement sous son péplum. J'ai su depuis qu'il s'agissait d'un médicament dénommé teinture de C..., médicament qui, paraît-il, rend la gaieté aux gens les plus tristes. Ledit ingrédient est très demandé sur la côte et autres lieux de la terre africaine. Avis aux notables commerçants de Marseille. — Tâchons pour une fois de ne pas nous laisser distancer en affaires, par la perfide Albion. A propos d'Albion vous pourrez lire dans le chapitre suivant une anecdote qui vous donnera une idée de la morgue des employés anglais, même nègres.

CHAPITRE III

Cap-Coast. — Le Douanier nègre. — Cotonou. — La Rade aux requins. Libreville. — M. de Brazza.

A Cap Coast, une grande pirogue à douze pagayeurs avait accosté le *Stamboul*, portant, assis dans un vaste fauteuil en osier, un noir du plus bel ébène, avec des lèvres à faire pâlir les bords d'un vase nocturne. Le drôle, coiffé d'une casquette de Midshipman toute brodée d'or, se prélassait insolemment au milieu de son équipe; c'était, paraît-il, le chef de la douane. Un immense éclat de rire accueillit ce ridicule personnage, qui se mit à ribouler des yeux énormes et furieux; sa colère ne fit qu'augmenter la gaieté universelle; le nègre, exaspéré, n'avait pas voulu répondre à M. Maistre, notre second, et avait réclamé impérieusement le capitaine en personne. Après avoir fait remplir les formalités d'usage, le canot s'éloigna lentement, emportant le majestueux fonctionnaire; à ce moment, le docteur du bord ne put résister à une tentation de mauvais goût : il héla le moricaud et, de concert avec nous tous, se mit à contrefaire le cri et le geste d'un singe qui se gratte l'aisselle. Le succès fut considérable. Le douanier furieux perdit toute dignité et se dressa en nous montrant le poing : il avait compris.

Ce matin, 17 juin, nous stoppons en face du Warf de Cotonou, dans la fameuse rade aux requins. Je dois dire sans qu'on puisse m'accuser d'exagération, qu'à deux reprises, du canot qui nous menait au Warf, j'ai pu voir émerger les ailerons d'un de ces squales redoutables; j'en ai eu froid au dos.

Je songe, qu'il y a peu d'années encore, on franchissait la terrible barre en canot et que ledit canot était très souvent culbuté, avec son équipage de noirs et ses passagers blancs; et que maintes fois, on vit disparaître un homme, ne laissant de sa trace qu'une large tache rouge au milieu des eaux tumultueuses.

J'ai franchi deux de ces barres en pirogue, et, sans avoir personnellement couru de très grands dangers, j'ai pu me rendre compte des difficultés et des accidents que présente l'opération. En certaines circonstances les nègres refusent de marcher : et j'ai vu de mes yeux un des canots, dans lequel je n'étais heureusement pas, retourné comme une plume avec ses douze rameurs et ses bagages. Très souvent aussi, les noirs, en approchant de la barre, jettent à l'eau tous les colis, afin d'alléger le canot et de rendre la manœuvre plus facile : les lames poussent tous ces objets à la côte. Quel métier, pour ces pauvres noirs, qui non seulement doivent songer à leur salut, mais aussi à celui des passagers blancs dont ils ont la charge et la responsabilité.

Sans insister davantage sur ce phénomène, qui a été souvent décrit, je dois dire que j'ai été frappé par l'originalité du spectacle, suffisamment pour en faire un dessin que je joins à ma relation. Vous pourrez y remarquer le barreur — féticheur, qui se tient debout à l'arrière et agite de la main droite une queue d'animal quelconque, pour conjurer les mauvais esprits.

La plage de Cotonou et le paysage en général sont moins intéressants que ceux de Konakry et de Drewin. La fièvre y règne en permanence grâce à une vaste lagune.

Ici, plusieurs de nos compagnons de route nous quittent définitivement, entre autres le jeune et vivant M. Mollex, une des figures intéressantes du bord : M. Jules Mollex, inspec-

NAIN AKKA (1ᵐ,27). — LIBREVILLE
NAINS DE LA MISSION

teur de 1ʳᵉ classe de la garde civile du Dahomey, avait fait partie de la mission *Decour* et avait organisé nos postes du Haut-Dahomey. Il me mit au courant des choses de la con-

PASSAGE DE LA BARRE A DREWIN

trée ; car, malgré sa jeunesse, il me paraît avoir acquis dans ce genre une certaine expérience. Je trouvai auprès de lui une véritable éducation préparatoire. Ou je me trompe fort, ou ce jeune homme a l'étoffe d'un colonisateur; il est en outre passionné pour l'Afrique et me raconte qu'il ne s'occupera jamais d'un autre pays. Il m'apprend, en débarquant ce matin à Cotonou, où nous l'accompagnons, qu'on vient de massacrer dans l'intérieur plusieurs blancs et une quarantaine de miliciens ; il va probablement être envoyé avec une compagnie pour châtier les révoltés, qui ne sont autres que les Baribas, race plutôt claire de ton, un peu touaregs de costume et de mœurs; cavaliers comme ceux-ci et pas commodes, paraît-il. Je souhaite bonne chance à mon jeune compagnon de route, et nous nous serrons la main ; je me demande avec inquiétude si des miliciens suffiront pour la besogne à accomplir. La compagnie, qui vient d'être si éprouvée au Dahomey, était partie à travers la brousse à la recherche de M. Forget, ancien avocat à la Cour d'appel, secrétaire général, lequel a disparu et a dû être massacré au cours d'une excursion au milieu de cette peuplade récalcitrante.

C'est seulement aujourd'hui, 22 juin, en remontant à bord du *Stamboul*, déserté par moi depuis trois jours, que j'éprouve une sensation bien nette à propos de la vie sur les côtes africaines : c'est à Libreville et dans ses environs que j'ai passé ces trois journées, en compagnie des notables de la localité, qui peut être considérée comme la capitale du Congo français.

Reçu, je puis le dire, avec honneur, par le gouverneur général, M. de Brazza, j'emporte une excellente impression de cette petite ville. Sont-ce les hôtes? Est-ce le pays lui-même qui m'a laissé sous le charme? Je ne saurais préciser. A coup sûr, voilà le meilleur souvenir de mon voyage le long de la côte.

Parlons d'abord du pays : c'est au premier coup d'œil une merveille, une féerie, au point de vue décoratif; la richesse de la végétation y est inimaginable. L'aspect de

NAINE AKKA (1ᵐ,24). — LIBREVILLE
NAINS DE LA MISSION

Libreville vu de la mer est enchanteur et donne de suite envie de débarquer. Aussitôt l'atterrissement on éprouve le désir d'aller plus loin et ainsi de suite jusqu'à la brousse et la forêt. La ville elle-même est bien conçue, bien tracée et respire plutôt l'aisance et la paix; on voudrait vivre là (la fièvre, malheureusement, paraît y régner, comme partout ailleurs).

Je n'ai eu, je le répète, qu'à me louer des habitants. Néanmoins, si j'en crois la chronique locale, l'accord serait loin d'être parfait, comme dans toutes les colonies du reste; mais glissons, cela ne nous regarde pas.

LIBREVILLE (ATELIER DE CONSTRUCTION)

Je ne saurais passer sous silence une personnalité dont le nom seul a conquis en France et dans tout le monde civilisé une célébrité incontestable; je veux parler de M. de Brazza, commissaire général du gouvernement français, au Congo.

Je puis presque dire d'emblée que je connais bien M. de Brazza, ou je me trompe fort. C'est une grande et belle figure; à coup sûr, je le crois un très honnête homme, mais je le suppose en même temps le plus fin

et le plus habile des diplomates (on n'est pas parfait).
Voilà pour mon impression personnelle. Son secrétaire, M. Aubertin, que je consulte à cet égard, m'édifie complète-

M. DE BRAZZA

ment. M. Aubertin a pour son chef un respect, je dirai même une vénération, qui, chez un homme intelligent et distingué comme lui, sont un indice singulièrement en faveur de M. de Brazza. Il me raconte la vie de celui-ci et me met au courant de ses occupations journalières, de ses efforts constants, de son énergie et de sa ténacité, le tout, au grand profit de la colonie, qu'il a créée et qu'il administre. Il me fait toucher du doigt les difficultés sans nombre qu'il a rencontrées et qu'il rencontre encore dans la

M. DE BRAZZA

réalisation de l'œuvre à laquelle il paraît avoir voué sa vie.

Au physique, M. de Brazza est grand, mince et brun, avec des fils d'argent dans les cheveux. Son aspect est plutôt doux et avenant. L'accueil est sympathique, très probablement avec ceux qui lui plaisent; car sa physionomie prend par instants des expressions d'impatience qui permettent de supposer qu'il peut, quand il le veut, tenir les importuns à distance.

M. de Brazza, si fin qu'il soit, a, paraît-il, des naïvetés et une bonté natives qui le mettent souvent à la merci des plus vulgaires rastaquouères; ceci est du reste encore à son honneur. Il est, paraît-il, adoré des indigènes, dont il veut à tout prix ménager les peines et surtout le sang, qu'il a toujours eu horreur de faire couler. Bref, j'ai comme dit plus haut, l'homme m'apparaît une grande et noble figure, et je lui souhaite longue vie et prospérité.

Si j'étais reporter je vous dirais ses habitudes de travail et son genre de vie; mais cela sortirait de mon cadre. M. Aubertin, dont la courtoisie et la bienveillance ne se sont pas démenties un seul instant à mon égard, me semble admirablement fait pour seconder M. de Brazza; et quoi qu'il tienne à s'effacer, il me fait l'effet d'être une de ces perles qu'on ne doit pas laisser égarer.

Je dois aussi signaler à l'attention la gracieuse et charmante compagne du commissaire général, dont l'affabilité, la simplicité et les qualités de femme forte ne peuvent manquer d'exercer une influence bienfaisante sur tout ce qui l'environne. Je termine en remerciant sincèrement M. Aubertin, de son accueil et des bons instants passés en sa compagnie.

La population noire de Libreville est surtout congolaise, mêlée de Pahouins et de Kroumanes passagers. A propos des Kroumanes, permettez-moi un mot d'histoire d'Afrique contemporaine; il paraîtrait que les peuples du littoral à partir du golfe de Guinée sont insensiblement pressés par la race pahouine, qui les refoule continuellement vers la rive ouest du continent; cette race probablement est elle-même poussée par les Musulmans du nord qui débordent vers le Centre africain. Ces émigrations s'accomplissent lentement et sans arrêt depuis des années. A ces mouvements vient s'ajouter l'invasion blanche en sens contraire, invasion dont l'influence va également croissant. Qui peut prévoir ce qui résultera du choc fatal entre Européens et Musulmans?

Les Congolais, race paresseuse et dégénérée, semblent n'avoir emprunté au contact des blancs que les mauvais

ENVIRONS DE LIBREVILLE

côtés des civilisations : fainéants et débauchés, ils vivent volontiers de la prostitution de leurs femmes ; ces dernières, les plus coquettes des noires que j'ai rencontrées sur la côte, sont généralement bien faites et plutôt gracieuses : pittoresquement drapées de pagnes de fabrication européenne, elles peuvent, au milieu des autres singes femelles, passer pour jolies ; mais entre nous, il faut avoir de singuliers appétits pour épouser ces créatures ; ce qui n'empêche nombre d'Européens de contracter ce que l'on appelle là-bas des *mariages*, mariages qui consistent à prendre à terme des femmes du pays, avec ou sans le consentement des parents, lesquels en général me font l'effet d'abominables proxénètes. Sans crainte d'être taxé de bé-

CES MESSIEURS

gueulerie, je répète que les épouseurs ne sont pas très dégoûtés.

Il y aurait ingratitude de ma part à quitter Libreville sans parler du Père Pringault, le chef de la mission, qui s'est mis obligeamment à ma disposition et m'a fourni sur l'endroit et ses environs des documents photographiques très précieux. Il m'a en outre donné sur les missions en général et la sienne en particulier, des renseignements que je crois devoir vous communiquer sans parti pris.

L'influence des missionnaires est à mon avis plutôt bienfaisante au Congo, dans ce sens qu'ils enseignent surtout aux enfants noirs à lire, à écrire, à compter, et leur inculquent, à propos de notre civilisation, des idées qui doivent certainement faciliter la conquête morale de l'Afrique. C'est après tout plutôt par la douceur et la persuasion qu'ils procèdent, et leur éducation est, sans conteste et à tous les points de vue, préférable à l'état d'abrutissement où paraissent vivre les populations du Centre dont beaucoup sont encore antropophages.

Mon voyage en mer et sur les côtes touche à sa fin; nous approchons de Loango, station d'où nous devons partir pour commencer nos étapes à travers le continent.

CHAPITRE IV

Loango. — Les Incendies de brousse. — La Rivière des Diamants, la Source Les aiguilles. — La Fête des calebasses. — Le boa et la poule noire.

Débarqué, le 25, à Loango, station qu'on décore pompeusement du nom de ville et qui a peut-être quarante ou cinquante habitants blancs, avec quelques maisons construites en bois, je trouve le pays presque dans la brousse et j'ai avantage à camper sous ma tente C'est beaucoup moins pittoresque ici qu'à Libreville et je n'aimerais guère y séjourner. Néanmoins, je suis menacé d'y passer un mois entier; je pense que je n'aurai pas cette malechance.

J'aperçois, de l'endroit où j'ai planté ma tente, le chemin qui va dans le sens de Brazzaville et que nous nommons le *Sentier de la Guerre*.

Brazzaville se trouve à 500 kilomètres dans l'intérieur, ce qui doit me nécessiter une marche de vingt-cinq jours au moins, étant donné les difficultés à surmonter. Cette marche, paraît-il, sera une des plus pénibles du voyage.

Je vais profiter de mon repos forcé pour faire quelques excursions aux alentours. Le pays, très boisé et très accidenté à peu de distance de la ville, me procurera certainement l'occasion de faire quelques études intéressantes.

Le jour ou plutôt le soir de mon arrivée à Loango, j'ai été frappé, au moment où j'allais me coucher, par des lueurs immenses et des feux qui semblaient s'allumer alentour dans les forêts ; j'avais déjà plusieurs fois, du bateau, aperçu ce phénomène le long des côtes : on m'a ex-

LOANGO

pliqué depuis que ces incendies, qui par moment donnent l'illusion d'immenses cités en flammes, sont allumés par les indigènes, qui trouvent ainsi le moyen d'établir autour de leurs villages une zone protectrice, dans ce sens que les hautes herbes étant supprimées, les serpents, insectes et autres bêtes nuisibles disparaissent à peu près du voisinage des cases.

J'ouvre ici une parenthèse à propos des noirs de nos colonies ; et, sans vouloir faire de la critique malveillante sur l'administration, je trouve qu'on ne s'occupe guère

CAMPEMENT A LOANGO

d'eux au point de vue éducation. Au lieu de les laisser croupir dans une paresse et une débauche qui ne feront qu'augmenter, ne pourrait-on pas leur enseigner des métiers et un peu d'agriculture. La conquête n'est utile et pardonnable qu'à cette condition. Il y a certes beaucoup à tirer de ces merveilleux pays, et, il m'apparaît d'emblée qu'on ne fait rien dans ce sens. Je sais bien que les noirs passent pour une race inférieure, mais en réalité sont-ils inférieurs aux bohèmes qui vivent à ne rien faire dans nos grandes cités d'Europe? Ce sont surtout à mon avis des contemplatifs et des ignorants, au fond intelligents et primesautiers ; de grands enfants qu'on méprise et qu'on malmène parce qu'ils n'osent pas se défendre. Ces malheureux nous prêtent des qualités et des forces que n'avons certes pas, et je trouve que nous sommes à leur égard injustes et souvent cruels.

On m'affirme que c'est bien autre chose dans les colonies belges ou anglaises ; je veux le croire, et je suis même sûr que ce qu'on appelle les *libérés*, sont absolument traités comme des esclaves et quelquefois affreusement mutilés pour des peccadilles ; mais les crimes des autres n'excusent pas nos fautes. Assez du reste sur ce sujet qui m'entraînerait sur un terrain brûlant. Je dois dire que j'ai rencontré parmi les administrateurs nombre de gens sensés et humains, en première ligne M. de Brazza.

26 *juin*. — On a toujours tort de juger vite : j'ai dit plus haut que Loango m'avait produit une impression défavorable ; je suis obligé d'avouer que j'ai rencontré aux environs des endroits absolument merveilleux, entre autres la rivière des Diamants, située à quelques kilomètres nord-est de mon campement. A l'entrée de cette rivière, une source, qui sort des rochers, s'abrite sous un immense bosquet de verdure ; là vont se baigner les jeunes filles des villages voisins. Dans une excursion que nous fîmes

avec M. Vergnes, négociant de l'endroit, notre apparition subite ne troubla en aucune façon ces enfants de la nature qui jouaient en poussant des petits cris d'oiseaux; elle nous procurèrent durant un instant un spectacle des plus gra-

CASTELLANI, LIEUTENANT SIMON, DOCTEUR X..., A LA SOURCE DES DIAMANTS (LOANGO)

cieux. Ici encore, à propos des femmes noires, je suis obligé de rectifier mon premier jugement; j'en vois plusieurs qui sont presque jolies, surtout de corps. Elles sont coquettes, naturellement; mais elles adoptent en fait de toilette des usages et des modes qui les enlaidissent à plaisir : ainsi d'aucunes, les vierges, je crois, ou plutôt celles qui ont des prétentions à cet état, se barbouillent avec de la couleur rouge, non seulement la tête, mais tout le corps jusqu'à la ceinture : la plupart ont, tatoués en relief, des ornements sur la poitrine et dans le dos. Elles ont également la fâcheuse habitude de s'attacher en travers de la partie supérieure des seins soit un lacet, soit leur pagne; elles arrivent ainsi à déformer rapidement une partie du corps qu'elles ont souvent très belle. Tout calculé, néanmoins et pour conclure, les femmes de couleur ne sauraient supporter la comparaison avec les blanches. Chez la négresse, les charmes se flétrissent vite; elle arrive rapidement à être laide; les vieilles sont absolument hideuses; et en ce genre, elles défient toute description; les pauvres créatures n'ont qu'une chose pour les consoler, c'est l'affection de leurs enfants, qui gardent toujours, paraît-il, pour la mère une tendresse sans égale, ce qui prouverait dans une certaine mesure que le nègre est meilleur qu'on ne dit.

J'ai assisté hier à ce qu'on appelle un *tamtam*, espèce de fête nocturne qui consiste à danser autour d'un feu en battant du tambour et en poussant des hurlements cadencés, avec force contorsions des hanches et du bassin. Cette danse, qui dure jusqu'à deux heures du matin, paraît amuser énormément les noirs; inutile d'ajouter que ça laisse fort à désirer au point de vue de la décence et de la correction du maintien. Ce n'est pas en Afrique qu'il faut venir prendre des leçons de pudeur; du reste, ces gens-là en général me paraissent peu faits pour porter des vêtements. Rien n'est en effet comique comme des nègres en toilette, hommes ou femmes.

Jusqu'ici, je n'ai pas encore vu la queue d'un animal féroce ou d'une bête dangereuse : ni panthères, ni éléphants, ni rhinocéros, ni serpents, ni crocodiles; c'est à désespérer. Si, pourtant, j'ai tué, ou plutôt le lieutenant Simon a tué d'un coup de fusil un grand aigle pêcheur qui était en train de dévorer un énorme poisson sur le banc de sable de la lagune. Nous nous sommes empressés de lui arracher des plumes aux ailes pour les mettre à nos chapeaux, ce qui achève de nous donner des airs de brigands espagnols.

En vous disant que je n'avais pas encore rencontré d'animaux nuisibles ou dangereux, je me trompais : il y a quantité de petites bêtes insupportables, créées sûrement pour tourmenter notre espèce, savoir : la chique, le moustique, le cancrelat, la fourmi qui ne se contente pas seulement de n'être pas prêteuse, mais fait les morsures les plus cuisantes.

Je ne vous parlerai en détail de ces animaux que quand ils me donneront tout à fait l'occasion de me plaindre d'eux. Jusqu'ici ils ne m'ont pas attaqué trop directement et je les tiens à l'œil. Cette nuit pourtant, j'ai fait trois quarts d'heure durant la chasse à un satané moustique qui s'était introduit, je ne sais comment, sous ma moustiquaire et me chargeait obstinément à coups de clairon et de dard ; je suis parvenu à le massacrer. Il faut vous dire que ces insectes sont bien autrement bruyants et meurtriers que les nôtres. J'ai le nez comme une tomate pour avoir reçu un seul coup d'aiguillon. Il y a bien aussi le scorpion ; mais personne jusqu'ici n'a eu à s'en plaindre. On m'a parlé également d'un serpent gros comme un tuyau de pipe, qui fait trépasser son homme en moins d'une demi-heure ; heureusement il fuit les gens tant qu'il peut ; il faut presque s'asseoir dessus, pour le forcer à mordre, ce qui, dans ce cas, est on ne peut plus légitime. Il y a encore un autre inconvénient tout local, que le docteur a signalé aux gens trop curieux de faire des études sur nature : il s'agit d'une certaine affection ou fièvre maligne qui manque rarement de se déclarer chez les Européens trop empressés ou trop courtois auprès des belles de la contrée. Avis aux amateurs. Enfin la fièvre proprement dite à laquelle on n'échappe que rarement, surtout à la côte.

Voilà sérieusement l'ennemi le plus dangereux qu'on puisse rencontrer en Afrique, après l'explorateur, bien entendu, lequel, comme dit Bonvalot, est le plus redoutable des animaux féroces. J'ai en passant à Libreville communiqué cette opinion de Bonvalot à M. de Brazza; celui-ci n'a pas relevé le propos. Le capitaine Germain prétend que j'ai fait ce qu'on appelle une gaffe; je ne me pique pas d'être fort en diplomatie.

M. Vergnes, qui a eu l'obligeance de me procurer plusieurs études photographiques, m'a fait faire à nouveau une excursion des plus intéressantes. Après une marche assez pénible à travers rivières, escarpements, hautes herbes, lianes, etc., nous avons gravi, le lieutenant Simon et moi, *les fameuses aiguilles*; ça n'a évidemment rien de commun avec l'Himalaya, mais il faut se contenter de ce qu'on a; nous sommes les premiers visages pâles et probablement les premiers humains, affirme M. Vergnes, ayant accompli cet exploit; et nous ne devons pas rencontrer, toujours à son dire, d'obstacles plus durs à franchir dans nos courses à travers le continent noir; j'en doute un peu. Comme pittoresque, rien à mon avis ne saurait dépasser ce que j'ai vu hier, en très petit bien entendu.

En me levant ce matin, 30 juin, j'apprends avec une certaine surprise que je dois rassembler mes bagages pour filer immédiatement sur Brazzaville; et ce, en compagnie du capitaine Baratier; nous devons, paraît-il, remonter en pirogue, la rivière du Kuilou ou Niari; opération qui doit durer de soixante à quatre-vingts jours, plus huit jours de marche pour atteindre la ville en question, ville qui, m'a-t-on assuré, compte à peu près douze ou quinze habitants blancs, tous fonctionnaires naturellement. Je crois que ma correspondance avec l'Europe va se raréfier considérablement.

Avant de quitter Loango, voici le récit d'une scène à

laquelle j'ai assisté : c'est la fête des *Calebasses*. Les *Calebasses* sont des jeunes filles arrivées à l'âge nubile, qu'on

ENVIRONS DE LOANGO

Vue prise des aiguilles. — La petite montagne en face est la Mongo-Matamba contournée par la rivière des Diamants (Manilon-Matamba) qui va se jeter dans l'Atlantique.

(Cliché de A. Vergnes, juin 1896.)

garde une semaine ou deux enfermées dans une case spéciale; après nombreuses mômeries et préparations, on les débarrasse du rouge dont elles s'enduisent la tête et le torse, et on les promène triomphalement de factorerie en factorerie jusqu'à ce qu'elles rencontrent un amateur auquel on les cède pour la modique somme de 4 *cortades*, pièces d'étoffes ayant environ chacune la valeur de 2 fr. 50. Il faut vous dire que la virginité est une chose fort peu estimée chez les habitants noirs de la contrée ; cette promenade des *Calebasses* est surtout burlesque ; les vieilles femmes et les petites filles qui accompagnent l'héroïne de la fête sont couvertes d'oripeaux de toutes couleurs ; elles marchent, brandissant des parapluies et poussant des cris avec accompagnement de toute espèce d'instruments bizarres ; la procession, abreuvée dans toutes les cases où elle se présente, en arrive à un état d'ébriété complet. C'est curieux peut-être, mais parfaitement répugnant.

Encore une anecdote, sur Loango : Je crois vous avoir entretenus plus haut du serpent boa, le terrible *constrictor*. Voici pour compléter mes premiers renseignements sur cette bête, un fait que j'ai constaté de visu : Un négociant de Loango, M. Sargos, qui détient dans une cage en fil de fer un de ces reptiles, avait introduit dans cette cage une petite poule noire destinée à servir de pâture au boa. Voici ce qui s'est passé : le serpent ayant présenté sa tête à la poule, sans doute pour l'hypnotiser, celle-ci, sans se laisser déconcerter le moins du monde, lui administra à l'arrière du crâne un vigoureux coup de bec qui fit brèche dans cette partie dont la cloison est assez mince. Le serpent étourdi se retira dans un angle de la cage ; la poule profitant de son abattement momentané, redoubla l'attaque et obligea l'adversaire à dissimuler sa tête dans le cercle formé par ses propres anneaux. Depuis, le volatile triomphant ne laisse pas une minute de repos au malheureux *constrictor* et lui picore littéralement la cervelle ; en un mot, *c'est la poule qui mange le serpent*. Remarquez que le reptile a plus de 3 mètres de long. Qu'en eût dit M. de Buffon ?

Donc je pars en compagnie du capitaine Baratier, qui m'apparaît un charmant homme et, ce qui ne gâte rien, un des hommes les plus intelligents que j'ai rencontrés. Nous serons seuls en tête-à-tête durant trois ou quatre mois peut-être et

LA SOURCE QUI ALIMENTE LOANGO

je suis sûr que nous ferons un ménage parfait; tant il est vrai qu'entre gens bien élevés et pas bêtes l'accord est toujours facile; Baratier a une maîtresse qualité pour un homme qui a l'habitude du commandement, il n'est jamais impertinent.

CHAPITRE V

Le capitaine Baratier et M. Fondère. — La montée du Kuilou. — Les chutes de Koussounda. — Le Mayombe. — Un accident. — Le petit courrier. — Une légende au centre africain.

Non, c'est trop beau! nous avons débarqué, le capitaine Baratier et moi, au Bas-Kuilou, et, après une nuit passée dans un *chimbek* appartenant à M. Fondère, dont je vous parlerai plus loin, nous nous sommes éveillés en face d'un paysage splendide : palmiers, bananiers, brousses, cases de nègres, etc.; et, s'étalant au milieu de tout cela, le Kuilou large et calme, avec des successions d'îles formant un décor à la Doré.

Malheureusement, le temps demeure gris et chargé de vapeurs humides. Nous avons la veille au soir franchi la terrible barre sur un tout petit vapeur qui nous amenait de Loango et je déclare, moi qui répugne à raconter des choses dramatico-tragiques, que nous avons tous frémi, quand un des énormes rouleaux formés par les lames est venu s'abattre sur le pont, emportant bagages et chapeaux, renversant les passagers noirs et blancs. La preuve que l'on courait là quelque danger, c'est qu'à l'heure présente le malheureux petit bateau repose au fond des eaux, qui ont fini par l'engloutir corps et biens dans une traversée suivante. Je me souviendrai certes de l'entrée du Kuilou ou Niari (ce dernier nom, je crois, est celui adopté par les géographes).

L'administrateur, agent général de la compagnie Lechâtelier, M. Fondère, doit remonter avec nous une partie du fleuve. C'est un compagnon d'autant plus agréable qu'il connaît à fond le pays et a fait plusieurs expéditions importantes dans l'intérieur. Quoique jeune, c'est ce qu'on peut appeler un vieux lascar, ce qui ne l'empêche pas d'être un homme du meilleur monde.

Nous ne passons qu'une nuit au Bas-Kuilou.

Le lendemain, dès sept heures du matin, nous embarquons sur un petit steam, remorquant un grand chalan dans lequel prennent place une centaine de pagayeurs, pêle-mêle, entassés, nous offrant le spectacle le plus varié, le plus bigarré qu'on puisse rêver ; sur cent vingt hommes qu'on avait embauchés, en leur versant une petite somme à l'avance, vingt manquent à l'appel ; ces derniers ont disparu dans la brousse, après avoir passé la nuit à boire avec leurs camarades ; il en est souvent ainsi avec les noirs, et nous sommes bien heureux d'en avoir conservé cent.

Nous commençons à remonter le fleuve ; et cette première étape de 25 lieues dans l'intérieur marque mon entrée dans le domaine des aventures. C'est en allant de surprises en surprises que nous franchissons cette étape ; et tout ce que l'imagination peut inventer de grandiose en fait de forêts vierges se déroule sous nos yeux avec un changement à vue de décors invraisemblables : perspectives d'îles enchantées, entassements de roches couvertes d'une végétation fantastique, îlots et bancs de sable où viennent reposer des caïmans énormes et de grands oiseaux. Je tire un de ces caïmans : je le manque ; mais un peu plus loin, j'en abats un qui était perché sur un tronc d'arbre renversé dans la rivière. Jugez de ma joie. Le capitaine Baratier tue également deux de ces animaux. Chaque fois qu'une bête est atteinte tous nos noirs poussent ensemble des cris de triomphe. Il est à remarquer en passant qu'il est extrêmement rare de pouvoir s'emparer du gibier qu'on a ainsi abattu; le caïman, même blessé à mort, disparaissant sous les eaux pour ne remonter qu'une heure ou deux après à la surface.

M. FONDÈRE, ADMINISTRATEUR COLONIAL

Un accident qui aurait pu devenir dramatique a eu lieu durant notre route : un pagayeur ivre tomba à l'eau et se trouva en un instant à une distance considérable du bateau; M. Fondère se précipita à la barre et fit faire machine en arrière. Au bout d'une demi-heure d'anxiété, étant donné le nombre considérable d'alligators qui grouillent dans le fleuve, l'homme put être retiré de l'eau sain et sauf, mais épuisé de fatigue. Il faut dire que le Kuilou est très large et très rapide en cet endroit.

Nous couchons à terre dans une petite factorerie, l'avant-dernière que nous devions rencontrer sur le bas fleuve, et, après une nuit sans incident, nous reprenons notre route de grand matin, cette fois en pirogue. En faisant le déchargement du petit vapeur, nous nous apercevons avec stupéfaction, le capitaine Baratier et moi, que nos malles avaient disparu, avec le linge, les vêtements, chaussures, etc. Que faire? Il faut en prendre son parti. Heureusement, armes, munitions ainsi que nos deux tonnelets insubmersibles nous restent, de même qu'une petite valise à main que j'ai toujours fait porter par mon boy. Une tente, la mienne, est également retrouvée. Puisse l'avenir ne pas nous réserver de surprises plus graves. En Afrique, on peut s'attendre à tout.

Jusqu'ici, mes compagnons et moi nous nous portons bien et j'ai lieu de croire que nous échapperons à la fièvre qui règne dans ces régions, surtout près de la côte.

O joie! au moment où nous nous embarquons sur les pirogues, nous sommes rejoints par le petit steam qui nous avait amenés de Loango. L'on nous rapporte nos malles.

Nous continuons à remonter le fleuve.

11 *juillet* 1896. — S'éveiller au milieu d'une forêt vierge, après avoir campé sur un banc de sable dont on a fait déguerpir les caïmans ; voir se lever l'aurore au milieu de ces solitudes peuplées ; entendre mille petits cris, mille petits sifflements doux et modulés, qui se mêlent au fracas des torrents, tout cela ne manque assurément pas d'originalité ni de charmes, pour un homme qui arrive de Courbevoie. Depuis deux jours, nous marchons à travers la forêt du Mayombe, côtoyant à pied la grande rivière du Niari-Kuilou, dont les bords fourmillent d'alligators et d'hippopotames. Durant ce temps, nos pagayeurs-porteurs remontent les pirogues chargées ; nous

sommes obligés de les attendre et de camper, où nous pouvons et comme nous pouvons. Je ne tenterai pas de vous décrire la forêt ; je m'en sens complètement incapable : C'est écrasant de grandeur et de sauvagerie. Ouvrez le livre des *Natchez* de Chateaubriand : c'est le souvenir de cet homme de génie qui est évoqué à chaque pas.

M. Fondère continue à nous accompagner et diriger notre convoi à travers les roches et les rapides du fleuve ; cet homme énergique et infatigable a ouvert, grâce à sa seule initiative, une voie inconnue, il y a deux ans à peine. Il a tracé au milieu de l'inextricable forêt, grâce à des efforts inouïs, une petite route qui aide singulièrement à notre marche : des arbres énormes ont été jetés hardiment en guise de ponts en travers des torrents desséchés ou précipitant furieusement leurs eaux ; des petits chemins ont été creusés dans le roc, surplombant la rivière, qu'on voit sous ses pieds, tantôt roulant avec fracas dans des espaces resserrés, tantôt coulant majestueusement entre des rives écartées de 800 à 1.000 mètres.

La dernière nuit, dans un établissement que nous avons baptisé l'*Auberge des Perroquets* (Mangy), nous avons été réveillés par les cris des petits et des grands singes, voire même par le hoû formidable du gorille, qu'on rencontre pourtant très rarement. M. Fondère n'a vu que le cadavre d'un seul de ces terribles quadrumanes ; le spécimen en question mesurait 1 mètre 80.

Nous avons passé deux jours entiers dans un endroit où le Kuilou se resserre entre deux murailles de roches, couvertes d'une végétation luxuriante ; cet immense défilé dans lequel se précipite la chute de *Koussounda*, n'a pu être franchi qu'en déchargeant les grands canots et en les hâlant sur les rochers, travail formidable qui nécessita de longs efforts. Un de ces grands canots chavira et un noir fut noyé durant l'opération de sauvetage.

6 *Juillet* 1896. — M. Fondère nous a quittés hier à deux heures de l'après-midi, à notre très grand regret, et nous

GORGES ET CHUTES DE KOUSSOUNDA

avons repris seuls notre marche en avant. Nous eûmes comme début à intervenir dans une altercation suivie de rixe entre des hommes de l'équipage des Loangos, nos plus mauvais piroguiers : ces noirs, après s'être mutuellement fendu la tête à coups de pagaie, menaçaient de fuir et d'entraîner les autres à leur suite, ce qui nous eût mis dans un cruel embarras. Grâce au sang-froid du capitaine Baratier, qui me démontra, non sans peine, qu'un acte de violence pouvait tout perdre, le différend fut apaisé. Le

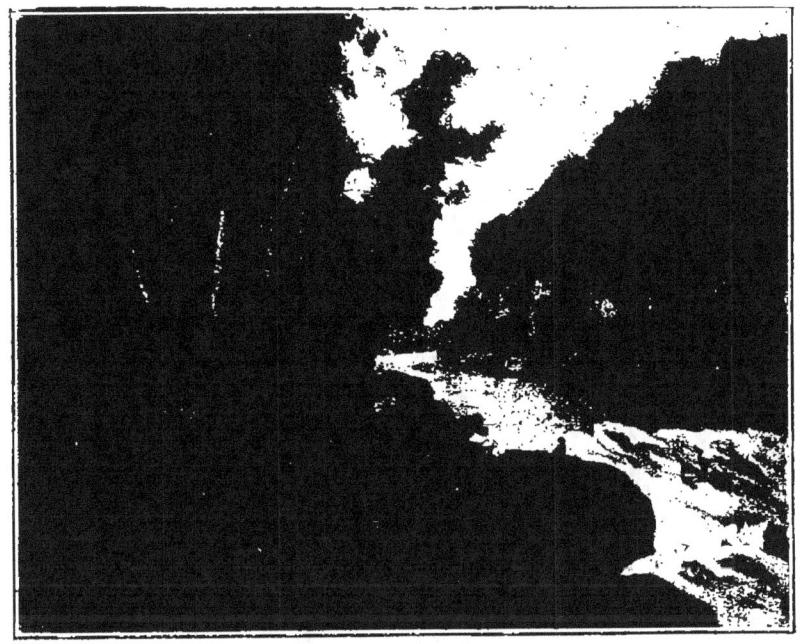

PASSAGE DES CHUTES DE KOUSSOUNDA

capitaine se débarrassa du contre-maître, un mauvais gredin, en l'expédiant à Mangy (l'Auberge des Perroquets), porteur d'une lettre dont il se garda bien de lui dire le contenu. Cette lettre renfermait un *bon* destiné simplement à le faire empoigner et lui faire administrer une bonne râclée ; j'ai su depuis que le rusé coquin s'était bien gardé de remettre la lettre ; il avait flairé le piège. J'espère que tout ira

NOTRE CAMPEMENT AU BANC DES CAÏMANS (KUILOU)

bien désormais avec nos nègres, qui, en somme, me paraissent plus bruyants que féroces.

Nous n'avons jusqu'ici trouvé aucune trace d'indigènes. On m'a pourtant affirmé qu'il y avait de nombreux villages cachés dans l'immense forêt ; mais on a ajouté que les naturels étaient tellement farouches qu'on avait toutes les peines du monde à les rencontrer. Les animaux également se font très rares ; notre marche doit les effrayer et nos feux de bivouacs les tiennent à distance. Je n'ai pas encore vu un seul hippopotame ; et cependant les empreintes de ce pachyderme pullulent sur les rives du fleuve. Plusieurs fois j'ai tenté de prendre de l'avance sur la troupe et j'ai été m'asseoir sur des bancs de sable pour écrire ou dessiner je n'ai rien entendu, je n'ai rien vu que des milliers de traces encore fraîches.

Ce matin, 12 juillet, j'ai manqué périr, ni plus ni moins : je franchissais un torrent, sur un arbre servant de pont ; mes souliers ferrés ayant glissé sur l'écorce lisse, et une liane pourrie qui faisait rampe, à laquelle je m'étais raccroché, s'étant rompue, je suis tombé dans le vide la tête en bas ; heureusement le choc s'est produit sur toute la surface de mes épaules et de mon dos dans le lit du torrent, à un endroit où par bonheur les grosses pierres qui composent ce lit avaient laissé un espace vide et sablonneux. Néanmoins, je me suis ensanglanté l'arrière de la tête qui avait porté sur un caillou rond. Je crus que j'allais m'évanouir. Le capitaine Baratier, qui avait passé le torrent à pied et était en avance sur moi, ayant entendu un cri d'appel, descendit en hâte au fond du ravin et m'aida à me relever ; il me bassina la tête dans l'eau courante, tout comme une tendre mère. (Ces militaires, avec leurs airs féroces, sont souvent de vrais sœurs de charité.)

J'ai été obligé, après cette mésaventure, de faire une course de près de trois heures, course qui m'a procuré une sueur abondante et a rétabli la circulation du sang ; j'en ai été quitte pour un violent mal de tête et des courbatures. C'est l'écot payé à la mauvaise fortune : tout va bien marcher désormais.

TRAVERSÉE D'UN TORRENT

Nous continuons à remonter péniblement le Niari et nous atteignons ce qu'on appelle les *Grandes Chutes*.

Je ne vous parlerai pas de tous nos campements et des mille incidents de la route; mais voici un détail qui m'a fait plaisir et que je ne puis omettre : un soir, nous allions nous endormir quand on nous amena un petit noir, tout nu ; c'était un rare courrier qui nous avait rejoint à travers bois et nous apportait des lettres. Quelle joie! Une de ces lettres venait de France, me donnant des nouvelles des miens en plein désert; tout va bien, paraît-il, à Courbevoie; et les amis Sigriste, Poilpot, Aublet, etc., m'envoient leurs bons souhaits ; c'est une excellente soirée. Une seconde lettre de Loango, du docteur Roques, me fait parvenir des photographies. J'ai lu et relu la première de ces missives, comme vous pensez bien; j'espère en trouver d'autres à Brazzaville; car les courriers y vont par un chemin plus court que le nôtre.

Ce matin, 14 juillet, nous atteignons les confins de la grande forêt du Mayombe, et, pour la première fois, nous entrons en relations d'affaires avec les naturels. On leur échange des *cortades* ou pièces d'étoffes bariolées contre un mouton, une poule, des bananes et du manioc. L'argent n'a pas cours dans le pays et les achats se font en nature. Ces sauvages paraissent ignorer l'usage d'une foule de denrées de consommation la plus usuelle, entre autres le sucre : un petit enfant de cinq ou six ans à qui j'en offre un morceau, recule effrayé et c'est avec beaucoup de peine qu'il finit par y goûter et le croquer; il m'en réclame un autre.

Aujourd'hui 15 juillet, après avoir très heureusement franchi les Grandes Chutes, nous recevons la visite d'un chef indigène, dont les hommes nous apportent un cochon, des poules, des œufs et des fruits; le cochon est un cadeau. Je ne veux pas être en retour et j'offre au chef un petit miroir qui est accueilli avec joie.

Durant le déjeuner d'aujourd'hui, un grand singe qui s'était approché du camp, poussé par une curiosité de mauvais goût, fit entendre tout à coup sous bois une espèce de sifflement aigu et strident. Alors, brusquement, en chœur, comme à un signal, les noirs répondirent en masse par un

HALAGE DES CANOTS DANS UN RAPIDE

immense éclat de rire moqueur et méprisant. Le malheureux quadrumane, abasourdi, et ne s'attendant pas à un pareil succès, prit une fuite rapide.

Je n'ai encore pu jusqu'à présent surprendre chez nos compagnons de couleur aucun indice de religion : tous ont l'air parfaitement indifférent en cette matière. Quelques-uns, m'assure-t-on, sont catholiques, d'autres protestants, d'autres enfin musulmans. On m'a affirmé que la grande majorité des noirs du centre africain était fétichiste, mais croyant à un Dieu unique, dont les fétiches n'étaient que des intermédiaires et des représentants, à peu près comme nos saints. Il y a également les mauvais génies ou diables, avec lesquels nous autres blancs, nous serions, paraît-il, en excellents rapports d'affaires. Voici même, à ce propos, une histoire, ou plutôt une légende que le capitaine Marchand m'a racontée, légende qui aurait encore cours dans tout le Soudan, et qu'il aurait surprise à force d'interroger ses hommes :

Il paraîtrait que trois espèces d'êtres peuplent l'univers : 1° les noirs qui ont la terre; 2° les blancs qui habitent la mer; 3° les diables qui vivent dans un grand trou. Tous les ans, à une époque fixe, une députation de blancs se rend au bord de ce trou; et le trafic suivant a lieu entre eux et les démons : ces derniers apportent toutes les choses extraordinaires qui étonnent les Africains, et quand le compte des objets est reconnu exact, les blancs emportent le stock, et en échange font un cadeau. Quel est ce cadeau? Voilà le mystère. Le capitaine Marchand, à force de persévérance et de persuasion aurait fini par faire avouer à un de ses domestiques noirs le grand secret :

Ce que nous laissons en échange des trésors que nous apportent les démons, c'est (je vous le donne en mille)... nos femmes !!! Et voilà pourquoi on n'a jamais vu aucune femme blanche dans l'Afrique centrale.

Si ces bons nègres ont un tant soit peu le sens de la

galanterie, et je crois qu'ils l'ont, ils doivent nous considérer comme de fiers saligauds; mais ils se gardent bien de manifester cette opinion devant nous; car ils nous savent plus forts qu'eux, et la force prime tout, particulièrement en Afrique.

CHAPITRE VI

Insectes dévorants. — Chefs indigènes. — Nos boys, — Caïmans et hippopotames. — Aventure avec les fourmis. — Chavirement. — La tombe du lieutenant de vaisseau Besançon. — Le chef Tali. — Hospitalité des indigènes.

Toujours pas d'animaux; en revanche des traces nombreuses et fraîches, témoignant partout de leur présence. Quant aux serpents, je n'en ai encore rencontré aucun. Ce n'est pas que je le regrette; j'ai toujours eu pour la bête qui a perdu notre mère Ève une répulsion marquée; non à cause de cette aventure, que je lui pardonne volontiers, mais pour nombre de raisons que tout le monde appréciera. Il est un animal au contraire qui me paraît très répandu dans la contrée : c'est la grenouille; dont le cri est formidable, si on le compare à celui de sa sœur d'Europe; ce cri uni à celui des grillons et des crapauds, produit à la tombée du jour un vacarme dont on n'a pas idée; ça n'est certes pas ici qu'on peut parler du silence de la nuit : quel *potin !*

En fait de bruit, nous en produisons nous-mêmes de temps à autre un formidable dans le monde des poissons de la rivière. C'est avec des cartouches de dynamite que nous nous livrons à des pêches qui, quand elles réussissent, peuvent passer pour miraculeuses.

En outre, nous continuons à manger des poules et des coqs que nous apportent les chefs des villages.

A mesure que nous avançons dans le pays, le beau sexe progresse en laideur : il y a dans le genre des spécimens qui pourraient rivaliser avec les plus horribles guenons. Je ne vois pas pourquoi les gorilles effrayeraient ces dames, qu'on raconte souvent avoir été enlevées par eux.

Un accident ayant sa gravité, vient de se produire sur une de nos pirogues, ou pour parler plus justement un de nos *boats* : le fer qui revêt la quille a été soulevé par une pointe de roc, et nous manquons de gros clous pour ré-réparer l'avarie. Comment va s'en tirer le capitaine Baratier, qui est très débrouillard et fait au besoin tous les métiers ?

Je dis que le capitaine fait tous les métiers, et je ne plaisante pas : entre autres il est médecin, panseur de blessures, guérisseur de tous maux. Rien de curieux, je dirai presque de comique, comme de voir les patients se présenter à la visite pour une foule de cas, voir d'affections que la bienséance me défend de nommer et qu'ils qualifient généralement et naïvement de *gale !*

J'ai dit plus haut que nous rencontrions peu ou point d'animaux ; je ne voulais pas parler des petits, qui pullulent de plus en plus : les fourmis entre autres deviennent insupportables : une colonne de ces insectes s'est avisé la nuit dernière de passer près de notre tente. Il nous fallut déserter avec armes et bagages, couverts des morsures les plus cuisantes. Nous dûmes encore nous estimer heureux ; les éclaireurs seuls nous avaient assaillis. Si le gros de la troupe s'en était mêlé, il eût fallu nous dépouiller en hâte de tout vêtement. Cette colonne que nous avons examinée ce matin, s'étendait à perte de vue. Il y a aussi les abeilles, dont on ne saurait trop se méfier et enfin les *fouroux*, que je ne connaissais pas encore. Ces derniers, tout imperceptibles qu'ils soient, sont aussi très redoutables : ils empêchent absolument le sommeil; car la moustiquaire ne saurait les arrêter.

Nous devons, paraît-il, rester une dizaine de jours sans rencontrer d'indigènes riverains. Le dernier chef avec lequel nous avons fait des affaires m'a tout à fait laissé l'impression d'un vieux chiffonnier de Levallois : il était affublé d'un uniforme de cavalerie anglaise, en délabre, beau-

ARBRE GÉANT TOMBÉ AU BORD DU NIARI

coup trop grand pour lui, et coiffé d'un feutre plus que déformé ; les noirs ne paraissent avoir en aucune façon le sentiment du ridicule dans l'accoutrement. Ça me fait songer que j'ai vu l'un d'eux, un chef également, qui s'était couvert d'une guenille ayant été autrefois un manteau de théâtre, écarlate, orné d'arabesques en faux or usé et d'un lion *idem*; ce manteau plus qu'impérial lui donnait, malgré l'air un peu farouche du personnage, un aspect des plus réjouissants.

Je ne vous ai pas encore entretenus de notre personnel domestique, qui se compose de trois types : le premier est un moutard d'une dizaine d'années, courageux, actif et intelligent ; ses services se partagent entre le capitaine Baratier et moi, l'autre est un grand type flegmatique et

N'ZAO (MON BOY)

fainéant qui trouve moyen de faire faire à peu près toute sa besogne par les camarades, qu'il paie en monnaie de singe. Il est en revanche d'une coquetterie achevée, et passe son temps à se confectionner des culottes en calicot rouge et des gilets cocasses : c'est N'Zao, que vous connaissez déjà ; le petit répond au nom de Souris et ce sobriquet le peint parfaitement. Un troisième personnage, noir comme l'ébène, Mousah complète la collection; c'est le cuisinier du capitaine Baratier, qui l'a ramené du Sénégal.

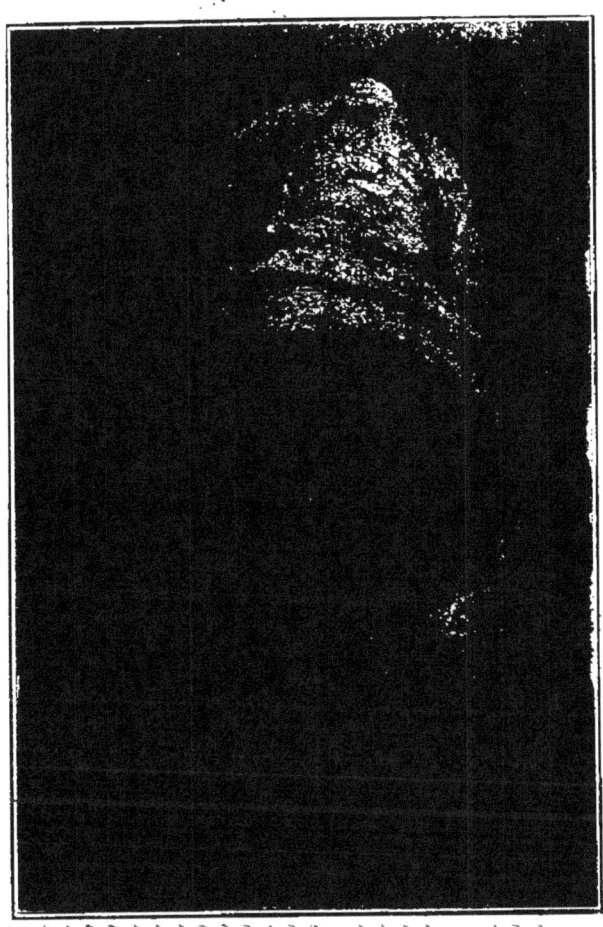

CAPITAINE BARATIER

Mousah considère tous les autres nègres comme des *sauvages*; il se montre dévoué, intelligent, très brave, et enfin, ce qui ne gâte rien, parfait cuisinier (tout est relatif). Assurément, il ne faut pas regarder les mets de trop près; on pourrait peut-être y rencontrer parfois des spécimens du

BARATIER TIRANT UN CAÏMAN

règne végétal ou animal, étrangers au plat lui-même; mais nous avalons de confiance, et tout est proclamé délicieux, toujours avec l'ajouté : qu'on voudrait bien être assuré d'autant tout le long du voyage.

Chose étrange, jusqu'à présent on ne nous a à peu près rien volé. Est-ce que, par hasard, les nègres seraient moins avancés que les blancs ? ça m'étonnerait beaucoup, car il paraît qu'à la côte et dans les établissements du nord, ils ont fait des progrès considérables. J'ai oublié de dire, pour rendre justice à chacun, que N'Zao nous sert d'interprète auprès des chefs de villages, dont le langage jusqu'à présent diffère peu du sien, qui est le Loango. Il parle un français très *petit nègre*, mais en somme suffisant pour nos rapports. J'aurais dû dès l'abord, avant de vous entretenir de la valetaille, vous faire le portrait de mon compagnon, le capitaine Baratier; mais voilà, il s'y est formellement opposé. Je suppose qu'il en est des militaires en fait de modestie comme des artistes. Il n'aura pas voulu avoir l'air de se laisser donner trop de *pommade*, car je lui en aurais appliqué certainement une dose très méritée, ce qui aurait pu le compromettre auprès des confrères. Mais n'insistons pas et ne troublons pas l'harmonie qui n'a cessé d'exister entre nous. Pauvre capitaine, il s'en donne un mal, un *tintouin*; et à moins d'avoir la berlue, on ne peut pourtant pas ne pas le voir. Ah ! si j'étais le général en chef des armées de la République, je lui en ferais frapper une médaille ! Mais, hélas ! je ne suis rien; je ne puis faire que des vœux.

Je disais plus haut qu'en dehors des oiseaux, la présence des animaux ne se manifestait guère que par des traces. J'ai vu mieux que ça durant la journée d'hier, 19 juillet. Je ne veux vous parler que pour mémoire d'une petite aventure de caïman, qui était venu tranquillement se glisser à la surface de l'eau, juste au dessous de moi, pendant que je dessinais assis sur un gros tronc d'arbre renversé sur le fleuve. Ce

UN COUP DE REVOLVER SUR UN CAÏMAN ENDORMI

caïman auquel j'envoyai de haut en bas une balle de revolver, qui dût lui percer le dos, sursauta et s'enfonça en faisant jaillir une gerbe d'écume assez semblable à celle que produit une cartouche de dynamite jetée dans l'eau. Je suppose que mon projectile n'a pas dû lui faire grand mal, quoi que tiré de très près.

Le soir du même jour, à la nuit close, nous dînions tranquillement dans le lit desséché d'un torrent, quand des grognements formidables, assez pareils à ceux d'un cochon, se firent entendre au dessus de nous, accompagnés d'un galop sourd : popotames! nous cria N'Zao. Nous saisîmes nos Lebels et nous nous précipitâmes dans la direction indiquée par le boy, près d'une espèce de prairie aquatique qui était en avant du torrent.

Après quelques minutes d'attente, le capitaine Baratier retourna achever son repas. En ma qualité de néophyte, je ne voulus pas quitter la place, et peu après j'eus l'occasion de faire feu sur un objet sombre qui émergeait au-dessus de l'eau : un véritable remue ménage se produisit dans la mare, et une série de gros soupirs, assez semblables au souffle d'une locomotive, se firent entendre en s'éloignant ; évidemment l'animal était blessé et se dirigeait vers le fleuve, perdu pour nous, même s'il était sérieusement touché.

Un peu plus tard, nous retournâmes à l'affût, et plusieurs coups de feu furent encore tirés sans résultat; je dois dire que le capitaine en homme expérimenté avait plus ménagé ses munitions que moi. Il m'expliqua qu'il fallait que la bête fut tirée de très près et presque foudroyée, sous peine de la voir toujours échapper. C'est égal, je regrette mon hippopotame : 1.000 ou 1.500 kilogrammes de viande, ça en vaut la peine; et la chair fraîche se fait rare. Cette chasse, paraît-il, n'offre qu'un danger réel, c'est celui d'être écrabouillé par l'énorme bête, si on se trouve sur son passage. M. Fondère nous a raconté qu'une nuit son campement avait été mis sens dessus dessous par un hippopotame qui avait passé au travers, sans crier gare, jetant la déroute parmi ses gens. Heureusement, il n'y avait pas eu d'accident de personnes.

Parlerai-je d'une mésaventure qui a troublé, pour moi, la nuit d'hier ? c'est assez délicat, mais tant pis : *honni soit qui mal y pense*. Figurez-vous que nos deux lits de camp avec leurs moustiquaires encombrent ma petite tente au point

BAUGE D'HIPPOPOTAMES

qu'il est difficile de se lever la nuit pour un motif quelconque sans tout démantibuler. J'eus l'idée lumineuse, pour éviter ces dérangements de prendre un pot à confitures vide, destiné à remplacer le fameux vase que tout le monde connaît. Or, cette nuit, je saisissais, sans défiance, l'objet en question et le plaçais très à portée, quand tout à coup cent piqûres des plus douloureuses me le firent lâcher brusquement, pour songer à me débarrasser à tout prix d'une légion de fourmis qui m'avait pris à parti sans me prévenir. Ma situation fut un instant tellement intolérable que je fus sur le point d'appeler le capitaine à mon secours ; mais la dignité commandant, je résistai et me débarrassai moi-même des insectes envahisseurs. Ce fut long et pénible et je me souviendrai longtemps des fourmis du pot à confitures, lequel fut, il va sans dire, supprimé incontinent.

MOUNDENDÉ, VILLAGE DACOUGNIE

Je ne vous ai jamais décrit nos campements, qui sont cependant bien pittoresques et bien originaux. Hier entre autres le spectacle était particulièrement curieux :

Figurez-vous le décor le plus enchevêtré, le plus fantastique, le plus diabolique, composé d'arbres tordus, de lianes et de brousses mêlés ; le tout éclairé par d'immenses feux, autour desquels chaque équipe fait sa cuisine, gesticulant, poussant des cris et des éclats de rire, hurlant et chantant.

Et le plus souvent, ce remue-ménage ne cesse que sur ordre, et encore. Les jours de distribution de *tafia*, espèce d'alcool abominable, qui fait les délices des nègres petits et grands, hommes et femmes, le sabbat prend des proportions infernales, et les coups se mettent souvent de la partie.

Ces bacchanales ont beau se répéter, je les trouve toujours extraordinaires. C'est tellement loin de nos habitudes qu'il faut y assister pour y croire.

Aujourd'hui 23 juillet nous avons eu une mauvaise fin de journée : un de nos *boats* a chaviré dans un rapide entraînant avec lui hommes et bagages. Ce fut un instant terrible : ces malheureux se débattant au milieu des eaux furieuses étaient emportés avec les caisses en plein courant. Par miracle pas un homme ne périt; il n'y eut que des blessés, et l'un d'eux fut retiré à moitié asphyxié. Tous ces noirs sont des nageurs de premier ordre; la plupart avaient pu s'accrocher aux pointes de roc qui encombrent la rivière. Les caisses en grande partie furent retrouvées plus bas dans les remous où elles flottaient encore.

Nous touchons heureusement au dernier rapide et l'on pouvait espérer que cette journée se terminerait sans incident fâcheux; hélas il n'en fut rien.

Sur le soir, une véritable bataille s'engagea entre les Loangos et les Mayombas et il fallut intervenir, le revolver au poing, pour arrêter les combattants. Finalement tout rentra dans l'ordre, et après une nuit de profond sommeil, nous quittâmes ce funeste endroit.

Il paraît que tous les grands fleuves d'Afrique ont les mêmes inconvéntents que le Niari : on y rencontre à chaque instant chutes et rapides, ce qui explique les difficultés qu'il y a pour les voyageurs à pénétrer dans la partie centrale; et je ne vois pas la possibilité de résoudre de longtemps le problème. Les chemins de fer seuls me paraissent appelés à changer cet état de choses.

Deux facteurs avec lesquels il faudra toujours compter; c'est de la chaleur et de la fièvre. Pour notre compte personnel, nous n'avons pas encore eu trop à nous plaindre : ces deux tyrans africains ont été jusqu'à présent pleins de mansuétude à notre égard. Souhaitons qu'il en soit ainsi jusqu'au bout.

TOMBEAU DU LIEUTENANT DE VAISSEAU BESANÇON

Aujourd'hui 25 juillet, nous atteignons la petite rivière de M'Tigni, après avoir franchi le dernier rapide sans accident. Ouf! nous allons nous reposer deux jours.

En débarquant, nous avons visité la tombe du lieutenant de vaisseau Fernand Besançon, mort, il y a un an juste, à cet endroit. Cette tombe qui se compose d'un amas de grosses pierres, surmonté d'une grande croix de bois noir, avec une inscription en lettres blanches, est en bon état : tout le terrain, soigneusement battu à l'entour est net et paraît entretenu, sans doute par un chef de village voisin. Ces gens me semblent avoir le respect des morts.

Nous saluons ce tombeau d'un vaillant serviteur de la France mort au champ d'honneur. Nous lui tressons une couronne de palmes avant de nous éloigner. Nous comp-

M'TIGNY. — ARRIVÉE DU CHEF

tions goûter les douceurs d'un repos bien mérité. Hélas! encore une désillusion! mais, suivant le style consacré, n'anticipons pas sur les événements.

Ce matin à mon réveil, les noirs m'apportent un *Cobra Capella*, qu'ils viennent de tuer dans le camp même, d'un coup de *machete* : le Cobra est une espèce de vipère beaucoup plus grande et plus redoutable que la nôtre : sa morsure est, dit-on, presque toujours mortelle. L'affreuse bête ressemble beaucoup pour la forme et la couleur aux vipères que j'ai vues dans les environs de Fontainebleau, avec cette particularité que son cou se gonfle dans la colère. Je ne pourrai plus dire que je n'ai pas vu de serpent en Afrique.

Notre première journée s'est assez bien passée à M'Tigni,

JOHN, CHEF D'ÉQUIPE DES BASSAS

et les relations avec les chefs ont été plutôt bonnes, au point de vue des achats ou échanges. Il y avait même eu fête (tam-tam) dans le grand village des Bacougnies; malheureusement le lendemain une altercation eut lieu entre les *Bassas* et les indigènes; John, un des chefs d'équipe, fut ramené blessé d'un coup de couteau.

On fit immédiatement amener le vieux chef, qui n'avait pas voulu se présenter la veille sous prétexte de maladie.

Nous le vîmes arriver porté par deux de ses sujets, comme

un paquet, d'où émergeait une tête coiffée d'un vieux casque colonial autrefois blanc. Cet espèce de ballot informe était suspendu à un gros bambou dont les extrêmités reposaient sur les épaules des porteurs. Le frère du chef l'accompagnait ; plus tard nous vîmes arriver sa femme et ses enfants. Une troupe de Bacougnies faisait escorte.

On déposa le précieux fardeau à terre et nous vîmes

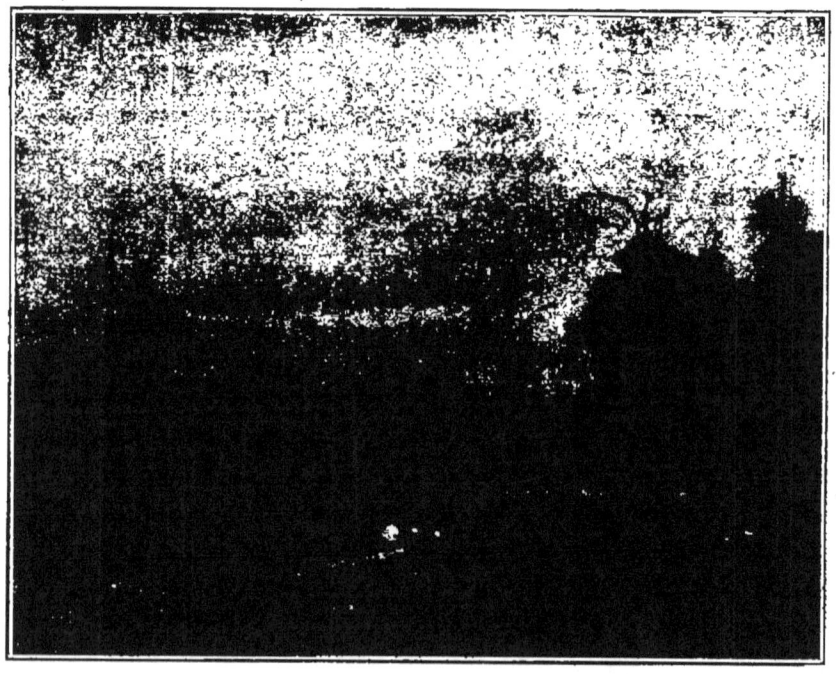

ENVIRON DE M'TIGNY

sortir de la pièce de toile une vielle momie desséchée qui resta accroupie sur le sol.

Tous ces gens avaient plutôt l'air effrayé ; je crois qu'au fond, ils craignaient de nous voir incendier leur village. Ils apportaient avec eux de nombreux présents : moutons, chèvres, poules, bananes, etc.

Le capitaine Baratier s'assit en face du chef et le palabre commença : notre interprète répéta nos griefs, et interrogea pour savoir d'où venaient les torts. Le capitaine qui avait d'abord refusé d'accepter les présents, ayant reconnu que l'agression venait des Bacougnies, exigea une indemnité, qu'on devait lui apporter le lendemain matin, savoir : dix charges de manioc, plus dix charges de bananes ; en outre, il garda le vieux chef en otage jusqu'à paiement intégral du tribut. Une autre indemnité fut également réclamée pour le blessé. Bref, la paix fut conclue, et on devint les meilleurs amis du monde, heureusement pour nous ; car il eût été parfaite-

CHEF TALI, DE M'TIGNY, TRIBU DES BACOUGNIES

ment désagréable de voir tous les villages prendre la fuite à notre approche, étant donné que nous ne pouvions vivre que des provisions qu'ils nous apportaient, provisions qui leur étaient intégralement payées.

Quand le vieux chef nous quitta, comme il était paralysé des jambes, son fils le prit cette fois à califourchon sur son dos, et ils disparurent dans la brousse ; tel Énée emportant son père Anchise. Il ne vint à l'idée de personne de rire de ce spectacle, en somme plutôt touchant dans sa simplicité.

Quel dommage que ce vieillard vénérable ne fût au fond

qu'un vieux polisson, dont la femme principale me parut avoir au plus seize ou dix-sept printemps; je ne compte pas ses autres relations. Il est vrai que la Bible nous donne pas mal d'exemples à peu près semblables; et Abraham me

SA FEMME

semble, dans un âge assez avancé, ne pas avoir dédaigné les jeunes épouses.

Nous passâmes trois jours entiers à M'Tigny. J'y fis, pour mon compte personnel, une emplète assez remarquable : j'achetai une petite chienne, genre chacal, que je baptisai du nom de l'endroit; Mlle M'Tigny m'avait coûté deux corlades, environ la valeur de 2 fr. 25 ; en plus, je fis un cadeau à la femme du vendeur, cadeau qui consistait en un petit miroir de 5 centimes. Quand je voulus prendre possession de la petite bête, elle me mordit, sans gravité du reste : il paraît que les visages pâles ne lui vont pas : nous tâcherons de l'apprivoiser.

Le soir même de son acquisition, Mlle M'Tigny prit la

SES ENFANTS

fuite et retourna à son village. Elle me fut rapportée le lendemain ; et depuis, grâce à la cuisine de Mousah, elle s'est fortement humanisée ; je compte même l'amener à un état de civilisation très satisfaisant.

C'est le 28 juillet seulement que nous quittâmes le campement de M'Tigny ; depuis ce jour, le fleuve est devenu bien plus navigable.

Nous sommes le 30, et, à part la chaleur qui a singulièrement augmenté, nous n'avons éprouvé aucun nouvel ennui.

En longeant ce matin la rive droite du Niari, je fus frappé par des quantités de nasses et de petits parcs, destinés à emprisonner le poisson. Nos hommes ne se gênaient pas pour tourner un œil de convoitise du côté de ces parcs ; moi-même, je dois l'avouer, j'eus un instant une mauvaise pensée, que je communiquai au capitaine. Celui-ci désapprouva nettement mon coupable projet. Il ajouta même sentencieusement ce mot tout biblique : « Le bien d'autrui ne déroberas, ni ne prendras qu'en mariage seulement. » Cette singulière maxime m'arrêta net ; et comme *Pandore* je répondis : « Capitaine vous avez raison ».

Une singulière habitude, qui est générale dans toute l'Afrique, pour les noirs, c'est d'incendier le campement qu'ils quittent, ce qui donne lieu quelquefois à des spectacles terribles et merveilleux.

Nous continuons à envoyer des balles aux singes, aux crocodiles et aux hippopotames ; le plus souvent sans succès. Jusqu'ici, pas une pauvre panthère à se mettre sous la dent.

Tous ces animaux me font l'effet de détester le bruit ; et nous rions bien, le capitaine et moi, quand nous songeons à certaines publications illustrées dans lesquelles on nous montre, cabriolant et grouillant à la surface des eaux des lacs ou des marais africains, éléphants, lions, crocodiles, serpents, hippopotames, etc. Je crois que la catégorie la plus fumiste des explorateurs a été et sera toujours celle des explorateurs-chasseurs, qui se représentent sans cesse à deux doigts de la mort, sauvés par des miracles d'adresse et de sang-froid.

Mais, me direz-vous, on chasse pourtant, on abat nombre d'animaux ; les dents d'éléphants par exemple ne sont pas un mythe. Sans doute ; mais, c'est à force d'astuce, de ruse et de patience que les indigènes et les vrais chasseurs arrivent à faire de ces animaux des victimes ou des prisonniers.

En fait, plus je refléchis et plus je suis persuadé que si le continent noir était aussi parsemé de dangers que certains voyageurs se sont plu à le raconter, dangers répétés uniformément chaque jour et à chaque pas, je suis convaincu, dis-je, que pas un d'eux ne pourrait en donner des nouvelles.

On court assez de risques réels sans en ajouter d'imaginaires.

J'affirme même que certaines zones excentriques de Paris sont, à certaines heures de la nuit, plus dangereuses à parcourir seul que la forêt du Mayombe : les ponts de la Jatte et de Courbevoie, par exemple, sont bien loin d'être sûrs vers une heure du matin, et, les meurtres et arrestations sont fréquents entre Puteaux et Asnières.

Mais continuons le récit de notre course sur le Niari.

Voilà-t-il pas maintenant que les villages noirs se vident à notre approche.

On ne veut plus nous fournir de vivres ; c'est clair.

D'où vient cette hostilité? Nous avons dû à notre dernière halte faire une expédition et procéder à une véritable razzia de manioc, de moutons et autres comestibles, en faisant toutefois prévenir par un noir capturé qu'on était disposé à payer les objets enlevés et qu'on attendait les chefs en fuite pour parlementer. Mais ce fut en vain : jusqu'à présent, nous n'avons vu rien venir. Bon gré, mal gré, il va falloir partir sans payer.

Toutefois le capitaine, qui ne veut à aucun prix faire acte de pillage, remet au noir prisonnier un bon payable à Zélingoma où se trouve un établissement français, que nous devons atteindre dans une dizaine de jours ; en plus, on lui rend les fusils et autres armes enlevés dans le village.

Bref, nous sommes en règle et nous levons l'ancre.

CHAPITRE VII

La fièvre. — Par monts et par vaux. — Zélingoma. — L'esclavage.
Je rends la justice. — Mort d'un caïman.

J'avais jusqu'à présent triomphé des fatigues de cette vie nouvelle pour moi et surtout de la fièvre, qui se cache traîtreusement sous les merveilleux ombrages du Niari. Je sentais bien un affaiblissement graduel, mais je résistais obstinément. Mon compagnon, qui s'en apercevait, pour ne pas m'inquiéter, osait à peine m'en glisser quelques mots, me conseillant des précautions préventives. Je ne mangeais plus, je ne dormais plus.

Bref, un beau matin, je fut brutalement terrassé. J'avouai que je ne pouvais plus me traîner, tout comme ceux que j'avais vu atteints par le mal en question.

Il n'y avait plus à tergiverser, je consentis à avaler de la quinine et à me soigner ; le capitaine me proposa de me faire transporter immédiatement par terre jusqu'à Zélingoma, le poste français, dont je vous ai parlé et dont plusieurs jours nous séparaient encore par la voie navigable, mais qu'on pouvait, pensait-il, atteindre en une journée de marche, en coupant en biais une boucle formée en cet endroit par le Niari.

J'acceptai, et on m'organisa tant bien que mal une espèce de hamac. Mon escorte composée de six noirs, guidés par un indigène, qui disait connaître le chemin, se mit en marche.

Quel trajet, grands dieux! Je m'en souviendrai longtemps; on s'égara : obligés de coucher dans les villages nègres, d'hospitalité plutôt revêche, nous franchîmes vallées, forêts, montagnes, rivières, marais. C'est le cinquième jour seulement que nous aperçûmes les cases de Zélingoma, où j'arrivai brisé de fatigue, dévoré de fièvre; ce fut le terme de mon épreuve. Bien soigné par les gens du poste, je fus remis sur pied en trois ou quatre jours. On me déclara heureux d'en être quitte à si bon marché.

Le sixième jour, j'eus la joie d'embrasser mon cher Baratier, en même temps que je serrais la main à M. Fondère, qui, escorté de son beau-frère M. Borme, amenait au poste des porteurs noirs avec leurs charges pour la mission Marchand.

Mes forces revenaient à vue d'œil; j'avais surtout besoin de repos : Il fut convenu que je resterais une dizaine de jours à Zélingoma, pour achever de me remettre d'une part, et me permettre ensuite de profiter des courriers qui passent en cet endroit de temps à autre, afin d'expédier mes lettres en Europe; en même temps, si possible, pousser mes dessins et mes aquarelles; enfin, m'occuper un peu de mes propres affaires, ce qui m'avait été à peu près impossible sur des pirogues encombrées de bagages, et où l'on avait de la peine à s'allonger, même à s'asseoir.

En dehors des avantages que je vous signale, mon séjour au poste de Zélingoma constitua pour moi une période des plus intéressantes du voyage sur le Niari, malgré les ennuis que je devais y éprouver.

J'y fis ample moisson de renseignements inédits et je me mis très au courant des mœurs africaines. Zélingoma est le rendez-vous des porteurs de la région, qui se recrutent de bon gré et quelquefois de force, au moins pour les esclaves. A ce mot d'esclaves, ne sursautez pas. L'esclavage existe de fait dans toute l'Afrique centrale, et j'ai vu de mes yeux non seulement faire la traite, mais des maîtres avoir des esclaves qui étaient bel et bien leur propriété. Cet état de choses ne saurait être empêché ; et personne d'ici longtemps

RACCOLEUR DE NOIRS A ZÉLINGOMA

ne songera à s'y opposer. C'est donc une véritable farce que les tirades débitées sur l'émancipation là où s'étend ce qu'on appelle notre sphère d'influence. Il m'a suffi de passer une huitaine ici pour m'apercevoir de la mystification dont les humanitaires sont victimes dans la bonne vieille Europe. Je n'insisterai pas trop sur cette brûlante question. Sachez seulement que je puis à mon gré acheter dans n'importe quel village bacota, femmes, enfants, ou adultes, et de même les revendre à mon gré. Est-ce concluant ? Il est bon d'ajouter pour être juste que l'esclave, qui habite près de nos établissements de la côte, peut à la rigueur, s'il est maltraité, venir nous demander protection contre son maître ; mais, malheur au fugitif pris dans les villages : il est bel et bien empoisonné avec la *cassa*, sorte d'infusion d'écorce plus sûre dans ses effets que la fameuse ciguë qu'avala l'infortuné Socrate.

Il faut également dire que l'esclave est souvent considéré comme un membre de la famille et peut se racheter en remplissant certaines conditions. Mais en somme, l'esclavage existe tout près du littoral même, au beau milieu de ce que les Européens appellent leurs possessions.

Il est un phénomène que je ne puis encore m'expliquer que par une infériorité morale indéniable de la race noire : Je suis encore étonné de la possibilité de l'établissement de ce qu'on appelle un *poste* au cœur d'un continent immense comme l'Afrique.

Songez que ces postes, à des distances énormes les uns des autres, sont à peine reliés entre eux par un service de correspondances, service coupé à chaque instant ou arrêté, soit par les querelles, soit par les guerres entre tribus noires. Dans ces postes, deux ou trois blancs, quelquefois un seul, avec un petit groupe de soldats de couleur, armés il est vrai, vivent tranquillement, le plus souvent respectés ou plutôt redoutés par les barbares pullulant à l'entour ; quelques uns de ces peuples à l'intérieur sont féroces et antropophages. Par ci par là, on a vu des postes massacrés et leurs défenseurs mis à la broche ou à la marmite ; mais c'est plutôt rare.

Ceci m'amène à vous dire quelques mots sur la personnalité de M. Jérusalem, raccoleur de noirs à Zélingoma, que j'ai dû payer pour ses bons soins : M. Jérusalem est enfant de Montmartre, dit-il, jeune encore, il habite cependant l'Afrique depuis plus de quinze ans; il a conservé le cynisme et les allures du gouapeur de Paris au milieu des sauvages qui l'entourent et avec lesquels il entretient des rapports amicaux ou plutôt commerciaux. Tous les chefs des villages environnants viennent le visiter, et très souvent il est pris pour arbitre dans les différends ou litiges; son jugement est toujours accepté et reste sans appel.

Je vais vous donner une idée de la façon dont se rendent ces sortes de jugements.

Dernièrement, un meurtre avait été commis dans un village. Je vis arriver une troupe, au milieu de laquelle marchait un noir, ficelé comme un saucisson (j'entends le haut du corps); l'homme avait une figure assez patibulaire; c'était le coupable : il avait tué sa femme, et la famille venait demander justice aux blancs.

Je passe les détails pour arriver de suite aux conclusions. Disons entre parenthèse que je n'avais pas encore vu de bande plus sauvage d'allures, à l'air plus farouche et plus indompté. Les femmes étaient entièrement nues, et les hommes, armés de lances et de couteaux, portaient des pagnes grands comme des demi mouchoirs de poche.

« Combien vaut une femme dans ton village? demanda M. Jérusalem, au père de la victime.

R. — Cent cortades.

D. — Eh bien, le meurtrier paiera 300 cortades à la famille; et s'il n'est pas solvable, lui et tout ce qu'il possède deviendront la propriété de ladite famille. »

L'assassin, était, heureusement pour lui, en mesure de payer l'amende. Toute la bande s'en alla joyeuse et satisfaite, non sans avoir laissé comme cadeau à M. Jérusalem deux moutons. Comme vous pouvez voir, la justice ne perd pas plus là-bas ses droits que chez nous.

Le lendemain de ce jugement, j'assistai à une autre

scène. Une bande, encore plus tumultueuse que celle de la veille, se présenta au poste, portant une superbe panthère morte, suspendue par un bâton passé entre les quatre pattes qu'on avait liées. Les indigènes nous proposèrent de nous la vendre. Malheureusement, la peau était criblée de coups : la bête avait été assassinée au fond d'une fosse, où on l'avait fait tomber à l'aide d'un appât. C'est généralement ainsi que les noirs tuent ou prennent les animaux dangereux.

Pendant ce temps, le capitaine Baratier avait continué sa route par eau. J'espère le suivre et le rattraper à Loudima, par la même voie sous peu de jours, quand les dernières charges de la mission Marchand seront arrivées par terre. C'est en compagnie de M. Borme que je reprendrai la navigation du haut Niari pour rejoindre mon petit capitaine et d'autres officiers de la mission, que je connais tous déjà.

Avant hier, 22 août, je vis arriver, seule, portant des poulets en bandoullière, une grande femme plutôt jeune, ayant en main un bâton long comme une lance; elle était vêtue décemment d'un pagne en indienne à carreaux rouges, qui lui couvrait même les seins, portant de gros anneaux de cuivre aux pieds. Droite et d'allure simple et fière, elle s'arrêta, immobile comme un soldat, en face de nos cases, me regardant comme pour attendre une interrogation.

Que voulait cette femme ? J'étais intrigué.

Borme, que j'avais appelé, l'interrogea : c'était la cheffesse d'un village des alentours, une veuve qui venait demander justice aux blancs, à propos d'actes de pillage et de violence dont elle avait été victime de la part d'un chef voisin. On lui promit de faire venir le coupable, et elle se retira laissant ses poules en offrande.

Ici l'affaire se complique :

Deux jeunes noirs, ayant été envoyés par nous au chef accusé par la femme, pour le prier de se rendre au poste, celui-ci, sous prétexte qu'on le dérangeait dans sa sieste ou plutôt dans la cuvée de son vin de palme, leur avait sans autre forme de procès, administré une maîtresse volée. Les jeunes gens revinrent furieux, naturellement. Cette fois, on expédia deux Sénégalais (ceux-ci remplissent généralement le rôle de gendarmes) qui sommèrent le chef d'avoir à comparaître immédiatement, sous peine d'être enlevé de vive force.

Hier donc, toute la troupe composée d'une vingtaine d'individus, hommes, femmes et enfants se présenta pour le *palabre*.

On rangea tous ces gens devant les cases et l'exposé des faits commença long et compliqué. Un noir parlant assez bien le français servait d'interprète.

J'étais président. Et MM. B... et de R... le nouveau chef de poste, étaient mes assesseurs. Un fusil, des vases en terre, des petits coffrets, et divers menus objets pris chez la veuve, étaient étalés sur le sol.

Une cause fut écartée d'emblée, celle qui avait trait à l'acte de violence exercée sur nos gens.

La seconde assez compliquée fut jugée d'abord. Voici ce qui s'était passé : une femme du village, qui appartenait au chef, avait été prise pour épouse par l'oncle de la cheffesse plaignante. Cette femme, après plusieurs années de cohabitation avec son mari, avait brusquement quitté celui-ci, pour retourner à d'autres amours dans son village. Le mari abandonné, furieux, avait été trouver l'infidèle et lui avait tiré à bout portant un coup de fusil, qui avait tué un enfant qu'elle portait à la mamelle.

Le meurtrier, après le coup, avait pris la fuite et était disparu dans la brousse. Le chef du village, où s'était passé le meurtre, avait sans façon profité de ce crime pour se faire administrer à lui-même et à la femme une indemnité formidable, et en l'absence du vrai coupable avait déclaré la nièce de celui-ci, la veuve, responsable. Un jugement suspect, rendu par un autre chef, avait condamné celle-ci à lui livrer quatre captifs. La pauvre femme, ne pouvant fournir que trois esclaves, dut pour le reste donner 100 cortades, et plusieurs mesures de sel, sans arriver à contenter son avide créancier, qui vint piller chez elle sous prétexte de compléter le tribut.

C'est à nous blancs que, ruinée, la malheureuse venait en appeler de ce jugement inique.

Après avoir entendu soigneusement les nombreux témoins, je condamnai le chef à rendre les trois esclaves plus les cortades et le sel, plus les objets pillés.

Quant à la femme qui avait quitté son mari et sur laquelle celui-ci avait commis l'attentat, elle fut déclarée libre de vivre à sa guise, à condition toutefois de rembourser à la famille de son ex-mari un cochon et 30 cortades, prix que les parents du mari l'avaient payée. Il fut même stipulé que, comme la première fois, l'animal serait mangé en commun. Restait le fait d'avoir fait fustiger nos deux envoyés ; c'était grave. Voici comment en conscience je crus devoir punir le coupable : les jeunes noirs, qui étaient dans une colère bleue, et qu'on avait toutes les peines du monde à contenir, eurent le droit, séance tenante, d'administrer cinq coup de *chicotte* chacun sur le postérieur du chef. La sentence s'exécuta devant nous.

La *chicotte* est une baguette en cuir d'hippopotame dont chaque coup entame la peau. En somme, cinq coups, plus cinq autres n'étaient pas la mort d'un homme ; et le gredin ne l'avait pas volé. L'entrain avec lequel les deux moricauds s'acquittèrent de leur besogne jeta une note comique au milieu de cette scène ; l'un d'eux dans son ardeur dépassa même le compte d'un coup ou deux. On fut forcé de l'arrêter.

La séance terminée, le chef prit ses cliques et ses claques et disparut sans demander son reste, suivi par sa troupe qui avait pour ce beau résultat fourni un cabri en paiement des frais de justice.

En racontant comme je fais, un peu à la queue leu leu, les péripéties de mon voyage en Afrique, je me sens souvent gêné par l'obligation de sauter du coq à l'âne, du crocodile à l'antropophage, et de servir, à ceux qui me font l'honneur de me lire, une narration tant soit peu décousue. Je prie le lecteur de m'excuser et je continue.

Il se présente à l'instant même un désagrément inhérent au pays et un peu peut-être à ma nervosité : cet inconvénient dont, pour ne pas être ridicule, je n'avais jamais oser parler, a pris subitement des proportions inattendues.

Si vous vous rappelez, je me suis plaint des animaux minuscules, tels que : chiques, guêpes, fouroux, moustiques, etc. J'avais négligé de vous signaler une bête qui, dit-on, n'a jamais fait de mal à personne, et qui pourtant devient le cauchemar de mes nuits et éveille chez moi un sentiment d'horreur et de dégoût invincibles : c'est le crapaud, l'inoffensif crapaud. Depuis que j'habite une case, c'est-à-dire depuis quelques jours, mon domicile est le rendez-vous de ces batraciens qui l'envahissent par douzaines. Riez si vous le voulez de mes terreurs, mais c'est à devenir fou. J'ai beau les faire chercher, les traquer, les faire expulser par mon domestique noir, rien n'y fait; ils reparaissent plus nombreux, plus déterminés, plus gros et plus bruyants que jamais. Ils grimpent, sautent, pénètrent jusque dans la toiture de paille et ce, avec une agilité et une audace inconnues de leurs congénères d'Europe.

Je n'insiste pas. Beaucoup de gens en France me comprendront et certes prendront pitié de mon tourment.

J'ai tué hier une vipère que j'ai rencontrée sur mon chemin. Ce reptile est évidemment plus dangereux que le crapaud; mais je déclare que le sentiment de répulsion que j'ai ressenti chaque fois que je me suis trouvé en présence d'un reptile quelconque est de beaucoup moins considérable que celui qui me saisit à la vue de l'un de mes nouveaux persécuteurs. Une nuit, j'ai mis par mégarde mon pied nu sur l'un de ces animaux et je me rappellerai longtemps le sursaut et l'impression épouvantable que m'a procuré le contact de cette bête élastique et froide qui s'aplatissait sous mon pied.

Je pense que demain ou après, 26 août, je vais, en compagnie de M. Borme, reprendre ma course sur le Niari : mes forces sont non seulement revenues entièrement, mais même avec une recrudescence d'entrain. Le dirai-je ? Et pourtant je ne voudrais pas passer pour le monsieur qui fait la réclame d'un produit. D'autre part c'est l'exacte vérité.

Je dois certainement en grande partie le rétablissement de mes forces à un vin dont j'ai trouvé plusieurs bouteilles entre les mains de M. Borme, qui les tenait de M. Capazza; ce vin, c'est le vin Mariani. Ayons au moins le courage de notre opinion. M. Capazza est l'oncle du fameux aéronaute du même nom, qui traversa la Méditerranée, il y a quelques années, en compagnie de M. Fondère, notre ami.

Nous sommes le 28 août et je suis toujours à Zélingoma, attendant les soixante-douze porteurs qui doivent encore arriver ici et compléter notre chargement, nous permettant de remonter la rivière jusqu'à *Kimbiedi* où s'est arrêté Baratier.

Je m'occupe pendant ce temps à mettre en ordre mes notes et croquis, et par ci, par là j'aide à régler les *palabres* entre villages et particuliers. Je ne vous ferai pas le récit des différents jugements rendus par votre serviteur, quoiqu'il se soit présenté des causes bien cocasses, qui eussent embarrassé Salomon lui-même.

Le ciel continue à être triste et gris, le temps chaud et humide. Je me fais un peu à cette lourde atmosphère et je me porte relativement bien. C'est égal, je ne me serais jamais imaginé ainsi l'Afrique équatoriale. Que nous sommes loin du ciel méditerranéen, ce beau ciel dont rêvent les peintres et les poètes quand ils songent au continent noir.

Je me demande si sérieusement les blancs peuvent vivre ici, et si, en dehors de l'amour des aventures, la passion des grades et des croix ou enfin la soif du lucre, il y a un intérêt sérieux pour notre race à essayer d'occuper ces immenses territoires, qui, au point de vue sanitaire, doivent se ressembler fortement, au milieu de populations abruties, qu'on espère tenir en bride avec quatre hommes et un caporal.

Un intermède : j'ai tiré ce matin un beau coup de fusil : je m'étais levé avant le jour et j'errais un peu ennuyé sur le plateau nu de Zélingoma dont le séjour commence à me peser fortement. J'avais pris mon arme, à tout hasard, et je songeais à Paris, « *Car, que faire en un poste, à moins que l'on ne songe...* à Paris. » Un petit noir que j'aperçus courant vint vers moi en criant : Caïman ! Je le suivis jusqu'au bord de la rivière, et là, en effet, j'aperçus de l'autre côté du fleuve une portion de la tête d'un de ces animaux, émergeant au-dessus de l'eau. Je le mis en joue avec soin, le coude appuyé sur mon genou, et tuai roide le saurien, qui fit un seul mouvement convulsif, sortant en grande partie de l'eau, à la surface de laquelle il demeura complètement immobile. Les noirs, qui étaient accourus sur la rive, poussèrent un hourrah formidable et se mirent à danser comme des enfants : pour eux c'était la mort d'un ennemi dangereux, qu'on chassait inutilement depuis un an et qui les empêchait de prendre leurs ébats dans la rivière. Une pirogue alla le quérir et le ramena à la traîne. Plus de dix hommes durent le hisser sur la berge avec des cordes, car il était gros et trapu, mesurant plus de $3^m 50$ du museau à la pointe de la queue. C'était une femelle; je suis doublement satisfait d'avoir débarrassé le fleuve d'une pondeuse de cette espèce.

Mon caïman a été lestement dépecé par un Sénégalais e dévoré par ses congénères, ainsi que par les Bassas et le Gallois; les Loangos et les Bacotas eux-mêmes ont manifesté du dégoût pour cet animal qui, disent-ils, est u *mangeur d'hommes*. Je vous avouerai que j'ai eu à peine l courage de goûter à cette chair flasque et empoisonnant l musc.

En revanche, j'ai manqué un bœuf sauvage qui m'a fa durement trotter dans la brousse; pour un peu, si ça con

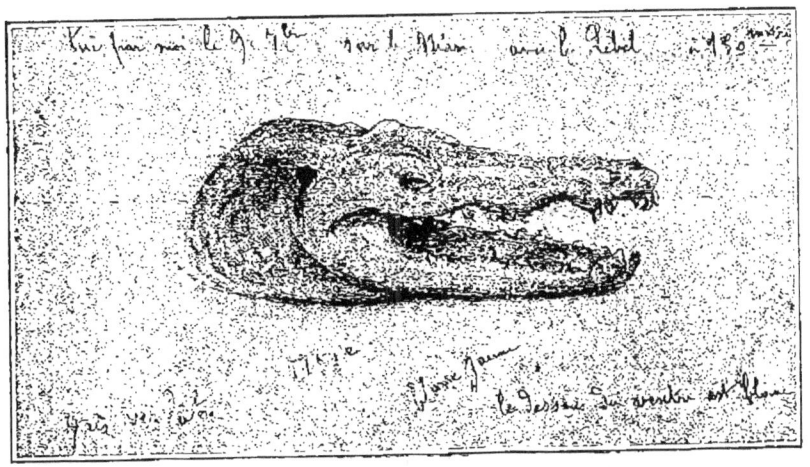

CAÏMAN TUÉ SUR LE NIARI AVEC LE FUSIL LEBEL A 150 MÈTRES

tinue, je crois que je vais arriver à vous conter des hau faits cynégétiques. Méfiez-vous!

Autre histoire, plus grave cette fois : il nous arrive de bruits fâcheux de Kimbiedi, station où doit s'arrêter notr course sur le Niari :

Il paraîtrait qu'un chef noir nommé *Makabandilou* aurai arrêté et tué le courrier de Brazzaville, en outre, coupé l tête à plusieurs porteurs loangos; les autres porteurs, qui s rendaient à Brazzaville, auraient pris la fuite, abandonnan leurs charges dans la brousse.

D'autre part, on nous annonce que soixante de nos tirailleurs sénégalais auraient déblayé la route ; mais l'effet produit sur les porteurs de la côte n'en reste pas moins désastreux. Tout cela n'est pas fait pour hâter notre marche en avant.

Nous devons parcourir à pied la distance qui sépare Kimbiedi de Brazzaville ; et je suppose qu'il nous faudra ouvrir l'œil durant le trajet. Il paraîtrait que ce Makabandilou, qui,

LE CAÏMAN

entre parenthèse, a un assez joli nom de brigand, aurait déjà eu l'année dernière maille à partir avec les autorités coloniales, qui se seraient montrées trop douces à son égard. Le drôle en abuse. Les Batékés, qui sont les sujets de ce chef, ne seraient, dit-on, pas éloignés d'être anthropophages, mais ils sont de ceux qui n'avouent pas. En revanche, assure-t-on encore, leurs congénères du même nom, qui habitent au-dessus de Brazzaville, ne s'en cachent pas le moins du monde et affectent un goût prononcé pour la chair humaine. Est-ce vrai ?

Je continue à trouver tous les nègres de grands enfants, dont quelques-uns sont ma foi très intelligents ou plutôt malicieux comme des singes. Égoïstes, comme les enfants, d'une insouciance parfaite, ils sont en même temps d'une pusillanimité, qui peut se tourner par accès en énergie farouche, s'ils sont excités. Durs au mal et infatigables, ils sont volontiers paresseux comme des couleuvres et adorent se coucher le ventre au soleil. Ils m'ont paru n'avoir les uns pour les autres ni compassion, ni générosité : je n'ai jamais vu un noir offrir quoi que ce soit à un autre, ce dernier fût-il épuisé de soif et de faim. C'est toujours l'enfant. On m'affirme pourtant que cela ne se passe pas ainsi quand il s'agit de ce qu'ils appellent un frère, c'est-à-dire un homme auquel ils sont liés par une parenté quelconque, même à un degré très éloigné.

Quand un noir fait un cadeau à un étranger, c'est qu'il espère recevoir au moins le double en échange.

A côté de cette sécheresse apparente de cœur, les nègres montrent, dit-on, une grande tendresse pour leurs enfants ; la mère surtout les a en adoration. En revanche, même dans un âge très avancé, ils conserveraient une affection profonde pour elle ; ils ne paraissent pas s'émouvoir des insultes, à moins que celles-ci ne s'adressent à la mère. Il n'est pas rare de voir les Sénégalais lui envoyer une partie de leur solde.

A propos de l'immobilité à laquelle je me vois condamné depuis plus de quinze jours dans le poste de Zélingoma, il me vient une réflexion : c'est qu'il ne faut pas être pressé en Afrique. Mes compagnons, du reste, me donnent ici l'exemple d'une philosophie parfaite. M. de Ronde entre autres, le nouveau chef de poste, a un admirable caractère : il est homme du Nord, et n'entend à aucun prix se faire de la bile. Je suis forcé de déclarer que c'est certainement moi qui suis le plus grincheux de la bande et cependant, ce pauvre M. de Ronde pourrait se plaindre à bon droit, car il est pris par les jambes : rhumatismes et *crocros* (les crocros sont des petits ulcères qui arrivent à couvrir les parties inférieures du corps), deux des désagréments de l'Afrique équatoriale.

CHAPITRE VIII

Naufrage d'une baleinière. — Les Bacotas. — Départ de Zélingoma.
Les tortues géantes. — Loudima. — Les Bacambas.

Au moment où je ferme ma correspondance, il nous arrive un blanc et quatre laptos (marins noirs). Le malheureux blanc a chaviré avec sa *baleinière*, et coulé à pic dans un rapide au-dessus de la chute Pleigneur. Tout l'équipage a pu se sauver, heureusement.

N'oublions pas que cet endroit est surtout terrible à cause des caïmans qui y fourmillent. C'est même dévoré par un de ces animaux qu'a péri le malheureux capitaine Pleigneur, dans des circonstances identiques, c'est-à-dire après avoir chaviré.

Il n'y a pas à plaisanter avec le Kuilou ; il est dangereux même d'y prendre des bains de pieds.

Je voudrais continuer dans des notes plus gaies ; mais, en fidèle narrateur, je suis obligé de prendre les événements comme ils se présentent.

Le blanc, M. Daniel, chef mécanicien, qui avait naufragé sur le fleuve et était venu nous demander l'hospitalité, est à l'heure présente couché, grelottant la fièvre et je doute qu'il puisse de sitôt continuer sa route par terre. (Le pauvre M. Daniel devait mourir à Brazzaville.) L'ex-chef de poste M. Jérusalem est dans le même état; pour le moment, c'est moi qui me porte le mieux.

Décidément, l'auteur qui a dit qu'un voyage au Congo équivalait à une longue méditation sur la mort, avait raison; dans tous les cas, ce n'est pas ce pays-là que je conseillerai aux convalescents.

FÊTE DE NUIT A KÉLINGOMA

On a tenté de créer des pénitenciers dans la colonie; et pour ce, on a amené quantité d'Annamites, pirates pris les armes à la main ou autres prisonniers, plus ou moins de droit commun. Ces enfants de l'Asie eux-mêmes n'ont pu résister au climat. J'ai vu ce qui restait de ceux qui ont été amenés à Libreville : c'est navrant! on les rencontre se traînant silencieux et mornes. Jamais un sourire sur ces faces couleur de citron, où est imprimée une résignation plus terrible et plus poignante que la plainte. J'en ai connu un, le cuisinier de M. Fondère, que ce dernier va s'efforcer de faire gracier : petit, chétif, la poitrine rentrée, il a le front littéralement crevé par une balle et ressemble à une de ces petites panthères muselées qu'on traîne dans les cirques ; et cependant Dieu sait que celui-là n'est pas maltraité ; néanmoins, son idée est fixe et son œil est là-bas dans ses rizières ; mais le climat congolais le dévore comme tout ce qui n'est pas noir. (J'ai su depuis qu'il était mort.)

L'auxiliaire des noirs, la fièvre, la terrible fièvre tue et tuera encore longtemps toutes les races des autres continents. Après tout, c'est peut-être justice ? Qu'allons-nous faire là-bas ?

Je viens d'assister à une scène grandiose de sauvagerie et de dépravation :

Des Bacotas, accompagnés de leur chef et de son fils, étaient venus au poste avec une douzaine de femmes. Ils avaient passé la nuit dans un petit village formé par les cabanes des porteurs sénégalais et autres nègres. Il y avait eu tam-tam, naturellement, c'est-à-dire danse et musique jusqu'à plus de deux heures du matin. Ces Bacotas, complètement sauvages et plus guerriers que les Bacougnies, tiennent ceux-ci en dépendance par la terreur ; ils n'ont aucune espèce de préjugés au point de vue de la décence ou des mœurs. Ils sont surtout âpres au gain, et au besoin trafiquent même de leurs femmes. Or, ce matin, au moment de quitter le camp, le chef nous amena une vieille sorcière qui n'était autre que sa mère ; elle était accompagnée d'un jeune Sénégalais qu'elle accablait d'injures et auquel elle montrait le poing avec fureur ; il s'agissait d'une réclamation de paiement de la part de la vieille guenon au jeune homme. Quant à la marchandise livrée par elle, il m'est difficile de la qualifier ; je laisse ce soin au lecteur...

HOMMES BACOTAS

J'ai cru dans cette étrange affaire devoir me récuser comme juge et renvoyer les partis sans rien vouloir examiner à fond.

Voulez-vous me permettre, puisque je suis sur le point de terminer mon exploration sur le Niari, de vous dire, à propos de ce fleuve et des contrées qu'il arrose, ce que je pense des ressources qu'il y aurait à tirer pour l'exploitation européenne.

J'ai fait ces jours-ci la rencontre d'un officier français, M. Clobb, qui revenait de l'inauguration du chemin de fer belge au Congo, et qui nous a entretenus des avantages énormes que les Belges, à son avis, étaient appelés à récolter grâce à cette voie ferrée, au point de vue politique et commercial. « Si, disait-il, le Kuilou ou Niari, qui est en grande partie peu navigable, était desservi par des routes à travers le Mayombe et entre autres par une grande voie de Loango à Brazzaville, on verrait rapidement changer la face de ces contrées et nous pourrions réparer en partie le dommage qui nous est certainement causé par le chemin de fer de nos voisins, qui ont pris vis-à-vis de nous une véritable supériorité, du fait même de cette innovation qui les fait maîtres de tout le transit du bas Congo, de l'Océan à Léopoldville et Brazzaville. »

On prétend que l'intérieur de la contrée est riche en mines de cuivre, dont quelques-unes seraient imparfaitement exploitées par les indigènes; mais il faut faire la part de l'exagération, et on ne saurait se prononcer qu'après sérieux examen. Il est certain que les vastes forêts du Mayombe pourraient, avec leurs essences d'arbres si riches et si diverses, être exploitée par la voie navigable du Niari. On m'a objecté que ces bois, pour la plupart, n'étaient pas flottables ; mais n'y a-t-il pas les chalans en fer et autres moyens de transport?

Je ne veux pas insister sur cette question trop spéciale pour moi. Néanmoins, on ne m'ôtera pas de l'idée que les immenses richesses accumulées en cet endroit ne seront pas un jour une source de fortune pour des colons plus entreprenants ou plus riches que les nôtres. Dans tous les cas, la route de Loango à Brazzaville s'impose sous peine de voir végéter indéfiniment et misérablement ce qu'on appelle notre colonie ; sous peine de voir Brazzaville rester un village sans importance, n'ayant pour habitants que quelques malheureux administrateurs.

Enfin notre départ est décidé, sans rémission pour demain 13 septembre.

Avant de faire mes derniers adieux à Zélingoma que j'abandonne avec joie, dois-je, oui ou non, dire un mot des désagréments que j'ai voulu cacher jusqu'ici. La vérité exige que j'en parle, car ils ont empoisonné mon séjour dans cette station qui m'était devenue odieuse par la présence de certaine personnalité répugnante ; je ne veux formuler aucune accusation, à cause des personnes honorables qui vivaient également en sa compagnie et dont je n'ai eu qu'à me louer ; mais, je le répète, une physionomie m'est apparue sinistre et malhonnête ; une lettre du capitaine Marchand, à moi adressée, fera entrevoir en partie ce que j'avais confié à M. le commandant Clobb.

La publication de cette lettre, où le capitaine m'entretient de choses toutes de notoriété publique, ne saurait constituer une indiscrétion ; elle n'est qu'intéressante et instructive ; vous la lirez plus loin.

Le 13 septembre, enfin ! Nous quittons Zélingoma, qui avec sa ceinture de montagnes était devenue une véritable prison pour moi et finissait par me peser comme un cauchemar.

Nous voilà à nouveau embarqués sur le haut Niari, en compagnie de M. Borme et du Français naufragé M. Daniel, à peu près rétabli.

Après deux jours de navigation sur cinq grandes pirogues

portant deux cent soixante charges pour la mission Marchand, nous dressons notre campement dans un endroit où notre compagnon M. Daniel, qui est un pêcheur émérite, nous capture à la ligne, coup sur coup, deux énormes tortues d'eau, ayant plus d'un mètre d'envergure. Il n'en est pas à son coup d'essai ; il nous avait déjà ramené la veille un poisson énorme, pesant plus de 25 kilogrammes ; mais, cette fois, c'est tout à fait miraculeux : les amphibies à eux deux ont un poids de près de 80 kilogrammes.

Je n'avais jamais vu si grand dans l'espèce ; on eut toutes les peines du monde à les sortir de l'eau, car elles se défendaient et mordaient avec fureur ; on parvint à leur trancher la tête qu'on avait tirée à l'aide d'un nœud coulant. Ces animaux ont une chair excellente et fournissent un bouillon qui n'est en rien inférieur au meilleur des consommés.

Tout le monde pût donc se régaler de viande fraîche.

Ce petit événement arriva fort à propos ; car deux razzias, opérées dans les villages, nous avaient donné des résultats presque négatifs.

Ces razzias, bien entendu, avaient lieu comme avec le capitaine Baratier ; c'est-à-dire qu'on laissait aux indigènes le prix de ce qu'on emportait ; si nous sommes un peu corsaires, nous ne sommes pas voleurs, et nous n'avons pas oublié le fameux commandement de l'Église, du capitaine : « Le bien d'autrui ne convoiteras ni ne prendras qu'en mariage seulement... »

Nous baptisons notre dernier campement le *Camp des Tortues*.

J'ai, à l'heure qu'il est, mangé du singe, du caïman, de la tortue, du perroquet, sans préjudice de ce que je serai forcé d'avaler plus tard probablement.

S'il faut vous dire vrai, tout cela ne me ragoute guère, et je préfère le bifteck des familles ou la côtelette bour-

LA PÊCHE AUX TORTUES

geoise; mais enfin, à la guerre comme à la guerre, il faut savoir se contenter de ce qu'on a.

Je n'aime ni le manioc, ni les ignames, ni les bananes sucrées, ni rien de ce qui pousse au Congo, si ce n'est pourtant l'ananas qu'on rencontre à l'état sauvage dans les forêts et qui m'a toujours paru un fruit délicieux.

Nous continuons à glisser sur le haut Niari, au chant cadencé et mélancolique de nos pagayeurs.

Nous atteignons le poste de *Loudima*.

Je suis ici très intéressé par la partie acclimatation : des troupeaux de bœufs, moutons, vaches, etc., sont élevés avec beaucoup d'intelligence et de zèle par les soins de M. Renaud, chef de poste. Encore une bonne figure.

Je trouve à Loudima d'excellents fromages et des légumes d'Europe, ce qui est tout à fait précieux. L'accueil est en outre des plus cordiaux.

Demain, à la pointe du jour, je me remettrai en route jusqu'à Kimbiedi, d'où il faudra une douzaine de jours de marche pour atteindre Brazzaville.

J'aurai ainsi fait presque triple route pour arriver à ce but ; je ne le regrette pas, puisque j'ai parcouru une contrée à peine explorée par les Européens.

Maintenant, si vous voulez mon opinion bien sincère à propos des rapports entre blancs et noirs, la voici : et je doute qu'elle se modifie durant le reste du voyage.

Les noirs ne tiennent ni à nous voir, ni à entrer en relations mêmes commerciales avec nous ; c'est par la force ou plutôt par la terreur que nous leur inspirons qu'on vient à bout de nouer ces relations. Ainsi, c'est toujours la même histoire : les naturels nous refusent des vivres; on empoigne le chef et on le garotte, ni plus, ni moins, jusqu'à ce qu'il nous ait donné satisfaction; au besoin, s'il résiste trop, on le roue de coups; je ne me ferai jamais à ces procédés; mais je suis obligé d'assister aux exécutions, voire même d'y prendre part. Voilà la vérité.

Nous ne faisons que toucher à Loudima où je serais

M. BENARD, CHEF DE POSTE DE LOUDIMA

volontiers resté une journée entière; malheureusement, nous sommes pressés, il faut nous remettre en route. A un kilomètre de la station, j'abats un grand aigle blanc, plus loin un pauvre singe ; je regrette presque ce malheureux exploit, puisque mon meurtre a été inutile, ma victime étant tombée dans un ravin où les noirs ne purent la retrouver. Ça me fait songer que, sans l'accès de fièvre qui m'a retenu en arrière, j'aurais pu, au lieu d'un singe, avoir sur la conscience le meurtre de quelque nègre : la nouvelle nous a été communiquée à Loudima d'un combat qui aurait été livré par Baratier aux naturels qui avaient tenté de lui barrer la route. Il y aurait eu des morts et des blessés, des prisonniers et une dizaine de villages brûlés.

J'aurai probablement bientôt des détails précis sur cette affaire. « Pendez-vous, mon cher Castel ! m'écrit à ce sujet Baratier, on s'est battu sans vous. » En attendant de nouveaux événements sensationnels le voyage en pirogue commence à m'ennuyer terriblement.

Le paysage, si pittoresque d'abord, est devenu monotone et plat. J'ai hâte d'atteindre Kimbiedi.

Jusqu'ici l'horrible fièvre ne s'est pas remontrée, j'espère bien que ça continuera ainsi ; j'éprouve bien de temps à autre un certain malaise, mais ce malaise est particulier à tous les Européens.

Laissez-moi, pour varier, vous citer une courte expédition faite la nuit dernière en compagnie de deux Loangos qui sont venus m'éveiller parce qu'ils avaient entendu le cri de la panthère.

Cette expédition, malgré un beau clair de lune, a été un four noir : nous n'avons rien vu, rien entendu et par conséquent, nous sommes revenus bredouilles. Les animaux, je l'ai déjà dit, sentent le chasseur de très loin et déguerpissent à son approche ; ils ne sont vraiment redoutables que blessés ou ayant des petits à défendre.

Ici se place un incident qui pourra paraître comique au lecteur, mais qui n'est pas du tout drôle pour moi ; mon nouveau domestique, un garçon du pays des Bacambas, contrée que nous traversons en ce moment, a pris brusquement la fuite, emportant une partie de mes vêtements et de mon linge. Le drôle a regagné son village, situé dans l'intérieur. Ma garde-robe, déjà très diminuée, se simplifie de jour en jour, et j'ai la perspective d'arriver à me voir réduit sous peu au pagne des noirs. Il faut être philosophe en Afrique.

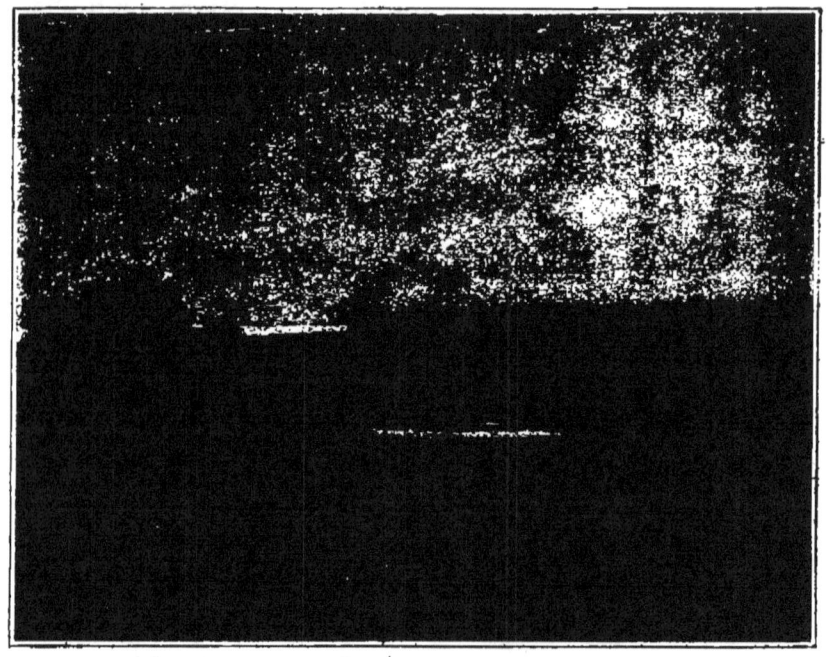

PAYS DES BACAMBAS

Heureusement, mes croquis et notes jusqu'à présent n'ont tenté personne.

Nous traversons, dis-je, le pays des Bacambas, peuplade guerrière de la région. Ceux-ci, sans avoir dans l'extérieur rien qui les différencie des autres sauvages, ne marchent jamais que le fusil sur l'épaule et ont souvent entre eux des querelles sanglantes.

Or, en visitant le village de Chimbazza, M. Borme et moi, nous assistâmes à un entraînement au combat de deux *lascars* partant en guerre. Les deux futurs combattants s'excitaient en s'ingurgitant force *malafou* ou vin de palme.

Nous laissâmes ces messieurs dans un état d'ébriété complet.

M. DORME

Deux ou trois heures après, dans la soirée, l'un de ces gaillards vint à notre camp annoncer avec orgueil la fin de la guerre; il avait, disait-il, tué son ennemi. Quand je dis *tué* c'est probablement assassiné; car la loyauté et la chevalerie ne me font pas l'effet d'être le fort de cette race. Je lui fis demander par mon boy, s'il ne comptait pas manger le dit ennemi? Il parut choqué; mais je ne me fierais pas à ses airs pudibonds : la tête du personnage n'avait rien de rassurant. On m'a affirmé pourtant que les Bacambas n'étaient pas antropophages.

Ce peuple, tout belliqueux qu'il paraisse, ne laisse pas que d'avoir des instincts d'agriculteurs : nous voyons une grande partie des rives du Niari couverte de plantations, de choux, de haricots, de pieds de tabac, dont le fisc ne doit certainement pas venir compter les feuilles. Tout cela est bien entretenu (par les femmes, va sans dire; les hommes ne travaillant jamais).

En outre, quantité de réserves de poisson s'espacent tout le long de notre parcours. Ces réserves sont construites avec des claies de 15 à 20 mètres de long, ayant une petite porte sur le côté. Généralement un filet oblong, en fibres de bananiers, gît sur la berge, destiné sans doute à tirer le poisson quand c'est utile.

Les Bacambas me paraissent également plus empressés à commercer que les autres riverains. C'est surtout de la poudre qu'ils demandent; étant donné, comme j'ai dit plus haut, que toute la population, même les enfants de quatorze à quinze ans, est armée de fusils, qu'on entretient avec soin et qui sont généralement ornés de clous en cuivre.

Nos carabines Lebel les préoccupent beaucoup, et ils ne cessent de les examiner à la dérobée. Ils en connaissent les terribles effets, renseignés par nos noirs qui ont été stupéfaits de me voir abattre un singe à près de 300 mètres.

CHAPITRE IX

La mission de Bouenza. — La traite des enfants. — Les nains. — Les araignées. — La Station de Kimbiedi. — Les chefs de postes. — La mission Liotard. — Le jardinier annamite. — Le docteur Émily. — Étapes vers Brazzaville. — Rencontre de Baratier. — Une lettre de Marchand. — Macabandilou. — L'échange du sang. — La chique

Nous sommes le 21 du mois de septembre; et, comme disait le sergent Nicot en Égypte, le soleil continue à nous envoyer ses rayons, *pendiculaires sur la coloquinte*. Affaire de goût, j'aime mieux le soleil de Norvège. Ici, pendant quatre heures du jour, je me sens absolument abruti. Je comprends à présent, ce que Marc appelle *le coup de l'Afrique*. Je n'en suis pas encore là, Dieu merci; mais j'estime que mes productions littéraires et artistiques devront être sérieusement remaniées à mon retour en France avant d'être présentées au public.

Enfin, nous atteignons la mission catholique de Bouenza où, je dois le dire, l'accueil est des plus cordiaux, de la part du Père supérieur Garnier et des Pères Desmaisons et Kiffer. Ces pauvres religieux, car je les crois loin d'être riches, se sont mis en quatre pour nous recevoir.

Je me résous à passer deux jours dans cet asile pour

me reposer des fatigues fluviales, préférant faire à pied la dernière étape jusqu'à Kimbiedi, le poste le plus important de la contrée.

Tout d'abord, j'apprends une mauvaise nouvelle, qui malheureusement s'est trouvée confirmée dans la suite après le châtiment infligé aux naturels qui barraient la route aux caravanes, le capitaine Baratier est tombé gravement malade; un voyageur qui descend le Niari l'aurait laissé à Comba en très mauvais état. Je songe qu'il eût été préférable qu'il se reposât avec moi des fatigues incroyables qu'il a endurées, soit à Zélingoma, soit à Loudima; mais c'est une petite nature de fer que rien n'arrête.

J'ai fait débarquer tous mes bagages à Bouenza. J'ai assez de la pirogue et quand je me serai reposé un jour ou deux, je ferai à pied les 80 kilomètres qui me séparent de Kimbiedi.

Cette partie de mon voyage, qui ne représente pourtant pas un grand espace sur la carte, a été pour moi la plus pénible à effectuer; mais aussi la plus intéressante. Elle m'a mis en relation avec des peuplades peu connues, m'a fait voir et m'a donné des spécimens très complets de ce que j'étais appelé à rencontrer durant mon grand parcours.

A la mission catholique, entre autres, j'ai eu de la bouche des Pères, des détails incroyables sur les mœurs qui règnent dans toute l'Afrique équatoriale.

Comme je parlais au Père Garnier des nombreux enfants que je voyais à la mission, et lui en demandais la provenance, il m'expliqua qu'il les achetait, à très bon marché, soit des parents, soit de ceux dont les parents étaient esclaves; et qu'ainsi, tout ce troupeau de petits malheureux se trouvait sauvé soit de la servitude, soit de la *marmite*. (?)

Je me recriai sur la possibilité d'une telle abomination :

il m'expliqua alors que toute l'Afrique centrale en était à peu près là : « Les riverains, ajouta-t-il, s'en cachent mais les autres peuplades ont le courage de leur opinion et déclarent adorer la viande humaine, surtout celle des blancs, qu'ils trouvent plus délicate. Ils mangent, pourtant sans distinction, tout ce qui leur tombe sous la main, prisonniers faits à la guerre, ou esclaves achetés à cet effet. »

Autre particularité : une ou plusieurs tribus d'Akkas, les fameux nains de Stanley, habitent à une vingtaine de lieues vers le Nord, pourchassés par les autres populations qui voudraient les réduire à l'esclavage. Ces petits hommes, dont la taille varie entre 1 mètre 25 et 1 mètre 30, nichent sur les grands arbres des forêts, dans des cabanes qu'ils se construisent entre les grosses branches. De ces observatoires, ils surveillent leurs plantations et leurs troupeaux qu'ils cachent le mieux qu'ils peuvent dans la brousse. J'ai rencontré moi-même plusieurs de ces nains, soit parmi les porteurs, soit parmi les piroguiers; car je dois faire remarquer que les nains sont extrêmement robustes et travailleurs; les types vus par moi étaient probablement des esclaves.

Après deux jours passés à la mission, j'ai quitté les Pères bien avant le lever du soleil, les remerciant sincèrement de leur accueil; et franchement, il y aurait ingratitude de ma part à oublier leurs bons offices.

Je n'ai contre mon séjour à la mission qu'un seul grief, grief qui ne touche en rien les hôtes de l'endroit :

Le lecteur se souvient peut-être de l'inconvénient, disons supplice, enduré par moi à Zélingoma, de la part des crapauds envahisseurs? Eh bien, ici dans ma chambre, toute construite en briques qu'elle était, j'ai été en butte à un autre genre de persécution : aussitôt ma lampe allumée, je voyais descendre lentement des côtés du plafond, qui étaient mal joints, des araignées dont quelques-unes avaient jusqu'à dix centimètres d'envergure.

Vainement j'ai tenté d'organiser la lutte contre ces monstres, qui fuyaient avec la rapidité de l'éclair et reparaissaient aussitôt, velus et noirs sur la blancheur des murs crépis à la chaux.

KIMBIEDI

J'ai entretenu les Pères de cet incident; mais ils ont ri de mes terreurs et m'ont affirmé que je ne courais aucun danger; ces araignées, paraît-il, rendent de grands services, en détruisant les mouches, moustiques, et autres insectes nuisibles, dont elles font leur pâture. Il n'y a pas d'exemple, ont-ils ajouté, qu'elles aient jamais mordu ou piqué un dormeur. C'est possible, mais je n'aurais jamais pu m'y faire; et je croyais sans cesse sentir ces horribles bêtes courir sur ma figure ; je suis sûr que beaucoup de lecteurs, et surtout de lectrices, frémiront à mon récit. Le capitaine Marchand, auquel j'ai conté mes terreurs à l'endroit des araignées, m'a affirmé qu'il les partageait.

J'ai donc quitté Bouenza et me voilà, pour la seconde fois, seul blanc, avec dix porteurs noirs, marchant d'abord par un beau clair de lune à travers la brousse, les bois et les villages nègres. Je ne me tire pas mal de cette étape, et après une course assez pénible, il m'est donné, vers les cinq heures du soir, d'apercevoir le pavillon français qui flottait au bout d'un mât.

On ne se doute pas de ce que c'est que de retrouver cet emblème tricolore, après une route de dix heures sous le soleil d'Afrique ; c'est le repos, la soif apaisée, la vue de visages amis, de blancs heureux de vous serrer la main, enfin la force protectrice, nos tirailleurs sénégalais, notre gendarmerie. On se sent chez soi.

Quand en plus on rencontre un chef de poste comme M. Gros, qui commande la station centrale de Kimbiedi, on est heureux et payé de ses peines.

M. Gros est jeune, vivant, sympathique, bien élevé : « Comment va Baratier? » Telle est ma première question.

— « Très bien, complètement sur pied ; nommé actuellement commandant de la région. » En même temps, il me remet une lettre du capitaine m'annonçant qu'il m'attend avec impatience et qu'il a mille choses intéressantes à me conter. Ce cher capitaine, non seulement c'est un rude soldat, mais aussi c'est un artiste, j'en ai fait mon élève ; il dessinait déjà gentiment quand nous nous sommes quittés, et je compte lui secouer les puces s'il n'a pas fait de progrès... Scrongneugneu !!! Sur ce terrain là, fou...!!! c'est moi que je suis général en chef.

J'espère le rattraper à Comba, une des dernières étapes avant Brazzaville. Allons-nous tailler une bavette ! En attendant, le bon, le brave, l'excellent M. Gros me fait visiter ses domaines et me fait toucher du doigt la vie héroïque (le mot n'est pas de trop) de ces modestes serviteurs de la France, de ces gens qui le long du Congo et de l'Oubangui sont chargés de la représenter; à des centaines de kilomètres de distance les uns des autres; seuls ou à peu près, ayant sous la main une poignée de miliciens noirs; en but aux plus grands dangers; aux prises avec des difficultés incroyables; et ce jusqu'à Zémio, Bangassou, Raffaï, Tamboura, etc.;

M. GROS

c'est-à-dire jusqu'à la partie occupée par les sultans noirs et la demi civilisation musulmane.

Car, il ne faut pas s'y tromper, c'est grâce à ces postes que notre drapeau flotte depuis longtemps jusqu'au Bar-el-Gazal. Ce sont eux qui permettent à la mission Marchand de compléter l'œuvre de M. Liotard, commissaire du gouvernement dans le Haut-Oubangui.

M. Liotard, envoyé en 1892 dans cette région avec une mission spéciale, protesta contre l'occupation du territoire de Bangassou par les Belges; il se rendit chez ledit Bangassou, malgré eux. En passant devant un de leurs postes, il fut mis en joue par une centaine de soldats.

M. Liotard ne perdit pas son sang-froid et répondit à l'interpellation de l'officier belge : « Je suis le représentant de la France et je vais prendre possession de mon poste. » Puis il salua et passa outre.

M. Fraisse, agent du Congo, accompagnait M. Liotard dans cette expédition. Le capitaine de Cazes, remplaçant du commandant Monteil, demeura dans l'Oubangui que quitta alors M. Liotard [1]. Ce dernier, après la cession par la Belgique du territoire contesté, fut nommé commissaire du gouvernement dans le Haut-Oubangui et chargé d'organiser cette nouvelle colonie. Il occupa successivemeat les territoires de Raffaï Zémio et Tamboura. Ce dernier poste est sur le Soué, affluent du Bar-el-Gazal.

M. Gros, qui me met au courant de ces faits, achève de me faire une religion sur une foule de choses coloniales que j'avais déjà pressenties, devinées.

Plusieurs petites expéditions faites à quelques kilomètres dans les montagnes, en nous écartant de la rivière, m'avaient montré, je dirai presque fait découvrir des populations absolument primitives et sauvages, ne ressemblant en rien aux riverains, lesquels sont beaucoup plus apprivoisés et habitués à voir des blancs : exemple les Bacotas, les Babongos et autres, laissant soupçonner en arrière des peuples tout à fait inconnus, et cependant, nous sommes à peine à 4 ou 500 kilomètres de la côte.

J'en conclus hardiment qu'on ne connaît pas l'Afrique centrale.

A de très rares exceptions près, les explorateurs se sont contentés de remonter les grands cours d'eau. On a établi de loin en loin, des petits postes composés de deux ou trois blancs, voir un seul, avec quelques Sénégalais ; et de ces postes, dans le centre, personne n'ose s'écarter ni entre-

---

1. J'ai le regret de n'avoir pu me procurer le portrait de M. Liotard.

prendre aucune exploration sérieuse des environs; attendu que les moyens manquent absolument aux hardis pionniers échelonnés sur le fleuve, à des distances atteignant quelquefois plus de 300 kilomètres, voués à toutes les privations, toutes les misères, à la disette, la fièvre et la dyssenterie. Ce

EN ROUTE POUR BRAZZAVILLE

sont ces gens-là qui le plus souvent feraient d'excellents explorateurs, s'ils pouvaient rayonner autour de leur prison. Mais, je le répète, ils n'en ont ni le temps, ni les moyens, et eux-mêmes avouent qu'ils ne savent rien, et ne peuvent rien savoir des nombreux peuples qui les environnent et les enserrent.

On aura beau faire monter mission sur mission, par les mêmes routes liquides, car sachez bien qu'il n'y en a pas d'autres au Congo, pas même celle de Loango à Brazzaville; à moins qu'on appelle route un sentier de 0ᵐ40 de large, à peine visible, tracé et entretenu par les bêtes sauvages et les porteurs noirs, dont les cadavres jalonnent tout le parcours.

Vous figurez-vous des explorateurs, en plein Moyen-âge, remontant la Seine ou la Loire sous prétexte d'étudier la Gaule ? Qu'auraient pu dire ces explorateurs des peuples qui habitaient entre ces fleuves, et à plus forte raison de la Bretagne ? Et encore, ma comparaison n'est pas exacte, étant donnée la différence énorme d'étendues, si vous comparez le petit territoire de la France et les immenses contrées de l'Afrique.

Je le répète, pour compléter, pour continuer les études des grands voyageurs, comme les Schweinfurth, les de Brazza, les Stanley, etc., faites des petits explorateurs avec les chefs de poste, en leur mettant en main la possibilité de rayonner autour de leurs stations, et vous aurez sur ces diverses contrées des rapports nouveaux, bien curieux; et vous ferez sérieusement la conquête de la colonie, qui ne peut ni ne saurait exister dans les conditions actuelles.

J'ai entendu, depuis que je remonte le Niari, les histoires les plus fantastiques basées sur des échos et des racontars : ainsi on parle d'hécatombes, de sacrifices humains, d'empoisonnements sur une vaste échelle; et personne n'a pu me renseigner exactement.

Bien des choses encore me sont affirmées, sans que j'aie pu recueillir aucune preuve matérielle à l'appui de ces informations; ainsi, on n'a jamais su me dire d'où viennent les Pahouins qui poussent les autres peuples vers la côte, et par quoi est déterminée cette grande migration qu'on ne peut que constater sans en soupçonner la cause.

J'ouvre une parenthèse à propos d'un petit incident très

ordinaire ici, mais que moi Européen je trouve assez piquant.

M. Gros a reçu de Brazzaville un jardinier annamite; et en fait de références, il me met sous les yeux le dossier du déporté, dont la figure est douce et intelligente quoiqu'un peu sournoise.

Voici les titres et certificats de ce parfait jardinier, au besoin cuisinier :

Le nommé PHAN van GIAC

    fils de Phan van Phung et de Thi My

né à Bing Hoa

        , arrondissement de, etc.

INDO-CHINE.   Agé de 24 ans

condamné le 19 novembre 1886 par la Cour de VIF-LONG

   pour homicide volontaire et vol qualifié

        à quinze ans de travaux forcés.

Pourvoi rejeté le 3 février 1887.

Embarqué, etc.

Depuis, ce fils de l'Annam, ayant encouru à Brazzaville de nouvelles peines disciplinaires pour *vols répétés*, a été déplacé et expédié à M. Gros, en qualité de jardinier; et, comme faute de grives on doit se contenter de merles, M. Gros, qui est philosophe, l'a admis sinon dans son intimité, du moins dans son entourage.

Avis, à ceux qui veulent des serviteurs de confiance : il y a ici des Annamites disponibles. Mais tous ne sont pas aussi bien cotés. Beaucoup d'entre eux ne sont que de simples prisonniers de guerre, des *pirates* pris les armes à la main, *pirates* dont quelques uns auraient peut-être le droit de revendiquer le titre de patriotes. Qu'on se souvienne qu'en 1870, nombre de francs-tireurs ont été exécutés par les Prussiens, qui les considéraient ou feignaient de les considérer comme bandits.

J'étais depuis deux jours à la station de Kimbiedi quand j'aperçus, venant par le sentier de Brazzaville, des tippoyeurs harassés; un voyageur blanc s'élança du véhicule. Ce voyageur, qui venait avec ses hommes, de faire près de 50 kilomètres d'une traite, n'était autre que le docteur Emily que je vous ai déjà présenté à bord du *Stamboul*.

Il apportait une mauvaise nouvelle : le commandant de l'expédition, M. Marchand, était tombé dangereusement malade et resté à Loudima ; le docteur, qu'on eut à peine le temps d'interroger, avait été mandé par un courrier spécial et repartait le lendemain dès l'aube avec ses infatigables porteurs.

Deux heures après son départ le même tippoïe, revenant sur ses pas, ramenait le docteur qui avait rencontré un courrier lui apportant l'ordre de retourner à Kimbiedi ; le capitaine étant sinon debout, du moins hors de danger.

A l'heure actuelle, c'est une affaire de repos, et Marchand pourra être sur pied dans quelques jours.

Je n'ai pas eu le plaisir de le voir depuis la France, c'est-à-dire depuis cinq mois.

Puisque j'ai le docteur Emily sous la main, je vais vous le décrire : petit de taille, mais bien pris, il est le seul jusqu'à ce jour sur lequel la fièvre n'ait pas mordu. C'est bien heureux! Voyez-vous d'ici le docteur de la mission malade, je n'aurais plus confiance en rien.

Plaisanterie à part, M. Emily me semble un homme sérieux dont la présence seule est plutôt réconfortante. Il est Corse, c'est-à-dire que nous sommes un peu compatriotes; l'œil est ouvert et brillant, etc. Certes, si j'étais femme, jeune, jolie, libre, je n'hésiterais pas une minute... N'insistons pas, le docteur croirait que je me moque de lui ou que je veux me venger, parce qu'il m'a ingurgité à peu près de vive force, un tas de quinines, d'ipécas, et autres ingrédiens suspects qui, je suis obligé de le confesser, m'ont plutôt fait du bien et que j'avais repoussés énergiquement quand c'était Baratier qui me les présentait. Le docteur, qui est presque aussi entêté que Baratier, ne veut pas me laisser quitter Kimbiedi avant

DOCTEUR ÉMILY

deux jours, sous prétexte que je dois me reposer encore ; et j'obéis, nom d'une pipe ! Gueuse de discipline !

Tout paraît marcher assez bien pour moi, et n'était une chaleur vraiment insupportable par instants, je ne me plaindrais de rien, si ce n'est que je ne marche pas assez vite à mon gré.

Enfin, je me remets en route, avec *Guillot*, l'ancien camarade de Marchand, et nous atteignons différents postes où nous prenons gîte; toujours suivant le sentier qu'on a le toupet d'appeler la *route* de Brazzaville.

Sur ces entrefaites, en pleine marche, brusquement, inopinément, je croise une caravane dans la brousse. O surprise! En tête de cette caravane, marche un blanc que j'ai un instant de la peine à reconnaître, tant il est changé, et dans les bras duquel je me précipite; c'est Baratier qui, pour un service que j'ignore, est obligé de retourner sur ses pas et d'aller au devant du commandant Marchand.

Il est bien fatigué mon petit capitaine et lui aussi a été durement éprouvé. Nous avons une foule de choses à nous conter et nous faisons halte pour collationner ensemble sur l'emplacement d'un village détruit; il me raconte les événements et combats auxquels il a dû prendre part, par suite de la révolte des indigènes qui, paraît-il, sont en pleine effervescence; il regrette de ne pas m'avoir eu pour compagnon durant ces événements qu'il me narre d'une façon toute pittoresque. Bref, on est forcé de se quitter, pour peu de jours j'espère, et chacun de nous reprend sa route, en sens opposé.

En marche, je ne rencontre que villages incendiés, contrées désertées par les habitants, dont quelques rares échantillons fuient à notre approche. La terreur règne, et la leçon donnée a dû être dure. Elle ôtera, probablement pour un temps, aux chefs noirs, l'idée d'arrêter les courriers et de piller les caravanes.

Le paysage se ravine et se mouvemente de plus en plus; c'est bien par monts et par vaux que nous cheminons. Je m'étais trompé sur la distance à parcourir; c'était près de 100 *kilomètres* qu'il me restait à arpenter.

– Enfin, nous atteignons le poste de Misapho, où je suis reçu par le lieutenant de milice Leymarie, un joyeux Parisien quoique né à Dieppe. Je trouve ici une hospitalité bon enfant : M. Leymarie me conte gaiement une foule de choses et m'étonne par sa philosophie toute faubourienne et optimiste; il m'annonce en riant que l'étape qui suit est dure et que la fameuse route me réserve encore des surprises jusqu'au village de Macabandilou, où est établi en avancée le lieutenant Simon. Que sera-ce donc, mon Dieu ! Faudra-t-il grimper les montagnes à la corde lisse ?

Enfin, ne nous faisons pas de mauvais sang, et à chaque jour sa peine.

Sur ces entrefaites un courrier m'apporte ici une longue lettre du capitaine Marchand, encore à Loudima, mais complètement rétabli et prêt à se remettre en marche. Le capitaine qui sait que j'ai fait un travail dur pour un débutant, craint de me voir découragé. Sa lettre est du reste charmante et d'intention et de forme, la voici à peu près entière: elle pourra vous donner une idée du rude voyage que j'ai accompli avec Baratier; le témoignage du capitaine Marchand n'est pas à mépriser.

Loudima, le 9 octobre 1896.

« Mon cher Monsieur Castellani,

« Eh bien! Comment jugez-vous l'Afrique? Quelle impression de début vous a-t-elle produite ? Mauvaise sans doute, un peu terrifiante, n'est-ce pas ? Vous avez assisté à une période très difficile, très critique même et qui a pu paraître un moment désespérée; vous en avez pris votre part. Croyez que vous avez eu là un spectacle de premières loges, que vous avez pu jeter sur une des plus grosses et des plus dures pénétrations de l'Afrique un regard comme il est donné à peu de personnes et bien peu d'artistes d'en jeter.

« C'est fini. La période critique et incertaine est maintenant derrière vous. La machine est engrenée et elle fonctionne à toute pression. Devant nous maintenant le repos et la vie large au grand air du Congo et de l'Oubangui pendant trois mois, ensuite la grande vie de brousse et d'aventures, mais plus rien de comparable et d'aussi fatiguant, décourageant, que ce que nous avons vu depuis trois mois.

« Vous savez peut-être que j'ai failli mourir ici à Loudima. Parti de Loango le 19 septembre, en plein accès de fièvre bilieuse milanurique, je suis arrivé mourant à Loudima le 27 au soir. Les journées du 28 et du 30 septembre ont été terribles et j'ai cru lâcher la rampe ; résultat accumulé du mauvais sang que je me faisais nuit et jour depuis mon arrivée à Loango. Je suis retapé, les jambes encore un peu cotonneuses, mais demain ce sera fini, et après-demain, je me mettrai en route pour Kimbiedi où je vous rejoindrai, si vous y êtes resté, le 16 courant ou peut-être le 17. Le capitaine Germain qui arrive à l'instant à Loudima avec Mazure et un autre Européen de la mission, partira avec moi et le sergent Dat. Nous ferons le voyage de Brazzaville en bande joyeuse, quand nous vous aurons rallié, et nous pourrons saluer le Congo, le Stanley Pool, les cataractes et les vapeurs de l'Oubangui le 25 octobre.

« Vous devez savoir que la région révoltée est complètement soumise, les terribles rebelles sont maintenant porteurs, nous prendrons des absinthes dans les postes de la route devenue promenade.

« A Brazzaville, nous aurons trois ou quatre jours pour aller faire la visite des grandes cataractes, et vous permettre de faire les croquis.

« Dans la montée à l'Oubangui, vous prendrez passage sur mon vapeur. Je pense que vous ne me quitterez plus de longtemps maintenant.

« Avez-vous fait beaucoup de dessins ? Pris beaucoup de notes ? J'espère que vous avez pu vous en donner à cœur joie dans le Kuilou. Savez-vous que c'est un véritable tour de force, jamais tenté avant, que vous avec fait avec Baratier en remontant en pleine saison sèche avec 800 charges le Kuilou depuis son embouchure jusqu'à son extrême point navigable. Je pense que votre tempérament d'artiste a pu s'en flanquer jusque-là. Vous ne direz pas que je ne vous ai pas mis dans les situations qui permettent la satisfaction de tous les instincts artistiques du Parisien le plus raffiné. Sans doute vous avez essuyé quelques attaques de fièvre, il n'aurait plus manqué que cela que vous n'ayez pas fait connaissance avec l'habitant du continent mystérieux, vous n'auriez pas été complet.

« Enfin maintenant vous voilà aguerri, africain et capable de m'accompagner partout. C'était un apprentissage nécessaire indispensable et je suis sûr que vous savez déjà compter la vie pour ce qu'elle vaut réellement pour nous ici et vous asseoir sur le danger dès qu'il se montre. C'est évidemment la seule façon de le dominer. Vous êtes des nôtres réellement maintenant que le plus dur, le plus décourageant est passé, bien passé.

Vous avez eu, m'a-t-on dit, quelques tribulations, à Zélingoma. Vous avez, paraît-il, entendu escompter votre trépas! Mais c'est fort bien cela, on a beaucoup avancé votre éducation de brousse et votre *cuirassement* et vous ne vous en portez certes pas plus mal qu'avant. Nous avons tous passé par là, moi une douzaine de fois. Et je suis très solide, je vous assure, etc.

« Amitiés sincères,

« Marchand. »

Comme je vous l'ai dit plus haut, je n'ai pas vu Marchand depuis Marseille, c'est-à-dire depuis près de cinq mois et je serais heureux de lui serrer la main. Il est vrai d'ajouter que nous ne nous connaissons encore pas.

Néanmoins, comme je ne veux pas revenir sur mes pas et que j'ai pas mal d'avance sur lui, je continue ma route avec mes porteurs. Je serai en marche demain, 15 octobre, et arriverai le soir, si je peux, à Macabandilou, la résidence du fameux chef qui avait donné le signal de l'arrêt et du rançonnement des caravanes. Son vrai nom est *Mabala*, ajouté à celui du lieu ; c'est souvent l'usage en Afrique.

FEMME BACOUGNIE

16 octobre. — J'ai atteint Macabandilou, mais seulement après avoir campé une nuit dans la brousse avec mes porteurs. Les gens d'un village voisin où j'avais dressé ma tente, village épargné durant la répression de la révolte, sont venus d'eux-mêmes nous offrir des provisions. Ça pouvait être dangereux au point de vue empoisonnement ; mais il ne nous est rien arrivé de fâcheux : j'ai été tout ce qu'il y a de plus aimable avec ces indigènes qui sont des Bacougnies.

Ce qu'il y a de singulier et continue à m'étonner, c'est que ces noirs, nombreux et armés pour la plupart de fusils, n'aient pas songé ou plutôt n'aient pas osé nous massacrer

LE LIEUTENANT SIMON

durant notre sommeil ; ça leur était si facile ; j'étais le seul homme armé, et je dormais d'un si bon cœur.

Je préfère, du reste, de leur part, ce manque d'initiative.

En l'absence du capitaine Baratier, le poste de Macabandilou est commandé par le lieutenant Simon, qui est un homme aimable, ce qui ne l'a pas empêché de faire administrer tout dernièrement une sérieuse raclée au fameux Mabala, qui continue à se moquer des blancs et à leur promettre tout ce qu'ils veulent, sans jamais rien tenir. Ce bon chef, qui me paraît doublé d'un diplomate, a disparu depuis la volée ; et pour mon compte j'en suis désolé, j'aurais voulu faire son croquis.

Rien d'autrement intéressant à Macabandilou ; et malgré l'amabilité de Simon, je désire atteindre Brazzaville qui est encore à 80 kilomètres, c'est-à-dire à deux ou trois étapes

MACABANDILOU LE POSTE

d'ici et semble reculer à mesure que je marche ; ça me rappelle tout à fait la fameuse chanson de « *Ous qu'est Saint-Nazaire ?* »

Ces 80 kilomètres seraient vite avalés, si des furoncles malencontreusement placés, furoncles déterminés par les dures banquettes des pirogues du Kuilou, ne m'obligeaient à garder l'horizontalité, une partie des journées, ce dont j'enrage fortement. Si ça continue, je vais être forcé d'avoir recours au tippoïe pour franchir cette distance.

J'ai oublié de mentionner une coutume qui me semble existsr dans toute l'Afrique du centre, coutume que je connaissais par ouï-dire et que Simon m'a remise en mémoire : il s'agit de l'échange du *sang*, entre gens qui veulent traiter d'une paix durable. Chacun des contractants se fait une incision au bras et suce le sang de son partner. C'est un pacte indissoluble, paraît-il. Mabala aurait proposé l'affaire à Simon qui l'a envoyé promener, naturellement. Le

PASSAGE DU DJOUÉ AVANT BRAZAVILLE

lieutenant, qui n'est pas israélite que je sache, prétend qu'il n'aime pas le boudin cru.

Un autre motif, de moindre importance celui-là, me pousse à quitter Macabandilou ; c'est la *chique*, autrement dit la puce pénétrante, ce supplice des pieds ; cette petite bête, qui entre sous la peau, s'y installe, s'y niche, y pond des œufs par milliers et mange tout, autour d'elle ; j'ai vu des noirs ayant de ce fait perdu la moitié des orteils.

Depuis que je foule le sol africain, je n'ai jamais rencontré d'endroit plus infesté par les *chiques* que Macabandilou ;

le terrain qu'on y foule est composé d'un sable extrêmement fin qui en détient des milliards; rien ne peut en préserver. J'en souffre particulièrement. Ajoutez à cela les fameux *clous*, pour rendre mon bonheur complet.

Quelle drôle de contrée que le Congo! Si encore, on pouvait s'y procurer du savon !

On m'a pourtant expliqué que si j'y tenais absolument, je pourrais en fabriquer moi-même, avec de l'huile de palme et de l'eau de cendres bouillies : je ne suis pas plus sûr que cela du résultat.

Je ne vous raconterai pas mon voyage de Macabandilou à Brazzaville, où je suis arrivé à me traîner et où j'ai fait une entrée peu triomphale en compagnie de M. Landerouin, notre interprète pour l'arabe; ce dernier, moins éreinté que moi, mais aussi désireux de se reposer; c'est le cas de dire, comme dans ma chanson :

> On n'arrive pas sans s'faire de bile
> A Brazzaville !
>
> (Air de : *A Montmartre.*)

DEUXIÈME PARTIE

DE BRAZZAVILLE A BANGUI

CHAPITRE PREMIER

Brazzaville. — La maison hollandaise. — La disette. — La fièvre.
Le tueur d'éléphants. — Le boa. — Un prince tatoué.

J'ai éprouvé, en arrivant à Brazzaville, une légère déception ; malgré l'aspect plutôt grandiose du Pool et du fleuve Congo. J'ai cherché partout une ville et je n'ai rencontré que quelques constructions éparses, les unes en torchis, les autres, très rares, en briques. Depuis, grâce aux belles plantations de manguiers, palmiers ou autres arbres, j'ai modifié mon premier jugement, mais c'est simplement au point de vue pittoresque ; car, franchement, on ne saurait, avec toute la bonne volonté du monde, trouver autre chose, sur l'emplacement dénommé pompeusement Brazzaville, qu'un lieu « bon pour faire grand village » comme le disait un de nos Sénégalais. Tout est là : il y a de quoi construire tout ce qu'on voudra ; mais, la place seule existe.

Pourtant, si on veut se donner la peine de faire trois quarts d'heure dans la brousse, on rencontre un établissement appartenant à la maison hollandaise gérée par M. Greshoff, lequel établissement a une allure toute européenne et vaut certes à lui seul Brazzaville entier.

Il y a là un ordre et une entente de confortable tout à fait remarquables, et on se croirait volontiers dans un de nos jardins zoologiques d'Europe.

M. Greshoff en personne m'a fait avec une grâce parfaite les honneurs de cette admirable installation.

Si vous enleviez à la station de Brazzaville la *maison hol-*

ALLÉE DE MANGUIERS A BRAZZAVILLE

landaise et la concession Durant où j'ai pris gîte, concession faite à une maison belge, il ne resterait plus rien de cette deuxième capitale du Congo, réputée ville en Europe.

M. Greshoff et M. Vitu de Kerraoul, gentilhomme breton, un peu exilé là, en qualité d'administrateur, sont les physionomies typiques de la localité, physionomies absolument dissemblables du reste; d'une part le colon pratique du Nord; de l'autre, le grand seigneur, qui a dû avoir de la fortune, et, celle-ci disparue, a courageusement accepté une situation ou plutôt une fonction honorable, qu'il remplit avec une aisance et une résignation toute aristocratiques.

J'attends toujours le grand chef, lequel, pour des raisons qui ne sont probablement pas à ma portée, raisons que je me garderais bien de chercher à apprécier, est resté en arrière et doit sous peu de jours, dit-on, arriver à Brazzaville.

MAISON HOLLANDAISE, POTAGER

J'attends patiemment l'ordre d'embarquer sur le Congo, quoique ce ne soit pas la pureté des eaux de ce fleuve qui m'attire : par cette saison pluviale autant vaudrait naviguer sur un marais; et puis, Brazzaville, où la fièvre étend ses ailes, encore plus affreuses que celles de la nuit décrite par Boileau, ne me *goûte* guère, comme disent les Belges. On y *dégèle* avec un véritable entrain ; voilà pour ma part en quelques jours deux malheureux blancs que je vois allant augmenter la population du cimetière.

Mais soyons gai.

Je suis encore trop faible, pour demander des distractions à l'exploration des alentours, et surtout aux chasses qui doivent ici avoir un grand intérêt, puisqu'on y peut tuer l'éléphant, qui existe et vit en troupes nombreuses tout près de

FACTORERIE HOLLANDAISE, LA VOLIÈRE

nous. L'hippopotame y pullule également, ainsi que la panthère, le boa et autres animaux qu'on ne voit guère chez nous qu'au Jardin des Plantes.

Je vais à ce propos tâcher de lier connaissance avec M. Louettières, le fameux tueur d'éléphants, sur lequel je compte faire un article spécial. En attendant, je signale un exploit de M. Landerouin notre interprète pour l'arabe, qui a eu le bonheur de mettre fin aux ébats d'un hippopotame,

CARAVANE PARTANT POUR LA CÔTE (MAISON HOLLANDAISE)

lequel s'était approché un peu trop près de nous; la bête, qui pesait au moins 2.000 kilogrammes, a servi à apaiser les estomacs des Sénégalais. Car la famine règne légèrement à Brazzaville. Remarquez que je ne plaisante pas : pour vous en donner une idée, sachez qu'un petit œuf de poule, se vend couramment, en barrettes de cuivre, la valeur de 7 sous,

BASSE-COUR DE LA MAISON HOLLANDAISE (BRAZZAVILLE)

un poulet gros comme le poing, de 4 à 6 francs, un cabri, jusqu'à 80 francs.

Nous voici en pleine saison des pluies, ce qui n'empêche pas la chaleur d'être accablante. Des odeurs fétides montent du sol après les tornades; et le Congo roule tranquillement et majestueusement ses eaux rouges et bourbeuses au milieu de tout cela. Les figures sont livides; je ne parle pas de celles des colons; il n'y a pas de colons; mais les nôtres et celles des pauvres administrateurs. En voilà qui ne volent pas leur traitement !

Il faut que vous sachiez que je n'ai pas encore vu un seul vapeur, grand ou petit, battant pavillon français, sur le Congo; et cependant on m'avait parlé d'une certaine flotte dite du Haut-Oubangui. Entre autres, on m'avait cité le *Jacques-d'Uzès* et le *Poumayrac*, qui devaient exister en partie, tout prêts à être montés. Quant aux vieilles carcasses en fer rouillé, que j'aperçois dans le soi-disant port, pas une,

M. GRESHOFF (MON PROTECTEUR)

au moins pour l'instant, ne saurait remonter le fleuve; et c'est pour cela qu'on entretient à grands frais des ateliers et tout un personnel coûteux !

Je vois d'ici la fureur légitime de Marchand, quand il va voir les bateaux avec lesquels on doit lui faire monter sa mission.

J'apprends ce matin, 26 octobre, que l'assassin diplomate Mabiela, surpris dans la caverne de Macabandilou, où il se tenait caché, a été tué, après une défense acharnée; six de nos hommes ont été blessés dans ce combat; l'un d'eux très grièvement. C'est donc vraisemblablement bien fini avec l'insurrection entretenue sur le parcours de Loango à Brazzaville, d'autant plus qu'un autre chef, frère de Mabiela, le meurtrier de M. Laval, agent du Congo, est mort comme on me l'avait affirmé, dans un premier engagement, tué par Baratier.

Je n'ai pu encore joindre le fameux tueur d'éléphants qui

LE PORT DE BRAZZAVILLE

habite ici, attendu qu'il est parti en chasse depuis près d'une semaine.

Tous les matins, je me dirige consciencieusement vers son établissement, qui est situé en pleine brousse et isolé des autres habitations d'au moins un kilomètre. On est guidé vers ce séjour par une odeur de charogne et de décomposition très accentuée, et on s'avance au milieu d'ossements d'éléphants, d'hippopotames, et de buffles à moitié décharnés, l'hôte de cette demeure ayant sans doute autre chose à faire qu'à parfumer son immeuble d'essence de rose ou de violette.

On m'a affirmé que, demain ou après, il serait de retour et que je pourrais l'interwiever tout à mon aise ; je ne manquerai pas de revenir, quoi que je sois bien faible ; j'ai été repris par la maudite fièvre.

En revenant de chez Louettières, j'ai fait une rencontre que j'avais souvent désirée, mais que maintenant j'aime mieux ne pas voir se renouveler.

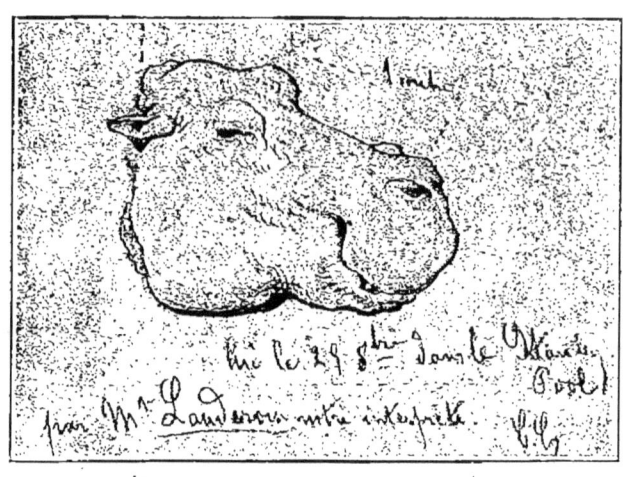

TÊTE D'HIPPOPOTAME

Éveillé sans doute, par le bruit de mes pas, un boa, qui sommeillait dans les hautes herbes, passa devant moi comme un éclair, au travers du sentier, et s'élança (je le suppose, à l'inclinaison des herbes sur son passage), dans le Stanley-Pool.

J'avoue que le beau sang-froid que j'avais rêvé en pareille occasion a été paralysé pendant plusieurs secondes.

Le reptile, imagination à part, m'a fait l'effet d'être gros comme une carafe, roulant sur lui-même exactement comme une couleuvre, il pouvait parfaitement mesurer de 4 à 5 mètres, et sa couleur m'a fait l'effet d'être d'un gris tacheté de noir.

En fait d'armes, je n'avais que mon ombrelle; et je fis involontairement un pas en arrière.

M. DURANT

M. Durant, mon excellent hôte à Brazzaville, à qui j'ai conté l'aventure, m'a affirmé que ce côté de la station était infesté par les boas, surtout la nuit : Il en a tué plusieurs, entre autres un qui mesurait 8 mètres. J'ai vu la peau.

Après cela, je ne me risquerai plus, comme ça m'est arrivé souvent, *sous n'importe quel prétexte*, et malgré les nécessités les plus impérieuses, à me glisser dans les hautes herbes, au clair de la lune; j'aurais trop peur d'y voir se renouveler, sous une autre forme, l'aventure arrivée en pareil cas au lieutenant Simon, qui, une nuit, s'étant isolé dans la brousse, fut surpris inopinément par le souffle indiscret d'une bête qui heureusement n'était qu'un cochon, cochon qu'il prit un instant pour une panthère, dont on entendait souvent les miaulements la nuit; jugez s'il se fut agi d'un boa.

C'est ici, qu'on pourrait avec raison, s'écrier : Doux pays !
Enfin ! j'ai vu un vrai boa, car c'en était un.

M. Durant a eu beau m'affirmer que l'animal avait eu plus peur que moi, je demeure convaincu que c'est une vilaine rencontre à faire pour quiconque ; et qu'il ne fait pas bon s'asseoir par mégarde sur un constrictor.

A propos de M. Durant, qui est mon propriétaire, je ne crois pas vous l'avoir présenté : il personnifie avec M. Greshoff tout le haut commerce de Brazzaville; c'est un grand bel homme, à la barbe blonde, ayant un peu l'aspect d'un chasseur alpin, avec son feutre orné d'une plume. Il est vis-à-vis de nous plus qu'obligeant ; et ma foi, nous avons été bien heureux, M. Landerouin et moi, d'avoir rencontré cet excellent Belge, *savez-vous;* son amabilité, sa complaisance, son côté pratique des choses, ont beaucoup aidé à nous rendre supportable le séjour peu enchanteur de la seconde capitale du Congo.

M. Durant a bien voulu nous expliquer le pourquoi de ces *ballades* nocturnes des boas dans l'intérieur de Brazzaville : le boa aime les poules, les cabris, les agneaux et autres animaux domestiques de volume moyen; seulement il ne le croit en aucune façon capable de s'appliquer un âne ou même un homme sur l'estomac. Ça ne concorde guère avec le récit si connu du Robinson Suisse. Encore une légende de détruite.

Je suis enfin parvenu à joindre mon chasseur d'éléphants, retour d'expédition.

Je m'attendais à trouver un homme hirsute et farouche, un demi-sauvage. Jugez de mon étonnement quand je me suis vu en face d'un garçon blond, à la figure douce, avec une petite barbiche, qui le fait rassembler à un de nos jeunes sous-officiers ; les yeux bleus sont pleins de gaieté et de résolution.

Très sympathique, ma foi, la tête de M. Louettières !

Il me raconte, sans pose, comme sans fausse modestie, ses histoires de chasse, qui n'ont rien de commun avec les exploits de nos Nemrod de province. Depuis l'éléphant jusqu'à la panthère, depuis l'hippopotame jusqu'à l'oiseau rare, tout a passé sous la balle de cet intrépide chasseur qui exerce simplement une profession et en vit largement et honorablement.

Il rentre ce matin avec un léger coup de tête dans l'estomac et un de ses chiens favoris complètement éventré ; le tout pour s'être trouvé en face d'un buffle récalcitrant qu'il avait raté. Ah ! mes chasses pâlissent légèrement, et j'écoute bouche béante ses récits qui ne sentent pas la *blague*.

Remarquez que M. Louettières n'est pas ennemi de l'éloge et de l'admiration, admiration que je ne lui ménage pas du reste et qu'il accepte naïvement, comme les simples. J'aime les braves, les vivants, les *poilus* en tous genres, et je me trouve en face d'un mâle, d'un Français de bon teint. Je suis content de M. Louettières. Ah ! s'il pouvait me faire tuer un éléphant, une toute petite panthère, je lui vouerais une reconnaissance éternelle, mais, je vais être obligé de déménager : le grand chef arrive, et en route ! il va falloir reprendre ma course. Je ne demande du reste que ça.

Voici le bilan des exploits de M. Louttières :

SÉJOUR A BRAZZAVILLE

Du 1ᵉʳ avril 1895 au 1ᵉʳ avril 1896. . . 101 hippopotames.
Id.   Id.   . . . 113 éléphants.
Du 1ᵉʳ avril 1896 au 28 octobre 1896. . 152 hippopotames.
Id.   Id.   . . 5 éléphants.

Sans compter buffles, antilopes, panthères, etc.

M. Louettières m'a affirmé avoir abattu beaucoup d'éléphants avec une seule balle : en général il tire la bête le plus près possible, dans la région au-dessus de l'œil.

LOUETTIÈRES, LE CHASSEUR D'ÉLÉPHANTS

Il considère comme à peu près inutiles, les coups de fusil lâchés à la course : à moins d'être au repos et d'avoir en main une arme de très gros calibre, ces coups n'abattent pas l'éléphant sur place.

Il trouve la carabine Lebel excellente, quoiqu'un peu légère à son gré. C'est surtout avec le *fusil national suisse* qu'il opère, et au besoin avec le Martiny-Henry, de marque anglaise (Osborn).

A propos de situations dramatiques, où il se serait forcément trouvé, il me paraît très sobre de détails. Il doit pourtant avoir l'embarras du choix; j'en recueille une, qui a dû être assez impressionnante :

Il fut un jour bousculé par un éléphant, qu'il tua, étant lui-même couché sur le dos. L'éléphant est heureusement doué d'une très mauvaise vue; et souvent des hommes, serrés de près, ont pu lui échapper dans les hautes herbes.

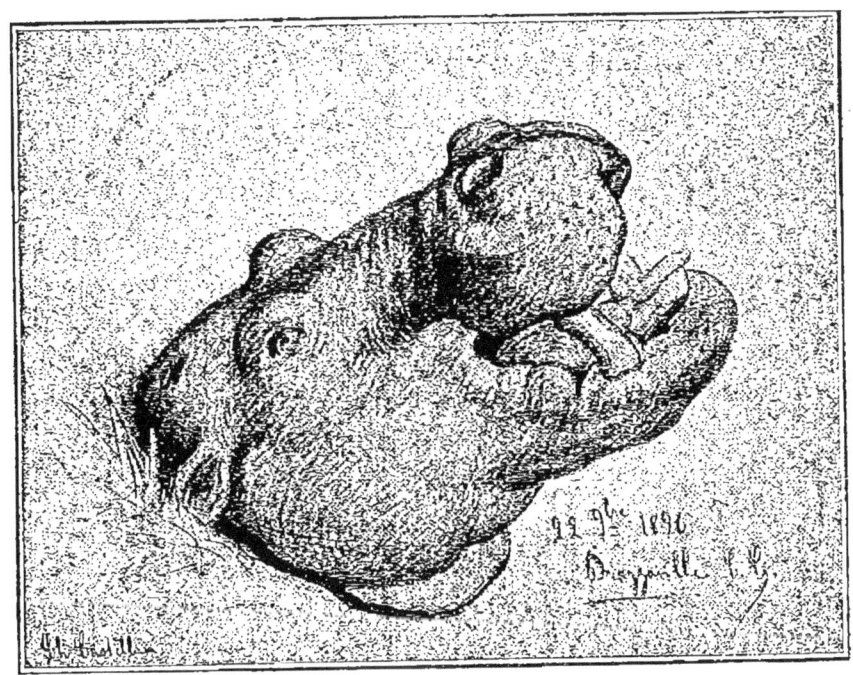

TUÉ PAR M. LOUETTIÈRES

Cette mauvaise qualité de vue permet aussi au chasseur de s'approcher de lui et de le tirer presque à bout portant, ce qui est le mieux.

Par contre, dit-on, l'hippopotame voit à des distances considérables, ce qui le rend très difficile à surprendre.

La panthère, sur laquelle je l'interroge, est un animal fort dangereux, et, à l'instar du buffle, elle *demande* à être abattue du premier coup, sous peine de voir la bête se retourner sur le chasseur, lequel ne brille pas précisément dans les corps à corps qui peuvent s'en suivre.

Avec le buffle, il y aurait encore quelques accomodements : monter sur un arbre, et, à toute extrémité, se jeter à plat ventre.

Un autre chasseur expérimenté, M. *Fredon*, m'a également affirmé le fait : le buffle, dont les cornes inclinées en arrière

M. TRÉCHOT, CADET

ne peuvent labourer le sol, cherche, assez brutalement, il est vrai, à soulever son adversaire avec son mufle et à le ressaisir ensuite en sous-œuvre avec les cornes. « Il faut en ce cas tenir bon, me disait M. Fredon et sous aucun prétexte ne lâcher son fusil, lequel à un moment bien choisi peut mettre fin à l'aventure, » aventure où m'est avis que, quel que soit le résultat final, le chasseur doit être toujours plus ou moins écorniflé.

En dehors de M. Fredon, M. Louettières a deux émules, *les frères Tréchot*, les seuls négociants français à Brazzaville : eux aussi, mais seulement dans les cas de disette, se livrent à la chasse de l'éléphant et de l'hippopotame, ce qui démontre qu'ici le ravitaillement laisse souvent à désirer. Ces trois jeunes gens, dont l'un a à peine dépassé vingt ans et l'aîné

M. FREDON, LE CHASSEUR DE BUFFLES

trente, sont pleins de courage et d'énergie ; mais hélas! où il n'y a rien, on ne saurait rien amasser. J'ai dit qu'ils représentaient à eux seuls tout le commerce français, dans la deuxième capitale du Congo, c'est malheureusement d'une vérité indiscutable, je ne vois pas d'autres colons, à part deux étrangers, MM. Greshoff et M. Durant.

Nous sommes au 4 novembre, et j'ai assez de Brazzaville où je marine depuis dix jours. J'ai écrit au capitaine Marchand pour lui demander la permission d'aller de l'avant, au moins jusqu'à Bangui.

Je ne vois ici rien de particulier à noter, si ce n'est le Pool et les fameux rapides, qui, dit-on, sont intéressants. Nous irons voir ça demain, ou après; mais je suis sans enthousiasme. J'ai déjà été bien désillusionné depuis que je suis à Brazzaville.

Je viens malheureusement de laisser échapper un *prince*

LA RÉSIDENCE, A BRAZZAVILLE

indigène, tatoué en relief comme un meuble gothique : j'avais rencontré cet animal curieux chez M. Greshoff, dont il était l'hôte. Il a disparu subrepticement, *à l'anglaise*, et je le regrette sincèrement; car il est impossible de rêver plus extraordinaire, au point de vue sculpture d'ornement sur la face; je n'exagère nullement en disant que ses reliefs atteignaient plus d'un centimètre d'épaisseur sur le front, les joues et le nez. La face immobile donnait l'impression d'un de ces mascarons qui soutiennent certaines consoles en chêne; on était supris de voir le mouvement animer tout à coup cette tête de bois.

Un petit garçon de douze à treize ans accompagnait le

prince, venu du haut fleuve pour je ne sais quelle ambassade. Mais le jeune homme, tatoué également, n'était pas encore *terminé* comme travail : sa figure dont les traits ne manquaient pas de finesse, ne présentait que des ornements esquissés assez légèrement. On me fit expliquer que ce travail était long et demandait des années pour être conduit à la perfection.

Ces reliefs s'obtiennent à l'aide d'une petite spatule ou ébauchoir en fer aplati et tranchant d'un côté ; au moyen de cet instrument, on taille et on refoule savamment les chairs, jusqu'au résultat final. Ainsi cette jolie figure de gamin était destinée à devenir petit à petit en état de rivaliser comme grotesque avec le masque du frère aîné, qui devait certainement être considéré comme un chef-d'œuvre par ceux de sa tribu.

Allez donc causer esthétique avec ces gas-là : les impressionnistes eux-mêmes y perdraient leur latin.

Brazzaville, 6 *novembre.* — Mon Dieu, comme je m'ennuie à Brazzaville avec ses quatre habitants et son Pool désert, ses tornades, ses moustiques, ses fièvres et hématuries en permanence.

Remarquez que cet *état d'âme* (pour employer l'agaçante expression à la mode) ne m'est pas particulier. Tout le monde ici pense comme moi; tout le monde bâille et somnole; je suis peut-être le plus gai et le plus vivant de la bande ; il est vrai que je suis soutenu par l'idée que je vais bientôt filer.

L'*Antoinette,* petit vapeur de la factorerie Greshoff, est arrivée hier et doit repartir pour Bangui le 15 courant, à sept heures du matin. Je vais tâcher d'y prendre passage. J'attends l'arrivée de Marchand qui doit mettre fin à mon angoisse; mais comme sœur Anne, je ne vois rien venir. J'attends le bon génie qui me délivrera, comme dans certains contes de fées ; mais rien de neuf ne se produit dans mon monde à la fois fantastique et plat. Quand ce cauchemar prendra-t-il fin? Je suis peut-être le jouet d'un enchanteur à l'instar du pauvre don Quichotte. Je ne sache rien de plus cruel pour un vagabond, pour un curieux, pour un ami de la vie et du mouvement comme moi, que d'être condamné à l'immobilité.

La patience est une vertu, dit-on, mais, c'est une vertu négative, je ne la possède pas.

Enfin, on m'annonce que Marchand est arrivé. Je vais à sa rencontre. Quoique bien changé, il me paraît alerte et dispos, plein de confiance et d'espoir; je le trouve aimable et plutôt gai; mais hélas! il nous annonce qu'il va retourner en arrière sous deux ou trois jours; il ne veut sous aucun prétexte me laisser filer sans lui sur l'Oubangui, prétendant qu'il n'entend pas que je risque ma peau, dont il répond; ajoutant que s'il m'arrivait malheur, on ne manquerait pas de lui mettre l'affaire sur le dos; sur mon insistance il me déclare que j'étais l'homme le plus imprudent qu'il connaisse et que je ne manquerais pas de me faire dévorer là-haut, si je n'étais escorté, etc., etc. Je trouve que, pour un homme qui entre pour la première fois en relation avec moi, puisque je ne l'ai pas vu depuis six mois, il me juge bien vite; et cette tutelle tardive, après m'avoir laissé la bride cinq mois sur le cou dans l'expédition du Niari, m'agace un brin.

Je ne me savais pas devenu tout à coup si précieux; je suis à la fois flatté et profondément embêté.

C'en est fait : me voilà encagé à Brazzaville pour un bon mois au moins, peut-être deux ou trois. A quoi les employer?

CHAPITRE II

Mort de Mabala. — Le capitaine Marchand. — Léopoldville. — Un moment critique sur le Pool. — Querelle des chasseurs. — Un hippopotame dans une écurie.

Deux ressources s'offrent à moi pour me distraire :
Louettières, que je rencontre ce matin, me promet qu'il tentera, quoique la saison soit bien avancée, de me faire chasser l'éléphant. D'autre part, je n'ai pas encore vu les rapides, les fameux rapides du Pool. C'est assez loin de Brazzaville et j'ai déjà été égaré une fois en tentant de m'y rendre à la suite d'un mauvais guide ; de sorte que j'avais remis à mon retour l'exécution de ce projet. Et puis, faut-il l'avouer, je me suis méfié et j'ai eu peur de trouver une simple cascatelle, genre Bois de Boulogne, à l'échelle près ; le Pool, que je n'ai pas encore sérieusement parcouru (et peut-être à cause de ma mauvaise humeur) me rappelle déjà suffisamment une foule de petits lacs qu'on a vus un peu partout. Maintenant, je le répète, cette mauvaise humeur me rend probablement aigre et injuste ? Je suis décidé à résister à cette tendance de révolte contre les obstacles qui retardent où contrecarrent mes projets de marche en avant.

Songez pour ma justification que je suis depuis près de cinq mois en Afrique et que je n'ai pas encore vu un seul cannibale. On prétend que les Batékés du nord de Brazzaville ne sont pas tout à fait exempts de ce vice monstrueux dont ils se cachent pourtant ; mais tout cela pourrait bien être du racontar et je suis toujours comme saint Thomas : je voudrais voir...

Voici entre temps un récit complet de la mort du chef Mabala dont la fin n'a pas manqué d'être dramatique.

Chef redouté et respecté dans toute la contrée, grand féticheur, Mabala exerçait dans un rayon assez étendu une influence incontestable. Disparu subitement, on le cherchait en vain ; les indigènes, interrogés sur sa retraite, affectaient une ignorance parfaite à ce sujet. Ce fut une femme (toujours Dalila), qui, dit-on, dénonça sa cachette : M. Fredon, chef de poste de Balimouéké, avisé qu'il habitait une caverne à double issue, qu'on lui indiqua, fit part de cette découverte au capitaine Marchand, lequel donna immédiatement à Baratier l'ordre d'investir le repaire et de s'emparer du chef.

Le capitaine Baratier, accompagné de M. Jaquot, partit à deux heures du matin (21 octobre) avec vingt tirailleurs sénégalais. Après une marche assez pénible, on atteignit la grotte dissimulée derrière un rideau de broussailles inextricables ; mais elle était entièrement vide. Évidemment il y avait erreur ; comment trouver, dans ce fouillis de hautes herbes et de lianes, et surtout en pleine nuit.

Pendant qu'on examinait attentivement les alentours, une lueur de foyer apparut subitement en contre-bas à travers la brousse ; et, en s'approchant avec précaution, on pût nettement distinguer des gens dormant autour d'un foyer, à l'entrée d'une ouverture de caverne assez étroite et très basse. Évidemment le repaire était là et très probablement aussi le chef recherché.

La position fut cernée avec précaution et on attendit le lever du jour pour commencer l'attaque.

Ce fut Mabala qui ouvrit le feu sur les premiers assaillants qui se présentèrent : Baratier et M. Jaquot reçurent presque à bout portant une décharge qui blessa grièvement derrière eux un tirailleur sénégalais ; cinq projectiles l'avaient atteint à la fois, lui fracassant l'épaule et la clavicule gauche ; plusieurs autres tirailleurs qui suivaient de près furent en quelques secondes mis hors de combat.

Mabala et ses hommes, accroupis dans une salle très basse, tiraient à coup sûr, et la situation devenait critique pour les nôtres qui n'avaient aucune idée de la topographie intérieure de la caverne...

On dut renoncer à ce genre d'attaque. M. Jaquot retourna à Balimouéké chercher du renfort et des munitions.

Il rencontra en route le convoi du capitaine Marchand qui se dirigeait sur Brazzaville. Marchand, après avoir mis sa caravane en sûreté, se porta rapidement avec vingt Sénégalais sur le lieu de combat : il jugea, après avoir tenté d'élargir l'entrée de la grotte à l'aide de la dynamite, qu'il était inutile d'essayer plus longtemps de forcer cette entrée, sous peine de subir de grosses pertes.

Il fit allumer des bottes de paille qu'on poussa avec des fourches ; et un enfumement en règle commença. Après plusieurs heures d'attente, les abords de la caverne furent déblayés et quand la température fût abaissée au point de permettre l'accès dans l'intérieur, on pénétra dans la grotte.

Après des recherches minutieuses, on commençait à croire que les défenseurs de ce vaste souterrain s'étaient échappés par une issue qu'ils avaient refermée derrière eux, quand on découvrit tout au fond, dans une espèce de couloir montant, des cadavres entassés : on les tira l'un après l'autre par les pieds et on les traîna jusqu'à l'entrée de la grotte; le second corps qui parut à la lumière du jour

LA MORT DE MABALA

fut reconnu immédiatement par les indigènes présents qui s'écrièrent en se voilant la face avec les mains : « Mabala !

Mabala! » On lui trancha la tête pour la montrer dans les villages.

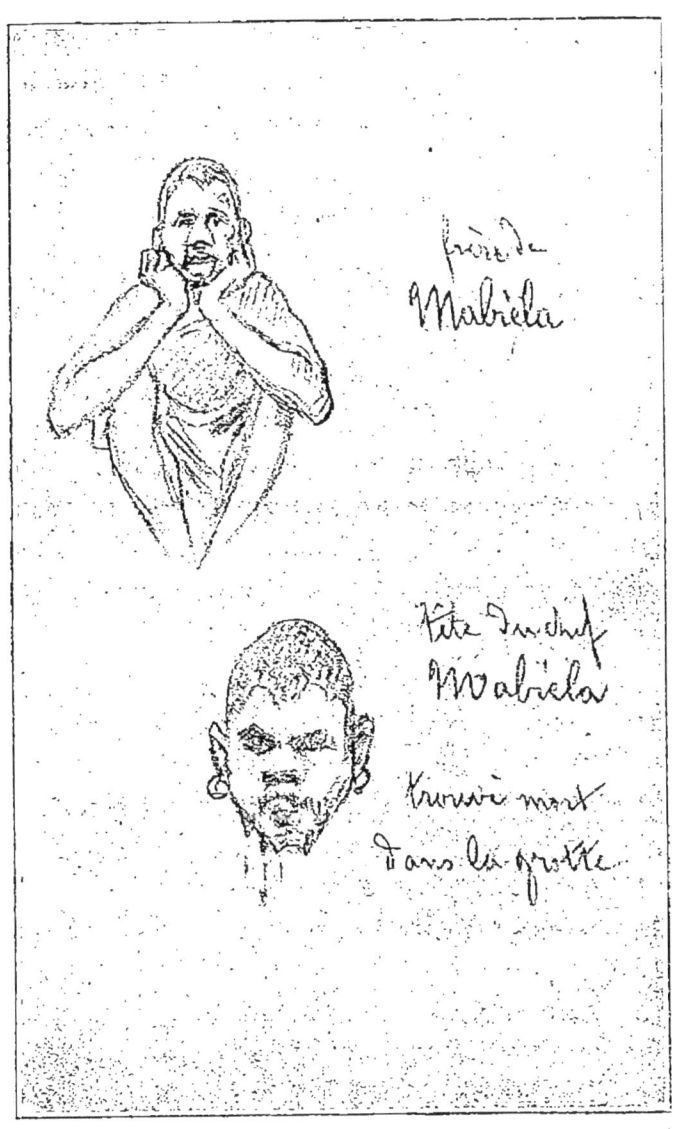

TÊTE DE MABALA ET PORTRAIT DE SON FRÈRE

N'oublions pas que ce Mabala, qui en somme est mort courageusement, avait assassiné M. Laval, agent du Congo, et plusieurs porteurs Loangos; c'était après tout du banditisme qu'il exerçait sur le chemin des caravanes.

Je ne tenterai pas dans cette affaire de faire l'éloge de mon ami Baratier; tous ces officiers de la mission, Marchand en tête, avec leurs défauts, leurs préjugés et leurs façons souvent hérissantes pour nous autres pékins, sont, quand il ne s'agit que de leur peau, des héros de primo cartello (ça n'est après tout pas si rare d'être brave quand on est français) : pour Baratier en particulier, qu'il ne s'y trompe pas, il ne *m'épate* pas le moins du monde; il est si petit et si mince qu'il finit par en abuser pour faire des prouesses. Il me paraît impossible, étant donné son peu d'épaisseur, qu'il soit jamais atteint par des projectiles. Par conséquent, n'a dans un combat aucun mérite à se porter en avant : ce sont toujours ceux qui sont derrière lui qui *écopent*.

Si jamais j'assiste à une affaire en sa compagnie, je m'arrangerai toujours à être en profil effacé à sa suite, dussé-je marcher de côté comme les crabes.

Ce matin, 12 novembre, je me lève d'assez bonne humeur : le capitaine Marchand m'a affirmé que je n'attendrais pas plus de *quinze jours* son retour à Brazzaville, retour qui doit s'effectuer dès qu'il aura déblayé la route de Manyanga, qui longe le Congo.

Les indigènes recommencent leurs palabres de ce côté et arrêtent les porteurs.

Quant à moi, je ne m'explique pas bien comment mon départ avec un de ses lieutenants eût pu être gênant pour la mission, dont je ne m'occupe qu'au point de vue purement pittoresque.

Puisque je tiens le capitaine Marchand sous ma plume, j'en profiterai pour vous le décrire :

Plutôt au-dessus de la moyenne, le capitaine est brun, avec l'œil noir et vif; chez lui l'oreille est détachée, ce qui est toujours un signe d'énergie. Son allure très souple et très dégagée n'exclut pas la robustesse. La tête est rasée de près, un peu trop à mon gré, et sa barbe noire encadre bien sa figure, à la condition qu'il ne porte pas ce poil trop long. Le cou est hardiment attaché sur les épaules. Il est coiffé d'un grand feutre gris qui lui va beaucoup mieux que l'affreux képi dit *Saumur* qui, avec sa *viscope* en avant et sa pointe en arrière, donne à nos officiers des aspects de joueurs de clarinette du premier empire.

Marchand est plutôt gai et en dehors, sans arrière-pensée. Par exemple, il n'aime pas la contradiction et c'est peut-être là son principal défaut; mais j'aurais mauvaise grâce à le lui reprocher. Je termine, afin de ne pas passer pour un flagorneur, en signalant encore un défaut du chef : avec un léger grain de férocité dans le profil, je le crois foncièrement brave homme et capable de tous les attendrissements. J'ajouterai que je l'ai baptisé le *Tigre*, ce qui du reste le fait rire.

Dépasserais-je les limites de la discrétion en ajoutant qu'à l'instar du roi Henri IV, il n'a pas horreur du beau sexe; mais là, pas du tout, du tout, du tout.

Nous fîmes hier, en compagnie du capitaine, de M. de Keraoul, l'administrateur colonial, et de M. Greshoff, une excursion sur le Pool que je connaissais mal ou plutôt pas du tout.

Après avoir débarqué à Léopoldville, où nous fûmes très galamment accueillis par M. le commandant du port et le commissaire par intérim du district, M. le docteur Carré, nous allâmes rendre visite au docteur Sims, qui est certes un original, dans la bonne acception du terme, un Anglais de la vieille roche, plein d'humour et de finesse.

La journée a failli se terminer par un accident dont les suites eussent pu être funestes pour nous tous : notre petit vapeur, l'*Oubangui*, récemment renfloué par M. Tréchot aîné, fut un instant entraîné hors de sa route vers les terribles rapides; la chute du jour avait empêché le barreur de voir la bouée indicatrice.

Durant un instant, lorsqu'on s'aperçut qu'on allait à la dérive, on éprouva une véritable anxiété à bord. Le lieutenant Morin crut devoir se précipiter à la barre; le bateau

CAPITAINE MARCHAND

put heureusement pivoter et remonter le courant. Quelques secondes de plus et c'en était fait : nous prenions la route du vapeur belge, la *Ville-de-Verviers*, dont on n'a jamais retrouvé ni un homme ni une planche.

Je me rappelle nettement l'attitude stupéfaite des Belges, qui, du rivage, nous regardaient filer à la dérive. Ces gens n'ont rien dû comprendre à notre manœuvre, que nous eussions du reste nous-mêmes été fort embarrassés d'expliquer.

Rentrés à Brazzaville, un événement qu'on pourrait qualifier de comique dans sa première phrase et de tragique dans la seconde, s'est passé dans notre voisinage, vers les dix heures du soir. Des grognements et des trépignements formidables suivis de plusieurs coups de feu, nous firent sortir du chimbeck, où, après avoir achevé notre repas, nous prolongions notre soirée en disant du mal de notre prochain, ce qui, au Congo, constitue la plus grande des distractions.

Arrivés sur le théâtre du *potin*, nous nous trouvâmes en fare d'une hippopotamesse énorme, gîsant sur sol, traversée de plusieurs balles.

La bête, jeune encore et inexpérimentée, quoique dans une position intéressante, était allée étourdiment se jeter dans la cuisine de M. Louettières, bousculant marmites et casseroles, mettant en fuite tout le personnel des boys. M. Louettières n'avait pas mis longtemps à décrocher sa bonne carabine de Tolède et avait logé dans le corps de l'animal une balle bien placée, comme c'est son habitude ; la bête, sérieusement atteinte, mais dure aux coups, continuait sa retraite en bon ordre, quand un autre chasseur, M. Durant, l'arrêta net, en lui envoyant à l'improviste une autre balle qui traversa l'animal.

Il s'éleva tout d'abord une contestation entre les chasseurs, à savoir qui était le vrai meurtrier. Tous deux avaient à la fois tort et raison, puisque deux balles de différent calibre, ayant, comme disent les docteurs, lésé des parties essentielles, furent retrouvées l'une au-dessus du cœur, l'autre dans le poumon.

Comme, après tout, ces Messieurs sont de galantes gens, l'entente s'établit vite entre eux. On se partagea et la gloire et la viande, qui (c'est de la viande qu'il s'agit), je dois le déclarer était excellente.

COUP DOUBLE, LA VICTIME DE MM. LOUETTIÈRE ET DURANT

M. Durant, ce propriétaire modèle, qui ne veut pas qu'on lui paie son terme, trouve encore moyen de régaler ses locataires. A mon retour en France, je ne manquerai pas d'enseigner son adresse aux décadents et autres artistes de la Butte. Je prédis d'avance à M. Durant, au cas où il voudrait seulement avancer à ces messieurs les frais du voyage, un succès énorme et une popularité idem.

Un autre hippopotame (celui-là, je ne l'ai pas vu et je n'affirme rien) serait allé passer la nuit avec les bœufs dans l'écurie du poste de Brazzaville. Ces braves bœufs ont dû être étonnés de voir à leurs côtés un compère d'un pareille envergure, et je suis surpris qu'ils l'aient accepté sans protestation. C'est M. de Keraoul qui m'a conté ce dernier fait, ce qui tendrait à prouver qu'il doit être exact.

L'hippopotamesse abattue pesait 1.300 kilogrammes; il y a des mâles qui dépassent 2.000.

Comme intermèdes et distractions à Brazzaville, je signale à l'attention des lecteurs la recrudescence d'activité des moustiques qui continuent chaque soir à nous dévorer en détail. Voilà certes des antropophages dont on parle peu et qui cependant sont aussi redoutables que ceux de l'Oubangui.

Comme compensation, la *chique* laisse nos pieds un peu en repos, grâce aux pluies qui de temps à autre inondent le pays : la *chique*, à l'instar de certains habitants de la Butte, a horreur de l'eau.

CHAPITRE III

Partie de chasse manquée. — Le petit cannibal. — Chasseurs d'hommes. — En pirogue avec Louettières. — Odyssée d'une princesse. — Les scrupules de Moussah et de Mamadou. — Tiraillements avec le chef.

Aujourd'hui, 17 novembre, dix heures du matin, l'*Antoinette*, emportant à son bord trente-quatre tirailleurs, le lieutenant Largeau, deux sergents noirs et un sergent blanc, M. Datte, a levé l'ancre, à destination de Bangui. Je l'ai vue filer, déroulant son long panache de fumée derrière elle, me laissant plein d'amers regrets. J'avais compté partir sur ce bateau; Dieu sait, avec la façon dont ça marche, quand je quitterai Brazzaville.

Je suis sans nouvelles des miens depuis plusieurs mois, et pour comble de malheur, le courrier de France, arrivé hier de la côte, n'apporte que des journaux.

On nous annonce simplement que toutes les lettres ont été égarées à Libreville. Après les avis que j'ai reçus il y a longtemps que des lettres à moi arrivaient ouvertes à Paris, c'est tout à fait rassurant. Je ne voudrais pourtant pas dire de mal de l'administration locale et je n'impute à personne ce fait qui n'est peut-être qu'un accident. Seulement quand je songe que nous ne sommes ici qu'à Brazzaville, je me demande avec inquiétude de quelle façon cela se passera quand nous aurons atteint le Haut-Oubangui?

Mais chassons les idées tristes et espérons que tout va bien quand même à Courbevoie, que mes documents sont tous arrivés et qu'enfin mon voyage se terminera à mon entière satisfaction.

Je viens d'avoir encore un petit mécompte, ou si vous voulez une petite déception : j'avais tout préparé pour suivre à la chasse M. Louettières; ça devait durer plusieurs jours; les pirogues étaient prêtes, le rendez-vous pris pour une heure de l'après-dîner. J'arrive, la bouche enfarinée, avec ma tente, mon lit, etc.; en un mot, équipé de pied en cap. Je trouve Louettières furieux, exaspéré : tous ses pagayeurs noirs, une douzaine d'hommes environ, avaient pris la fuite et le laissaient en plan, après avoir tenté de voler les pirogues. Ces sortes d'algarades ne sont pas rares chez les nègres, qui sont les plus grands fantaisistes qu'on puisse rêver.

Je revins désappointé avec mon bagage; et pour comble de désagrément, je reçus un galop du capitaine, qui était mécontent de ce que je ne l'aie pas averti de mon projet. Par Dieu, je m'en étais bien gardé; je redoutais trop le *véto* qu'il m'eût opposé quand même.

Marchand ne veut plus me laisser bouger seul. J'ai beau lui dire que ma dix-huitième année a sonné depuis longtemps; il n'a pas l'air convaincu; il me veut absolument sous ses jupes. C'est à la fois flatteur et humiliant. Ah! j'aurai de la déveine si je ne reviens pas tout entier de cette expédition : on me traite tout à fait comme un prince du sang; on veut me couvrir de gloire sans me faire courir de risques.

J'ai dit plus haut que je n'avais pas encore vu d'antropophages. Eh bien aujourd'hui, j'en ai entretenu un pendant près d'une heure; il est vrai que c'en est un petit; mais il n'en est pas moins parfaitement authentique; j'ai recueilli de sa bouche des détails, donnés avec une grande simplicité, en dehors de toute pression.

L'enfant en question, car il s'agit d'un enfant, peut avoir douze ou treize ans et appartient à la tribu des N'Sakaras; il est domestique de M. Durant, qui l'a acheté il y a environ

PORTRAIT DE LARGEAU

trois ans. Très éveillé et très intelligent, il a vite appris le français, qu'il parle couramment aujourd'hui. Je l'ai fait causer et lui ai demandé des détails sur son pays et sur sa famille. Il m'a avoué, avec hésitation d'abord, puis carrément ensuite, que ses compatriotes N'Sakaras étaient continuellement en guerre avec une tribu voisine, les Boubous (ces deux peuplades occupent des territoires compris entre deux affluents du Haut-Oubangui, le Kotto et le Bali), que les prisonniers mâles étaient tués, dépouillés, et préparés comme de simples cabris ; puis mis en morceaux et cuits dans des marmites en terre, avec assaisonnement de sel et de *pilipili*, espèce de poivre très goûté des indigènes. Je lui ai demandé si c'était bon ; mais il m'a expliqué que les hommes seuls prenaient part à ces festins *selects*, que ni les femmes, ni les enfants n'avaient droit de goûter à ces mets réputés exquis. On ne mange ni la tête ni les entrailles : la tête est gardée comme trophée et accrochée à un arbre, à l'entrée ou au centre des villages. Ni les femmes, ni les enfants captifs ne vont à la marmite : les premières deviennent la propriété des chefs et les seconds sont généralement vendus comme esclaves ou même cédés à d'autres tribus qui en sont très friandes et les paient cher. Comme on voit, le plus souvent, ils ne perdent pas pour attendre.

Voilà ce que m'a raconté le petit *Garroy* (c'est le nom du boy) et je le crois parfaitement incapable d'inventer et de créer de toutes pièces ces récits, déjà recueillis par moi en route auprès de gens sérieux. L'enfant semble avoir conservé une grande terreur des Boubous, et il ne voudrait à aucun prix retourner dans son pays.

Maintenant, si vous tenez à avoir quelques détails sur la façon dont on opère autour de Bangui pour se procurer du gibier humain, voici ce qui m'a été affirmé par M. de Keraoul, et confirmé ensuite par d'autres voyageurs : ceci pourra vous montrer qu'il est bon d'avoir l'œil dans les postes et ne pas laisser les avenues ouvertes à tout venant et non gardées, surtout la nuit ; autrement des chasseurs-amateurs déterminés se glissent auprès des dormeurs trop confiants, vous les retournent en deux temps et trois mouvements face contre terre. Une section rapide est exécutée à l'aide d'un petit couteau en forme de serpette, juste au beau milieu de l'abdomen, pendant qu'un chasseur tient la tête et un autre les pieds, soulevés de terre, et qu'un troisième rompt la colonne vertébrale sur laquelle il appuie le pied. La séparation devient ensuite facile et pendant que l'un emporte le tronc sur son dos par les bras, un autre emporte le bassin et les jambes; les intestins, qui pendant la première opération ont glissé sur le terrain, sont sectionnés et abandonnés (les tripes à la mode de Caen ne sont probablement pas encore connues des *Bondjos*.)

Il paraît que l'opération ci-dessus mentionnée ne demande pas plus de trois minutes pour être bien exécutée.

Le capitaine Marchand doit quitter Brazzaville demain ou après, pour rejoindre le lieutenant Simon, qui opère en ce moment contre un chef ayant la prétention de nous barrer la route de Manyanga. A-t-on de la peine à sortir du malheureux pays compris entre Loango et Brazzaville !

Trois mille de nos charges sont restées sur cette route (quand je dis *route*, c'est toujours une formule que je suis forcé d'employer pour désigner la direction d'un point à un autre). Je trouve bien bons ceux qui vous conseillent gravement d'étudier la *géographie* des cartes pour traverser l'Afrique, géographie où les erreurs de *cent* kilomètres et plus deviennent insignifiantes, sitôt qu'on s'écarte des grandes voies fluviales; géographie qui ne sera pas établie avant de longues années et qui ensuite ne permettra au voyageur de marcher qu'avec d'excellents guides, pris chez les naturels des contrées qu'il traversera.

Je disais donc que nous avions encore trois mille de nos charges en souffrance sur la route de Manyanga et autre part. Heureusement, nous allons suivre la voie liquide; sans quoi, du train où nous marchons, il nous faudrait bien dix ans pour atteindre le but visé.

La température continue a être à la fois chaude et humide, c'est à dire fiévreuse; je résiste assez bien et n'ai en somme pas le droit de me plaindre. Je tâche de prendre mon parti de l'immobilité forcée à laquelle je suis condamné par ordre supérieur : je regarde autour de moi, j'observe et je prends des notes.

Des tornades brusquement survenues ont encore empêché mon excursion aux rapides, mais j'espère que cette excursion ne saurait tarder.

J'ai dessiné, hier 22 novembre, un monstrueux hippopotame tué par M. Louettières, que j'accompagnais dans sa pirogue ; et j'ai parfaitement pu constater que l'animal était en mesure de se rebiffer quand il était blessé, ce qui était le cas. M. Louettières, qui, se tenait à l'avant, arrêta la bête furieuse par une balle en plein front. La chose s'exécuta avec une telle rapidité et une telle fermeté que je n'eus pas même le temps d'être ému. La bête irritée aurait retourné notre esquif comme une coquille de noix ; et dame ! dans un fleuve où les caïmans pullulent une telle éventualité eût été fâcheuse pour nous.

Toujours pas d'éléphant à l'horizon : je soupçonne Marchand d'avoir prié Louettières de les tenir à l'écart tant que je serai à Brazzaville, pour m'éviter tout accident.

J'allais oublier dans ma relation de vous mentionner une histoire de princesse, que je trouve passablement comique (l'histoire ou la princesse, à votre choix) :

La négresse en question, car c'est d'une négresse qu'il s'agit, a été expédiée du ministère au capitaine Marchand, pour être ramenée par lui dans le Dar Banda, sa patrie. C'est quelque joyeux fumiste qui a dû monter ce *bateau*.

Voici l'odyssée de cette soi-disant personne de qualité : prise à l'âge de six ou sept ans par les Arabes esclavagistes, elle fut vendue en Égypte ; puis je ne sais au juste par quelle suite de péripéties elle habita Constantinople, l'Italie, l'Angleterre, en dernier lieu la France. Elle ne parle du reste que l'italien. En Europe, elle me paraît surtout avoir exercé la profession de bonne d'enfants.

Parfaitement insignifiante du reste et en mesure de lutter

LOUETTIÈRES TUE UN HIPPOPOTAME

avantageusement avec un singe au point de vue physique, elle me fait l'effet de n'avoir gardé aucun souvenir de son pays : elle ignore non-seulement le nom de ses parents, mais même celui de son village.

Quelle est cette mystification?

Est-ce un agent politique qu'on dépêche? Est-ce un es-

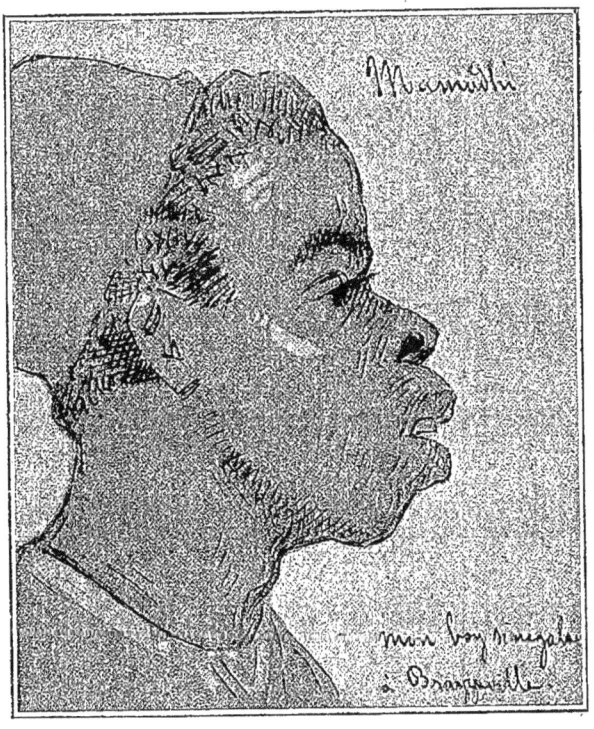

MAMADHI

pion? Tout peut se supposer. Un jour qu'elle avait un petit coup d'absinthe dans la tête, elle m'a raconté, me croyant sans doute Italien, à cause de mon nom, et de la langue que je parle assez bien, elle m'a raconté, dis-je, qu'elle avait vécu avec les Italiens à Massouah durant la campagne d'Abyssinie. Quel diable de métier pouvait-elle faire là-bas? et comment se trouvait-elle au camp de Baratieri? Mystère!

Sans enfler l'importance de cette affaire, il est permis de se demander à quoi correspond l'envoi de cette femme dans un pays où elle ne peut, si on l'y abondonne, qu'être très malheureuse. D'autre part, la princesse nous exècre cordia-

MAMADHI, MON BOY A BRAZZAVILLE

lement, et elle ne s'en cache pas. Cette haine n'a d'égale que son amour pour les Italiens.

Si c'est par simple humanité qu'on croit devoir agir de la sorte envers elle, il n'y a aucune raison pour qu'on n'en fasse pas autant pour tous les petits chefs nègres que nous rencontrons journellement, réduits à l'esclavage et menés à coups de bâton et de pied dans le bas du dos. Ces princes me paraissent tout aussi intéressants que la soi-disant princesse du Dar-Banda, Marie Amélie ou Thérèse, je ne sais au juste.

Je vais vous entretenir, si vous le voulez bien, faute de mieux, d'un type également cocasse, notre grand cuisinier sénégalais, Moussah (ne pas confondre avec le cuisinier de Baratier, dont je vous ai déjà parlé) : Moussah est un beau nègre dont je vous enverrai très certainement le portrait. Naïf et rusé à la fois, comme beaucoup de ses congénères, il pourrait à la rigueur devenir féroce, si on touchait à ses croyances, qui nous semblent quelque peu bizarres :

Ainsi hier au soir, pendant le souper, qu'il avait obstinément refusé de préparer et de servir lui-même, il nous a fortement égayés; voici à quel propos : Mamadhi, mon boy, apportait sur un plat un morceau d'hippopotame bouilli. (Dans le poste de Brazzaville, l'hippopotame est toujours une aubaine, la disette étant le plus souvent à l'ordre du jour); comme je faisais à Moussah la remarque qu'il allait se régaler, il me répondit gravement que les hippopotames étaient des membres de sa famille, et qu'il n'en mangeait jamais; pas plus qu'il ne consentirait à dévorer son père ou sa mère.

Là-dessus, un autre boy, nous déclara non moins sérieusement que le poulet blanc était sacré pour lui et qu'il n'en absorberait à aucun prix : « Car, ajouta-t-il, si pareille chose m'arrivait, ce serait pour moi la mort assurée dans l'année ».

« Mais, fis-je, quand le poulet est plumé, comment peux-tu savoir s'il était noir ou blanc? » Sa réponse fut qu'en pareil cas, il aimerait mieux s'abstenir.

J'ai dit plus haut que nous avions beaucoup ri des déclarations de Moussah; je pense que nous avons eu tort; car les autres religions ont à peu près toutes des pratiques que l'on pourrait facilement tourner en ridicule; et au fond de chacune on peut toujours déterrer des légendes qu'il faut une dose de foi considérable pour avaler.

23 novembre. — J'ai eu avec le capitaine Marchand une

LE GRAND MOUSSAH

petite scène que je lui pardonne volontiers. Ces jeunes officiers sont des enfants gâtés qui oublient trop facilement qu'un civil peut quelquefois être l'égal d'un militaire. J'ai bien voulu pour cette fois mettre les pouces; c'est un acte de courage dont Marchand devrait me tenir un compte énorme. J'avais depuis quelques jours à mon service un autre boy, le mien étant tombé malade ; ce nouveau serviteur était bien le plus rusé coquin que j'aie rencontré, s'en donnant à son aise, me volant, usant et abusant de ma mansuétude ordinaire ; il en arriva bientôt à me rire au nez quand je lui donnais des ordres. Un beau matin impatienté et poussé à bout je lui lançai un soufflet qui lui endommagea légèrement la machoire. Il alla porter plainte à Marchand, qu'une récente expédition faite avec Louettières avait déjà irrité contre moi. Mandé par le capitaine, j'arrivai souriant, espérant avoir obtenu la permission que je sollicitais de hâter mon départ pour l'Oubangui. Ce n'était pas ça du tout. Marchand me déclara sévèrement qu'il me défendait désormais d'aller à la chasse sans sa permission ; je lui objectai que le voyant à de très rares intervalles il m'était difficile de lui faire toujours connaître mes projets, que... Il me coupa brusquement le sifflet en ajoutant : « Et puis vous vous montrez d'une brutalité révoltante vis à vis de vos noirs ! » Les bras m'en tombèrent : j'étais connu pour ma bonté, ma faiblesse vis à vis des nègres que je traitais en enfants gâtés ; j'allais protester quand j'aperçus par la porte ouverte derrière le capitaine mon boy qui se tordait et me tirait la langue ; sans dire un mot et malgré les cris de Marchand : « Monsieur Castellani ! Monsieur Castellani ! » j'administrai au drôle une série de horions qui le mit en fuite. Comme vous le voyez, le motif de la querelle, était plutôt puéril, mais Marchand a eu tort d'aggraver la situation en me déclarant *qu'il n'y avait pas compatibilité d'humeur entre nous.*

Je m'en étais déjà douté un peu et c'est pourquoi j'avais voulu partir avec Largeau pour l'Oubangui. Le capitaine s'y était opposé formellement ; et avait jugé à propos de m'immobiliser à Brazzaville, sous le prétexte un peu ridicule de me garder sous son aile, pour m'empêcher, disait-il, d'être dévoré par les antropophages. C'est un peu une farce ; et la liste des blancs ainsi absorbés n'est pas bien longue. A mon avis on joue un peu trop du cannibalisme, il y a aussi à Paris les mangeurs de *nez* et à Londres les *étrangleurs* et les *éventreurs*, ce qui n'arrête pas beaucoup la circulation dans ces capitales.

On m'a dit que Bangassou faisait massacrer ses prisonniers noirs et au besoin les donnait en pâture à ses sujets ; mais jusqu'ici, il n'a pas encore osé *cuisiner* de blancs que je sache.

Le docteur F..., avec lequel j'ai été en relations assez suivies, m'a affirmé, et je le crois sérieux, qu'il a plusieurs fois rendu visite à ce sultan noir, qu'il lui avait même procuré, sur sa demande bien entendu, des philtres destinés à (comment dirais-je) le remonter, à le rehausser dans l'estime de ses nombreuses femmes, lesquelles se plaignaient d'un certain ralentissement dans les facultés autrefois si brillantes de leur auguste époux.

A propos de mes petites querelles avec le chef de la mission, on m'accusera peut-être d'être fantasque ; mais je déclare que je trouve toujours Marchand un très galant homme, seulement son autoritarisme me gêne. Si cela devait continuer ainsi, je me séparerais de la dite mission et je marcherais seul.

J'ai promis de m'abstenir de commentaires ou appréciations sur les faits et gestes touchant le but et les moyens de l'expédition, je ne me reconnais au plus que le droit d'enregistrer les faits de notoriété publique, et encore sans les juger ni les discuter.

J'ai assez d'expérience pour savoir que certains actes, répudiés en temps de paix, deviennent d'absolue nécessité en temps de guerre, où la sensibilité n'a plus sa raison d'être.

Ce matin, 25 novembre, quatre heures, le capitaine Marchand, après un souper d'adieu chez M. de Keraoul, l'administrateur en chef, a quitté la station pour retourner à

Macabandilou. Un petit accès de fièvre m'a empêché d'assister à ce repas. Pourvu que le susceptible capitaine ne se fâche pas encore et ne voit pas là de ma part une intention, un manque d'égards voulu; il se tromperait très certainement. Quoiqu'il en soit, j'avoue que ce départ ne me gêne en aucune façon.

Je dois répéter, pour ma justification (car je dois paraître grincheux) que j'ai vécu, seul, côte à côte avec Baratier, durant plus de trois mois et qu'il est né de cette vie en commun une véritable sympathie entre nous. A Brazzaville même, j'ai su conquérir de bons camarades qui, j'en suis sûr, garderont toujours de moi le meilleur souvenir; je ne dis pas ça pour le commandant Morin qui m'a joué un tour que je vous conterai plus tard, après m'avoir d'abord montré une certaine bienveillance; tant il est vrai qu'on ne saurait jamais jurer de rien; et pourtant j'avais d'abord été heureux de le rencontrer; dans mes déboires il fut souvent pour moi une consolation véritable; il m'avait même parfois donné de bons conseils.

Le capitaine Marchand m'a laissé en partant une petite lettre plutôt aimable. Je ne m'explique pas ce diable d'homme, mêlé de rageur et de diplomate, d'emporté et de bon enfant tout à la fois.

CHAPITRE IV

La vente des armes. — La chicote. — Le fleuve Congo et ses habitants. — Je veux lâcher la Mission. — Exécution des chefs Missitou et Mayoké. — Fuite sur le *Faidherbe*. — Retour à Brazzaville.

Pendant que j'écris ces lignes, je vois de la fenêtre même de mon *chimbeck* déballer des caisses de fusils destinés à être vendus aux noirs, dont il me semble qu'on tient à tout prix à faire des peuples belliqueux.

Ce trafic des armes, joint à celui de la poudre et des cartouches, constitue à mon avis, de la part des Européens, une imprudence dont les effets ne tarderont pas à se faire sentir d'une façon terrible.

Quand je pense que M. Louettières en est souvent réduit à s'approvisionner de munitions de guerre chez les Batékés ! C'est raide.

La soi-disant liberté du commerce, qui en somme n'est que l'indice d'une cupidité effrénée chez les blancs, doit amener à courte échéance des résultats désastreux. Malheureusement rien ne saurait arrêter ce mouvement dû à la rapacité.

J'ai rencontré ici sur ma route des types insignifiants et mous, que l'avarice aurait pu faire prendre pour des gens énergiques, tant ils montraient d'ardeur à la réalisation d'un gain quelconque. Alors, subitement, ces mêmes gens, plutôt veules de tempérament, devenaient des bêtes féroces, n'ayant plus ni foi ni loi; l'égoïsme dans toute sa hideur s'étalait chez ces fils de négriers, non moins bandits que leurs devanciers, mais sachant donner à leurs actes des formes plus adoucies.

Que d'atrocités et d'infamies sur cette terre d'Afrique! Le tout sous le couvert hypocrite de la civilisation.

Assurément les malheureuses tribus de brutes, qui se livrent au cannibalisme en temps de guerre, sont bien moins féroces que les blancs qui viennent écumer le continent africain.

Je dois cependant déclarer, à l'honneur de la France, que c'est chez nos nationaux qu'on rencontre en général le plus d'humanité, laquelle humanité est considérée ici comme une faiblesse.

Remarquez que, dans notre colonie du Congo, qui en réalité ne s'étend qu'à quelques kilomètres de la côte et de la rive gauche du fleuve, il est défendu de maltraiter ou frapper les noirs. Mais cette défense ne les protège guère contre la terrible *chicote*. Je sais bien que le noir est le plus souvent indisciplinable, insoumis, voir voleur, menteur, etc., qu'il devient insolent et insupportable aussitôt qu'il se sent soutenu; mais cette outrecuidance se rencontre également chez nombre de blancs, et entre autres chez tous ceux qui remplissent les fonctions subalternes. J'ajouterai que chez le nègre, ces airs insolents prennent le plus souvent une forme naïve, et particulièrement comique, qui les rend tout ce qu'il y a de plus réjouissants.

Quand un noir est revêtu d'une fonction quelconque, il se sent littéralement gonflé, et il s'affuble d'une importance colossale, importance qui se traduit par des riboulements d'yeux et des redressements de torse bien plus risibles qu'irritants. Chaque fois que j'assiste à ce spectacle, ça me fait penser au peintre Carolus, auquel je ne voudrais certes pas qu'on appliquât la *chicote* pour ses travers.

En effet, faire déchirer un homme à coups de fouet, parce que ses allures nous déplaisent, me paraît exagéré ; et tout calculé, nos législations d'Europe qui ne sont pas parfaites, et le plus souvent très mal interprétées, ont du bon, même lorsqu'elles permettent à un monsieur quelconque de prendre des airs impertinents ou idiots, ce qui est à peu près pareil : paon et dindon étant un peu de même famille.

Il y a aujourd'hui, 25 novembre, six mois juste que j'ai quitté l'Europe. Je songe à la chaleur effroyable qu'il fait ici pendant que le froid sévit probablement chez nous. Je pense qu'au lieu de traîner la fièvre, sans nouvelles des miens, je pourrais être si heureux à Courbevoie, même avec une bonne petite *froidure*. Soutiens-moi, Tartarin, car je me sens prêt à défaillir.

Qu'est-ce qu'on dirait en Europe si je n'atteignais pas le centre africain ?

Parfois, je me semble Télémaque descendant dans le noir Tartare, à cette différence près que Télémaque y allait pour chercher son père et que moi j'y vais chercher un panorama sensationel.

Vous saurez entre nous que je ne suis pas le seul à m'embêter ici et qu'il en est de même de tous mes compagnons, lesquels, dans les moments d'abandon et de franchise, ne se gênent pas pour maudire le pays, et parlent souvent avec attendrissement du boul Mich' et de l'Américain. Ah ! ils en ont des têtes mes pauvres compagnons ! tous verts ou jaunes. Heureusement, il y a l'amour propre qui les soutient, et puis l'avancement, les croix, la gloire et tout le tremblement.

Pour le quart d'heure, ce qui n'est pas absolument gai, c'est la perspective pour moi de passer encore ici tout un grand mois et même davantage, *à planter le poireau*, selon l'expression populaire, avant de reprendre la route de l'honneur et de la renommée. N'oublions pas que cette route c'est le Congo, ce grand collecteur des marais africains, ce train des fièvres, ce fleuve dont les indigènes eux-mêmes, qui se désaltèrent à toutes les rivières, consentent avec peine à avaler les eaux rousses. Longtemps j'ai cru que ces eaux étaient colorées par le sable en suspension ou par la boue qui fait le lit du fleuve, il n'en n'est rien : cette couleur leur est propre comme la teinture des bocaux de pharmaciens, qui ne saurait déposer au fond des récipients.

Le poisson du Congo est flasque, blafard et probablement malsain. Je n'ai jamais pu en manger sans répugnance, ça me fait penser aux délicieux habitants de nos rivières, si joliment cuirassés d'écailles d'argent, d'azur et même d'or, à la chair si fraîche et si fine. Je me rappelle avec attendrissement les fritures de petites truites saumonées, que nous mangions dans le Dauphiné avec Henri Second, Dumas et l'ami Guerre. Vive la France! Nom d'une pipe! Et pourquoi pas aussi nos voisins de la vieille Europe; à part les Anglais toutefois, lesquels ont pourtant un bien joli pays, quand le brouillard ne s'en mêle pas.

Je ne veux certes pas revenir sur ce que j'ai dit à propos du pittoresque au Congo; mais franchement le revers de la médaille est par trop laid; les mille inconvénients qui viennent à chaque moment faire contrepoids au plaisir des yeux, inconvénients parmi lesquels perdre sa santé ou crever comptent assurément, font rapidement disparaître les bonnes impressions reçues d'abord.

J'ai encore tenté de monter à l'Oubangui, avec l'enseigne de vaisseau M. Dyé, sur un petit vapeur le *Faidherbe*, qui doit partir demain ou après; mais le capitaine Marchand, auquel on avait fait part de mon désir, affirma à nouveau la résolution de me garder sous sa coupe.

Marchand annonce son retour à Brazzaville pour le 25 décembre et son départ immédiat pour le haut fleuve. Si j'en juge par ses déclarations précédentes, ça peut parfaitement tarder encore d'un mois... ou deux. La perspective n'est pas folâtre pour moi ; je ne suis pas venu en Afrique pour m'enterrer trois mois dans chaque poste. Et, je l'avoue, la patience commence à m'échapper.

J'ai tenté ce matin de séduire un homme de l'équipage du *Faidherbe* pour me glisser à bord et m'y tenir caché, quitte à me montrer quelques heures après le lever de l'ancre, quand on aurait parcouru suffisamment de chemin pour qu'il fût impossible de me remettre à terre.

Le refus de se prêter à mon stratagème, joint à l'exiguité du bateau m'ont empêché de mettre mon projet à exécution.

Je sens plus que jamais que je perds toute indépendance et que je serai seul à lutter contre une volonté sans frein ni contrepoids ; qui deviendra peut-être beaucoup plus tyrannique et insupportable que celle qu'on a tant reprochée à Monteil.

Assurément Marchand ne pouvait pas me jouer un plus mauvais tour que de m'encaserner ici, et ma patience est à bout.

On annonce que l'ordre se rétablit tout doucement entre Loango et Brazzaville : deux autres chefs noirs ont été pris et exécutés. Ils sont, dit-on, tous deux morts avec une grande fermeté. Le dernier entre autres, Mayoké, avait gardé sur les lèvres jusqu'au dernier moment, dit le rapport, un sourire hautain et méprisant.

Voici à propos de cette mort un document qui m'a été communiqué par M. l'adjudant de Prat :

« Depuis plusieurs années, la route de Loango à Brazzaville était devenue impraticable et dangereuse pour les caravanes ; aussi bien pour les porteurs noirs que pour les Européens, se rendant soit à Brazzaville et au delà, soit de l'intérieur à la côte ; je dis dangereuse par suite des exactions, brutalités, vols et quelquefois assassinats, dont ils étaient les victimes de la part des chefs de villages » qui les rançonnaient tout à leur aise.

La Mission marchand dut établir plusieurs postes dans la contrée, afin de protéger les hommes qui faisaient le transport de ses charges. En outre, pour assurer dans l'avenir la sécurité de la route, Marchand résolut de châtier les principaux chefs qui s'étaient rendus coupables des méfaits en question.

Trois d'entre eux furent activement recherchés : Mabala, pour la région de Macabandilou, Missitou et Mayoké pour celle de M'Bamou.

Ce 17 octobre 1896, une reconnaissance partit de M'Bamou, sous la direction du lieutenant Mangin, pour essayer de capturer les deux derniers chefs nommés, qui avaient été signalés dans un village du nord. Cette reconnaissance après une marche de 55 kilomètres, marche très rapidement exécutée, arriva le 18, à l'aube, au village désigné, qui fut enlevé d'assaut. Mais les chefs recherchés ne s'y trouvaient pas. On fit prisonniers une trentaine d'hommes, femmes et enfants qui furent conduits au poste et gardés comme otages, jusqu'à ce que les habitants livrassent les chefs en question.

Quelques jours après, l'adjudant de Prat, qui commandait le poste de M'Bamou, envoya des espions dans les villages et fit connaître aux chefs, qui gardaient Missitou et Mayoké, que ces villages seraient détruits et leurs femmes emmenées en otages, si on ne les livrait pas immédiatement. Cette menace fit son effet et Missitou fut livré.

Conformément à l'ordre reçu, l'adjudant de Prat le fit fusiller le lendemain matin.

L'exécution eut lieu dans la cour du poste en présence d'une centaine de porteurs Loangos, de la plupart des chefs Bacongos du pays et d'un grand nombre d'habitants.

La garnison du poste en armes formait la haie. Missitou fut amené de la cage où il était enfermé et conduit sur le lieu du supplice où il fut attaché les yeux bandés.

L'adjudant, avant de faire justice, signifia à Missitou sa

ADJUDANT DE PRAT

condamnation, et le chef tomba percé de six balles aux applaudissements des porteurs Loangos.

Mayoké, pris quelques jours après, fut également passé par les armes. Il montra au dernier moment une grande fermeté : ce fut lui qui répondit à de Prat, qui se croyait obligé de lui reprocher ses méfaits : « A quoi sert tout ce que tu me dis là, puisque tu vas me tuer; je n'ai pas à te répondre. » C'est, comme je l'ai dit plus haut, de l'adjudant lui-même que je tiens ce récit.

Un détail assez piquant ; c'est ce même Mayoké qui avait, deux ans auparavant, tiré l'adjudant de Prat par la barbe, en lui faisant, sur la gorge avec la lame d'un couteau, un geste des plus significatifs. De Prat, qui était presque seul, s'était abstenu de répondre à cette provocation.

Si M. de Prat est vindicatif, on peut dire qu'il a eu sa revanche; mais, comme je le connais, je suis convaincu qu'il n'a fait qu'obéir à un ordre de ses chefs, sans colère, sans animosité; en homme qui remplit simplement un devoir pénible.

Je m'abstiens de tout commentaire; mais je crois que lorsque ces gens-là auront entre les mains nos armes perfectionnées et un semblant de cohésion, ils pourront nous donner du fil à retordre.

Je continue donc à vous narrer mes petites aventures personnelles : en voici une qui, à tort ou à raison, fit sensation à Brazzaville et occupa fortement les blancs et les noirs; elle fut approuvée par les uns, critiquée par les autres. Toutes les tentatives aventureuses en sont là; c'est le succès seul qui légitime ces sortes d'événements, grands ou petits. Celui-ci est tout petit et néanmoins il pouvait avoir des conséquences considérables en bien pour moi. Écoutez et oyez :

Je vous ai raconté que, depuis près de deux mois, je *marinais* à Brazzaville *dans le jus de l'incertitude*, attendant toujours du capitaine Marchand la permission ou l'ordre (à votre choix) de me diriger sur Bangui. J'avais déjà reçu du chef de la Mission deux lettres m'annonçant mon départ: une pour le 25 octobre, une pour le 25 novembre et enfin j'en lisais une troisième qui déclarait à M. de Keraoul que ce départ aurait lieu d'une façon certaine pour le 25 courant ou le 28 au plus tard.

Mon Dieu, je me garderai bien d'accuser le capitaine, mais je constate que je ne sais plus sur quelle jambe sauter; et comme, suivant le dicton arabe « Quand la montagne ne veut pas aller à vous, c'est à vous de marcher vers elle », j'ai résolu pas plus tard qu'avant hier d'aller à la montagne. Je m'explique : je vous ai dit que la vedette le *Faidherbe* était en partance; ce vapeur minuscule devait lever l'ancre le 9 décembre, à neuf ou dix heures du matin, sous le commandement du jeune enseigne de vaisseau, M. Dyé, arrivé depuis peu de jours ici et avec lequel je n'avais eu que quelques relations de politesse. J'arrêtai le projet, malgré l'exiguité du steamer, de m'y glisser de grand matin, après y avoir sans bruit fait porter mes bagages par deux noirs à moi; j'étais résolu à y rester caché un jour entier si c'était nécessaire; où cela, je n'en savais rien encore, ne connaissant pas même la construction intérieure du bateau, qui était, je l'ai dit, encombré et tout petit. Je comptais, dans le cas où la chance me ferait trouver une cachette, m'y blottir et ne me montrer que le plus tard possible, obligeant ainsi M. Dyé, qui avait un ordre formel de départ pour le 9, à me garder ou à me jeter par dessus bord.

Ce que j'avais prévu se réalisa à peu près. Je m'étais, profitant de l'encombrement, caché sous une natte dans un recoin de la soute au bois, qui était pleine de longues bûches, moins l'étroit passage réservé au chauffeur. Les feux n'étaient pas encore allumés. Il faisait déjà dans mon réduit une température plus que tiède, température qui devint effroyable quand le foyer s'embrasa.

Un noir dans la confidence s'asseyait de temps en temps sur moi, quand quelqu'un s'approchait de la soute ou même y descendait pour le service, qui consistait à bourrer et à alimenter le foyer.

Ce supplice d'Apache, que j'endurai avec un stoïcisme dont je me croyais incapable (tant il est vrai que l'amour de la liberté donne tous les courages) dura de neuf heures du matin à trois heures passées de l'après-midi. J'allais crier ou m'évanouir quand ma couverture improvisée fut brusquement arrachée, et j'aperçus au-dessus de ma tête tous les yeux de l'équipage braqués curieusement sur moi ; quelqu'un avait découvert mes pieds qui passaient sous la natte et avait été me dénoncer à M. Dyé.

Je me dressai comme je pus et on me hissa sur le plancher du pont. Les quatre blancs qui étaient à bord, le lieutenant, l'interprète arabe Hamed et les deux mécaniciens, MM. Mostéjoul et Souyry me considéraient avec stupéfaction.

M. Dyé qui, je dois le dire, était dans une grande colère, fut désarmé en voyant mon état : « En vérité, Monsieur, me dit-il, je serais charmé de vous rencontrer en tout autre circonstance ; mais dans le moment actuel, je suis loin d'être satisfait ; votre présence ici me met dans un embarras cruel. — Je vous prie, Monsieur, lui répondis-je aussitôt, de recevoir toutes mes excuses ; je n'ai qu'une chose à ajouter : « faites de moi ce qu'il vous plaira. »

Au moment d'être découvert, ma résolution était de tâcher de résister encore, mais la position devenait intolérable et je sentais que mes forces allaient me trahir ; j'étais presque sur le point d'appeler, car j'étouffais littéralement ; ma jambe droite, que j'avais à moins d'un mètre du foyer, commençait à rôtir ; au point que j'en ai gardé la marque.

Bref, M. Dyé, pris par son ordre formel de départ, et déjà en retard de plusieurs heures, m'accepta comme une nécessité. J'allais donc sortir vainqueur de l'épreuve. Le rapide petit bateau continuait à filer à toute vapeur.

Hélas ! j'escomptais trop vite ma réussite ; deux heures perdues au départ et une heure d'arrêt employée à réparer une avarie, firent tout rater. On ne put, à cause du temps perdu, atteindre le mouillage de la rivière Claire ; et on dut s'arrêter à la brume, à la sortie du Pool, afin de faire du bois et de passer la nuit.

Après le souper qui fut plutôt gai, je me roulai dans ma couverture et m'étendis sur le pont, dévoré par les moustiques; mais je ne sentais rien, tant j'étais dans la joie. Je m'endormis assez tard et je sommeillais profondément, quand je fus tout à coup éveillé par une voix que je crus être celle

LIEUTENANT DE VAISSEAU MORIN

du commandant Morin. Je ne me trompais pas; c'était le commandant en personne qui, pris d'un beau zèle, s'était avisé de fréter une pirogue avec seize pagayeurs, conduits par M. Louettières, et s'était mis bravement à ma poursuite afin de me ramener à Brazzaville, le tout pour se faire valoir auprès du capitaine Marchand.

Les pagayeurs, épuisés par une course de la nuit toute

entière, refusaient d'aller plus loin quand soudain on avait aperçu nos feux sous bois.

M. Morin, très embarrassé d'abord, m'annonça le but de sa visite et me pria d'avoir à descendre dans la pirogue, ce à quoi je répondis par un refus catégorique; en même temps, il s'adressait à M. Dyé et le sommait d'avoir à me livrer instantanément sous le prétexte, fondé ou pas, qu'il n'avait pas le droit de me conserver à son bord.

Dans le premier moment, en face de cet attentat à mes droits d'homme libre, je me vêtis en hâte sans proférer une parole. Je fus pris d'un accès de rage froide, durant lequel je me sentis capable de me porter à n'importe quelle extrémité. Cela passa vite heureusement; je me dressai sur mes pieds et éclatai en reproches violents contre le rôle joué par le commandant, qu'au fond tout ceci regardait peu; et je lui déclarai résolument que je n'obéirais qu'à la force et qu'on ne m'emporterait que *ligotté* dans la barque. M. Dyé s'offrit alors, et Dieu sait que je ne lui en veux pas, car en somme c'est à lui que j'avais joué le mauvais tour, de me faire attacher par ses Sénégalais; mais M. Morin recula devant cette extrémité et se retira.

Alors M. Dyé prit une résolution, la seule qui lui parut pratique : il remit le cap sur Brazzaville et je fus ramené, peu triomphant, au milieu des administrateurs et habitants de toutes couleurs rassemblés sur la berge pour me voir débarquer. L'accueil fut bienveillant; je puis dire, sans me donner aucune espèce de gants, que la plupart des sympathies étaient pour moi, car on m'aimait dans la localité. La pirogue du commandant revint quatre ou cinq heures après, avec son personnel harassé.

Ainsi se termina ma tentative d'émancipation, et me voilà de nouveau condamné à l'internement indéfini.

Au milieu de ces déboires, il y aurait injustice de ma part à ne pas avouer que, durant cette trop courte traversée à bord du *Faidherbe* j'ai eu une petite compensation : il m'a été donné de jouir d'un spectacle inoubliable : celui du Pool, que je n'avais jamais parcouru qu'à sa base, c'est-à-dire sa partie étroite. Cette fois un coucher de soleil extraordinaire, comme je n'en avais jamais vu au Congo, s'offrit à ma vue.

Je n'aime pas faire de descriptions et pour cause. Je vais néanmoins tenter de vous peindre ce spectacle unique, en vous autorisant d'avance à vous moquer de ma prose imagée : Figurez-vous voguer sur une nappe d'azur lamée de vermeil, nappe s'étendant à des distances qui paraissent infinies, perdues qu'elles sont à l'horizon dans une poudre d'or. Des îles enchantées s'allongent en minces filets de verdure, où se profilent de distance en distance de grands oiseaux blancs (des aigrettes, je crois) immobiles comme des sentinelles.

A notre gauche la vue est limitée par des falaises immenses qui se dressent au pied de hautes collines couvertes d'une luxuriante végétation, laquelle semble descendre en tapisseries dans l'eau même du Congo.

C'est grandiose, sans avoir rien d'abrupte ou de sauvage. C'est le grand calme rêvé par les poètes orientaux dans leur paradis, lequel ne saurait être ni plus beau ni plus serein. Le ciel qui s'empourpre légèrement à l'occident vient tout à coup verser sur l'ensemble ses flots de lumière chaude et éblouissante comme une coulée de diamants : c'est absolument merveilleux.

Puis brusquement, presque sans transition, le décor s'assombrit, comme si on avait tiré un rideau; nous venons de jeter l'ancre sous les arceaux de la forêt dont les branches, s'allongeant sur la berge, couvrent notre petit vapeur. Des senteurs âcres et une odeur de fanges montent subitement à la gorge. On se sent saisi par un malaise, une oppression générale produite par les miasmes putrides : la fièvre hideuse est là, tapie dans les roseaux; et comme pour nous avertir, je vois un reptile énorme s'élancer des racines qui trempent dans les eaux et fuir en zig-zags à travers le fleuve noir et profond.

Il semble que ce soit le signal à des myriades d'insectes venimeux et dévorants pour s'emparer de l'atmosphère, qu'ils emplissent de leurs bourdonnements, de leurs bruissements, de leurs grincements. L'espace et la terre sont à eux et aux millions de microbes malsains avec lesquels ils semblent faire chorus, dans une vaste bacchanale, qui ne doit cesser qu'au lever de l'aurore.

Tout le Congo est là : richesse et putréfaction.

J'ai eu, en débarquant de la vedette le *Faidherbe*, une bonne suprise, un bonheur inespéré ; quatre lettres d'Europe, vous entendez bien *quatre*, les mêmes égarées et, paraît-il, retrouvées. Je les ouvre en tremblant : tout va bien chez moi ; non seulement chacun est en bonne santé, mais on a eu de mes nouvelles. Tant mieux ! je crois mériter de réussir ; je me donne dans mon genre presque autant de mal que mon ami Baratier, lequel, entre parenthèses, vient de me faire passer de ses nouvelles, heureusement excellentes ; ce cher capitaine, si j'avais pu voyager avec lui au moins ; nous étions si d'accord... Enfin, je me console, puisque tout est à peu près bien pour le quart d'heure.

Il est vrai que j'attends de Marchand une lettre qui va être furibonde, lettre dans laquelle, comme je le connais, sous l'empire de la colère, il va prendre des mesures telles qu'il se verra lui-même obligé de revenir ensuite sur ces mêmes mesures. Son caractère est ainsi fait ; il n'y a pas trop à lui en vouloir ; il a toujours la lettre malheureuse d'abord et charmante ensuite.

Mais de mon côté, je sens une irritation sourde qui amène entre moi et lui une correspondance aigre douce. Il fait si chaud en Afrique.

CHAPITRE V

Je jeûne. — Le village Batéké. — Je demande asile à la mission. — Noël.
Un ornement bizarre. — Fausse alerte.

Je passerai sous silence les incidents de notre querelle par lettres, querelle qui aboutit à une rupture, laquelle cessa du reste à notre première rencontre; mais cette rupture amena durant un temps dans ma situation des complications à la fois pénibles et comiques, étant donné la résistance que j'opposai aux volontés de Marchand qui, je dois le reconnaître, était plus fort que moi.

Après sa dernière lettre, le plus élémentaire sentiment de dignité m'obligeait à refuser de m'asseoir à la table, qui m'était tolérée à la rigueur chez les officiers de la mission. Je dus donc vivre comme je pus et ce ne fut pas commode, durant près d'une quinzaine.

Une autre proposition, ou plutôt injonction, m'avait été faite de la part de Marchand, proposition qui m'obligeait à retourner à la côte en passant par la fameuse route de Brazzaville à Loango, devenue, paraît-il, beaucoup plus sûre depuis qu'on y avait promené l'incendie et la... répression.

En attendant, pour ne pas mourir de faim, je vécus d'une

petite provision de riz que j'avais pu me procurer à grand peine.

Je ne devins certes pas gras à ce régime; mais en somme c'était une raison de moins pour être dévoré par les indigènes de là-haut. Quant à l'eau claire c'est, dit-on, si elle est puisée à une bonne source, la panacée universelle et l'assurance d'un brevet de longévité pour ceux qui l'absorbent.

Enfin de quoi je n'avais pas encore le droit de me plaindre.

Ma nouvelle situation étant ainsi établie, parlons d'autre chose : il existe aux environs de Brazzaville un très long village, ou plutôt une série de villages placés à la queue leu leu et paraissant n'en former qu'un. Cette enfilade interminable de cases est habitée par les Batékés, peuplade ayant le sentiment et la bosse du commerce à un degré tout à fait remarquable : Figurez-vous des Israëlites noirs.

Les gens de M'Pila (c'est le nom du grand village), sont relativement riches et nous tiennent un peu en leur dépendance au point de vue approvisionnements, en ce sens qu'ils refusent catégoriquement de nous livrer quoi que ce soit, si ce n'est à des prix exhorbitants; et encore semblent-ils nous faire une grâce.

Ils sont devenus insolents, tout près d'être agressifs. Tous sont armés, quelques-uns de fusils à tir rapide; ils affectent des allures matamoresques tant soit peu agaçantes.

J'avais fait connaissance à la station d'un de leurs chefs, un grand et beau gars, toujours muni d'un parapluie noir grand ouvert et suivi de trois ou quatre esclaves marchant à la file.

Je l'avais remarqué et j'avais applaudi à sa tournure, à la fois élégante et martiale. Cette appréciation d'un blanc l'avait flatté. Je l'arrêtais chaque fois que je le croisais, soit au poste, soit dans la brousse...

Je lui fis un jour cadeau d'un grand couteau belge, ce qui acheva de me le conquérir. Je pensais grâce à lui pouvoir parcourir et visiter le village entier sans courir trop de risques.

Je voulus un jour mettre mon projet à exécution et je m'aventurai seul avec mon boy à l'entrée du village ; je demandai par signes aux premiers habitants que je rencontrai le chef en question ; mais on parut ne pas me comprendre et on me rit assez insolemment au nez ; cette attitude singulière ne m'arrêta point, je résolus de pousser plus loin mon excursion ; mais à la première cabane où je me présentai je fus accueilli encore plus rudement par le propriétaire, qui se mit en travers de sa porte et me barra carrément l'entrée avec son fusil ; je pus me rendre compte qu'à l'entour de moi, les visages prenaient un aspect d'hostilité réelle. Je compris, malgré ma sourde irritation, qu'il n'y avait pour moi qu'un parti à prendre, celui de battre en retraite, ce que je fis avec les airs les plus dignes que je pus trouver.

Mon idée, en visitant ce village, où il est toujours imprudent à un blanc de s'aventurer seul, était de tâcher de trouver, par l'intermédiaire de mon fameux chef, à frêter une pirogue pour monter à l'Oubangui ; je suppose aujourd'hui, je puis même dire que je suis certain, que les gens du village avaient été avertis par l'administration d'avoir à ne fournir aucun bateau, à n'importe quel blanc, sous peine d'encourir la colère de la dite administration.

Je fis donc un fiasco complet.

D'autre part, le côté malveillant des Batékés, fut peut-être simplement cause de leur attitude hostile, vis-à-vis de moi : je ne sais au juste.

Je me souviens parfaitement d'une scène quasi violente qui se passa, entre eux et Louettières, un jour que j'étais parti à la chasse avec ce dernier : nous fûmes à deux doigts d'en venir aux mains avec ces sauvages ; je dois dire que Louettières a un fort mauvais caractère.

Je n'ai rien vu à M'Pila qui ne ressemblât à d'autres villages rencontrés par moi sur le Niari et la route de Brazzaville. Tout cela est à peu près pareil : cases, gens, manière de vivre, caractères, etc.

Il y a évidemment entre les nègres des différences de race très tranchées ; mais l'esclavage qui règne depuis des siècles en Afrique a fortement mélangé les peuples de ce continent, au point qu'on retrouve partout des spécimens et des types de toutes provenances, depuis les nains de la grande forêt jusqu'aux géants du Soudan ; et les coutumes ne varient guère que comme chez nous d'une province à l'autre.

De même pour les mœurs : ainsi les féticheurs et les fétiches se rencontrent dans toute l'Afrique centrale avec les mêmes pratiques superstitieuses et naïves ; les même roueries sont également employées pour maintenir ces croyances.

En un mot, le noir est partout le noir et je ne saurais rien ajouter aux observations générales que j'ai faites au commencement de ma relation. Ainsi, par exemple, je suis toujours convaincu que tous les nègres, sans exception, sont d'une gourmandise phénoménale, d'une paresse et d'une apathie sans égales. C'est partout le gris-gris, le tam-tam, qui les excite jusqu'à la folie et, quand ils le peuvent, par dessus tout, je le répète, la *boustifaille*, dont ils usent à se faire crever.

Livrés à eux-mêmes, je les crois parfaitement incapables d'aucun progrès sérieux. J'ai découvert, en les examinant de près, qu'ils étaient d'une duplicité remarquable, et, ce que je ne soupçonnais pas, tous enclins au vol par tempérament.

Malgré cela, mon avis est toujours le même à propos des cruautés et sévices qu'on exerce contre eux : c'est tout simplement abominable ; et leurs défauts n'excusent pas la férocité des blancs.

Qu'on sache bien ceci en Europe, c'est qu'à quelques

kilomètres de la côte seulement, il n'y a plus, pour les noirs, là où les blancs sont maîtres, ni lois ni sécurité ; ils sont enlevables, taillables et corvéables à merci. Tout blanc que je suis je commence à m'apercevoir qu'en voulant m'affranchir je me suis mis à dos non seulement l'élément militaire, mais l'élément administratif, qui a peur.

En désespoir de cause, j'ai été demander asile aux Pères de la mission catholique ; je leur ai proposé de payer cette hospitalité en décorant l'église qu'ils viennent de construire à Brazzaville.

Le Père supérieur Remy m'a bien accueilli, et il est tout probable que l'affaire eût été conclue immédiatement sans l'absence de l'évêque, Mgr Augouard, qu'on attend d'un jour à l'autre.

Si nous nous entendons, voici ce qui a été arrêté en principe avec le Père Remy : je serai logé et nourri par les Pères ; et, comme ils ont une autre mission dans le Haut-Oubangui, ils se chargeront de mon voyage là-bas, aller et retour. Je doute fort que le cas échéant, Marchand puisse s'y opposer.

Je reçois ce matin, 22 décembre, une lettre de M. le lieutenant Mangin qui est un galant homme et un ami : il se met à ma disposition, et, si je ne me trompe, sa lettre doit être connue de Marchand ; celui-ci a dû réfléchir et comprendre qu'il a été un peu loin. Mais je tiens bon et ne veux, à aucun prix, me remettre sous sa coupe.

Aujourd'hui, 24 décembre, des nouvelles nous arrivent du théâtre de la guerre : après une marche fatigante et bien conduite, en trois colonnes, convergeant vers le centre des pays insurgés, on parvint à surprendre leurs campements et leurs villages ; malheureusement ils étaient vides ; les noirs avaient jugé bon de ne pas nous attendre : pas bêtes, ces bons nègres ! sans doute le capitaine Marchand ne va pas les lâcher comme ça ; mais ça pourra durer un certain temps.

Décidément en Afrique, il ne faut pas être pressé.

Nous sommes le 24 décembre et je songe qu'il y a vingt-six ans, jour pour jour, presque heure pour heure, je tombais blessé entre les mains des Prussiens ; et je suis à me demander si je fus à ce moment plus prisonnier, plus malheureux que je le suis actuellement. Quoiqu'il en soit, je rencontrai moins d'animosité, moins d'acharnement, chez nos ennemis, que je n'en trouve ici chez certains compatriotes. Je ne dis pas cela pour Marchand auquel je pardonne volontiers ses boutades, mais bien pour certains zélés qui prétendent lui faire leur cour.

Heureusement, j'ai aussi trouvé parmi les blancs des figures sympathiques qui n'ont pas voulu se plier aux exigences du chef.

Aujourd'hui soir, j'ai été invité par M. Durant, mon aimable propriétaire, à fêter la Noël, ce qui m'a procuré l'occasion de faire un repas un peu plus solide.

Le lendemain, vers dix heures du matin, M. de Keraoul, retour de l'expédition contre les récalcitrants de la route de Manyanga, est rentré à son poste, relevant ainsi de ses fonctions intérimaires le commandant de la flotte, Morin, qui se trouve ainsi rendu à ses occupations d'installation.

M. Vitu de Keraoul, qui, par intermittence, me montre un certain bon vouloir, s'est offert à apaiser ou tout au moins à atténuer le conflit survenu entre le capitaine et moi ; mais la démarche n'a guère abouti, et nous sommes toujours en délicatesse.

Si l'on s'en rapporte aux dernières nouvelles, la tranquillité ne paraît pas encore rétablie sur la route : on a reçu hier 26 décembre un appel pressant du jeune chef de poste de Soundji, M. Goujon, qui, paraît-il est cerné par les indigènes. Ceux-ci veulent le réduire par la famine, et ont annoncé qu'ils feraient avec *ses boyaux des cordes de guitare* (sic). Je comprends que ce chef de poste, qui a vingt ans au plus, et une belle et longue carrière ouverte devant lui, n'ait pas goûté ce genre de perspective. Ça me fait penser également que c'est par ce côté qu'on voudrait m'expédier à la côte. Bien obligé ; je préfère de beaucoup, en cas de retour forcé, revenir par le chemin de fer de l'État indépendant : c'est plus rapide, plus confortable et guère plus coûteux, il ne s'agit du reste pas des deniers de la Mission ;

NOUVELLE INSTALLATION MORIN

je ne distingue donc pas bien l'intérêt qu'il peut y avoir pour l'autorité militaire à me faire suivre cette route, où sont déjà semés tant d'ossements humains ; et certes, je ne me prêterai jamais à cette plaisanterie macabre.

Le poste de Soundji a été dégagé (sans effusion de sang) et la rentrée de Marchand pourra avoir lieu sous peu de jours.

Je ne puis passer sous silence un épisode, déterminé par

un malentendu, malentendu provoqué lui-même par le rapport fantaisiste d'un homme qui m'avait paru sérieux; on m'avait averti confidentiellement qu'après mon refus d'obéissance, le capitaine était décidé à me faire ficeler comme un saucisson et enlever de vive force par ses tirailleurs, pour me faire reprendre le chemin de la côte.

Depuis cet avis, j'avais pris la précaution de dormir ma carabine et mon revolver à portée, bien résolu à dégringoler le premier Sénégalais qui essaierait de me mettre la main au col de chemise.

Je vous dirai un peu plus loin l'aventure qui s'en suivit.

Je me lève bien tristement, après deux jours de fièvre, et l'année me paraît finir plutôt mal. C'est aujourd'hui qu'on attend Mgr Augouard. Mon procès a été complètement gagné auprès des Pères. Qu'en décidera Monseigneur en dernier ressort? C'est un peu ma dernière carte que je joue. Je ne puis songer sans une certaine amertume que, sans le lieutenant Morin, je serais loin à l'heure qu'il est.

Mais foin des idées désagréables. Un petit fait qui s'offre à moi dans l'instant, me procure un moment de gaieté : un négrillon de deux ou trois ans au plus, luisant comme une petite casserole, tout mignon, tout gentil, vient me faire visite de temps à autre, pour tâcher d'agripper quelques friandises, dont je suis malheureusement assez chiche en ce moment et pour cause. Le gamin est toujours, par les soins de la mère, orné et paré d'une façon fantastique, mais aujourd'hui cela dépasse en originalité tout ce qu'on peut rêver : vêtu d'une petite chemisette rouge, lui allant à peu près au genou, il se présente bravement, précédé par un bruit de grelot, bruit dont je cherche inutilement la cause ; ce fut M. Durant qui découvrit le dit grelot, car c'en était un et de taille respectable qu'on lui avait suspendu; devinez où?

A la fièvre qui continue à m'affaiblir, vient se joindre la

privation de nourriture; je refuse toujours de rien accepter venant de la mission dont je ne fais plus partie. En outre, l'idée d'être enlevé de vive force et ramené à la côte me poursuit et me révolte; je ne dors plus que d'un œil, bien résolu à me défendre.

La nuit du 5 janvier je suis réveillé en sursaut par un bruit tout à fait insolite. Je me dresse sur mon séant. La lune donne en plein sur mon lit et l'inonde de lumière par la porte du chimbeck restée ouverte. Des palmiers en face de moi et la silhouette sombre d'un grand bâtiment se découpent sur la nappe claire du ciel. En dehors du bruit qui m'a éveillé brusquement, un silence parfait règne dans l'immense cour de la factorerie de M. Durant. Mon fusil, que j'ai glissé tout armé sous ma moustiquaire, est placé par moi doucement en travers de mes genoux, mon revolver également armé est à ma droite. Je suis sûr d'avoir entendu le bruit, mais je veux me rende bien compte.

A ce moment, mon tonnelet de fer est renversé ; sans hésiter, je fais feu, mais par prudence un peu haut, demeurant l'arme épaulée : au bruit de la détonation, je vois passer comme un éclair la silhouette de la grande chienne de chasse de M. Durant, qui s'enfuit éperdue par la porte... Un morceau d'hippopotame déposé sur mon tonnelet avait attiré la chienne.

Je ris de l'aventure et me rendors.

Je suis heureusement sorti de mon accès de fièvre et, sur les propositions indirectes du capitaine Marchand, encore par monts et par vaux, je consens, de guerre lasse, à retourner en Europe, sous prétexte de mauvaise santé; mais je me ravise aussitôt ma réponse partie. Non, je ne suis pas venu en Afrique pour m'en retourner sans avoir au moins atteint la partie centrale, jamais! plutôt y crever. En vain, les docteurs eux-mêmes se cramponnent et déclarent que je n'en reviendrai pas.

CHAPITRE VI

Retour de Marchand. — Un mort récalcitrant. — Marchand rend la main. — Un Sénégalais dévoré par un crocodile. — Le Cassaï. — La Sangha. — M. Lafitte. — Une fugitive. — Un épisode de chasse dramatique. — M. Costa et le féticheur à Liranga.

12 janvier 1897. — Changement complet de décor : Marchand est de retour à Brazzaville, et nous voilà, sans préambule, subitement, à première vue, redevenus les meilleurs amis du monde. Le capitaine en m'apercevant se met à rire de tout cœur et me déclare qu'il me laisse libre de faire ce que je voudrai, à la condition toutefois (il est têtu), que ce soit en sa compagnie; mais il m'affirme que je ne l'attendrai pas longtemps.

Je suis dans la joie : me voilà de nouveau plein d'espoir et de santé reconquise. Car il faut que vous sachiez que j'avais été récemment condamné à mort, par un docteur, lequel avait même fait courir le bruit de mon trépas. Mais, va te faire l'en l'air, le lendemain de la diffusion de cette fâcheuse nouvelle (fâcheuse pour moi), le docteur stupéfait s'était trouvé en ville nez à nez avec moi, moi en chair et en os, en train de me rendre à une invitation festoyante de Keraoul : obligé de décommander l'enterrement. Marchand, qui avait été avisé par lettre de mon trépas prochain se tordit en me voyant. Moi aussi j'en rirai longtemps et de bon cœur.

Il paraît qu'il en est souvent ainsi au Congo, pays de mirage et d'illusions. C'est de la sorte que ça s'était passé, en sens contraire, pour la fameuse flotte de l'Oubangui que le bon commandant Morin croyait exister sérieusement.

Enfin, le principal pour moi c'est que je monte là-haut et l'accord est bien établi entre le capitaine et moi. Au fond, mon retour en Europe me désespérait et je n'y aurais jamais consenti ; ça se comprend de reste.

S'en retourner après avoir accompli le plus dur de la tâche, eût été insensé de ma part. Q'on se mette bien dans la tête que le parcours entre Loango et Brazzaville a constitué la plus rude épreuve du voyage. Je ne crois pas qu'on puisse rencontrer pis, durant toute la traversée du continent. C'est l'avis de tous ; je mets bien entendu à part la fièvre et les maladies qui règnent partout et toujours dans ces heureuses contrées ; moins pourtant dans le haut.

Il est donc entendu que je vais *monter*, mais avec le capitaine. Cela me fera bien attendre encore un peu : j'accepte tout.

Hier au soir, 16 janvier, je dinais avec tous les officiers de la Mission chez M. Rousset, le délégué de l'intérieur. Durant le repas, Marchand m'a brusquement annoncé que je partais le 22 courant, *sans lui*. Je lui ai sauté au cou et tout a fini en apothéose.

Je vais donc quitter Brazzaville. Je dois dire que j'ai bien souffert, moralement surtout, durant la période qui vient de s'écouler. Peut-être dois-je faire la part de la surexcitation qui s'empare toujours un peu de moi dans les luttes de toute espèce où je me trouve engagé ; mais c'est fini, bien fini.

Encore un pauvre blanc de décédé ce matin ; c'est un des contre-maîtres du commandant Morin, M. Rohaut. Voilà le sixième Européen que je vois mourir dans cette petite localité que je quitte certainement sans regret.

24 janvier. — Enfin! après un dernier effort tenté par les docteurs, qui déclarent ne pas répondre de ma peau si j'entreprends cette nouvelle campagne, j'embarque ce matin à bord de la *Ville-de-Bruges* après avoir passé une dernière nuit à Brazzaville, sans pouvoir fermer l'œil une seconde. Il semble que les moustiques aient voulu me faire cette nuit-là des adieux solennels; j'ai été littéralement lardé par ces horribles bêtes, et j'étais brisé de fatigue quand je mis le pied sur le pont du steam.

Je puis dire qu'à partir de ce moment la santé m'est revenue comme par enchantement.

La *Ville-de-Bruges* est un steam belge, naturellement, puisque nous n'en avons pas d'autres pour monter nos hommes et nos charges. Il est heureux pour nous, soit dit en passant, que l'État du Congo ait bien voulu consentir à nous prêter ses bateaux, à un bon prix, il est vrai; faute de quoi, la mission Marchand fut restée en panne; toujours malgré la fameuse flottille.

Je disais donc que la *Ville-de-Bruges* est un steam de l'État du Congo, bien aménagé, bien entretenu, bon marcheur et surtout bien commandé, par un Danois, M. Lindholm, avec lequel nous ferons connaissance.

J'ai pour compagnons de bord le capitaine Germain, qui soit dit en passant a été fortement éprouvé par le climat. Il est maigri et changé le bon Germain mais toujours vivant et boute en train; M. Mangin, M. Simon qui semble avoir perdu sa gaieté et l'humeur que je lui ai connues à Macabandilou. Serait-il malade, ou miné par quelque chagrin? Pauvre Simon! J'ai cherché à savoir; il m'a envoyé promener comme un homme que l'on fatigue. Hélas! Simon était miné par le mal qui devait l'emporter... Puis vient le docteur Émily, qui continue à être mauvais comme la gale avec moi et me taquine sans cesse et à tout propos; et cependant j'avale tout ce qu'il m'ordonne, sans sourciller; il est même obligé de m'arrêter sans quoi, toute sa pharmacie y passerait. Bref, je suis devenu sage comme une image, doux

M. LINDHOLM, CAPITAINE DE LA *Ville-de-Bruges*

comme un mouton; c'est Germain qui le proclame; oui Germain, le défiant, le farouche, l'autoritaire Germain; enfin trois sous-officiers, M. l'adjudant de Prat, MM. les sergents Datte, Motuel et Bernard.

Je ne m'appesantirai pas sur les événements peu importants des premiers jours de notre navigation sur le Congo.

L'équipage composé de Bangalas, sauvages tatoués d'une façon plus que bizarre (je vous en donne un spécimen femelle), est plutôt docile et doux. Nous avons en outre, avec nous, entassés dans un grand chaland de fer, une centaine de nos Sénégalais. Rien de remarquable ni de nouveau ne se présente durant les premiers jours du voyage : même temps, mêmes rives boisées, même existence à bord où l'accord et la gaieté semblent plutôt vouloir régner ; ce qui tient très certainement à ce que chacun se connaît et s'estime à sa valeur. Désormais il ne saurait plus y avoir parmi nous, ni type qu'on tient à l'écart, ni tête de Turc sur laquelle on puisse dauber, pour amuser la galerie. Maintenant dire qu'on se divertit beaucoup serait de l'exagération ; nous nous suprenons souvent à bailler devant le défilé interminable de rives pareilles. On voudrait pouvoir s'assoupir durant une grande partie du trajet.

A part quelques rares distractions, apportées çà et là par de petits événements gais ou tristes, à part l'apparition de quelques postes, belges ou français, surtout belges, rien ne vient rompre la monotonie et l'ennui de la route.

Quelle patience, grands dieux! ont du posséder les premiers voyageurs qui ont parcouru en pirogue ces immenses solitudes. Ils ont eu beau tenter de réhauffer leur enthousiasme et leur zèle par des descriptions enflées et des histoires de dangers énormes sans cesse courus et évités ; par des récits d'exploits formidables ; ce qui est sûr, c'est que ça a dû être surtout bien triste.

Encore les premiers explorateurs pouvaint-ils espérer de voir du nouveau ; mais pour nous qui reparcourons ensuite ces routes déjà décrites, nous ne pouvons que ressasser les mêmes récits et détruire les légendes trop enluminées de nos prédécesseurs.

Certes les conquistadors d'autrefois sont intéressants par leur audace et leur amour de l'inconnu ; mais combien ont dû être surfaits ces exploits, dont ils sont les seuls narrateurs et qui ont consisté surtout à vaincre les maladies et les obstacles matériels. Je ne parle pas des malheureux troupeaux de sauvages qui, depuis les pauvres Indiens, égorgés en masse par les Espagnols, jusqu'aux noirs, écrabouillés par les explosifs ou fusils à tir rapide de Stanley, n'ont ja-

mais opposé qu'une résistance relative. Mais tout cela est facile à remettre au point quand on voit les choses de près.

Y a-t-il des antropophages? Oui. — Y a-t-il des sacrifices humains? Oui. Mais, en somme, quand la guerre se déchaîne chez nous autres civilisés, nous voyons le sang couler dans de bien autres proportions; et certes les répressions dans le genre de celles de la Commune défient au point de vue férocité tout ce qu'on peut rencontrer au centre africain.

Je disais que les rives du Congo nous fournissaient un décor un peu monotone; je lui préfère de beaucoup celui du Niari ou Kuilou qui est plus petit comme échelle, mais beaucoup plus varié.

Le 26 janvier, un triste accident a troublé notre marche.

Un jeune Sénégalais s'étant laissé choir dans le fleuve, on mit immédiatement une pirogue à l'eau; la *Ville-de-Bruges* fit machine en arrière pour rattraper le pauvre diable que le courant rapide en cet endroit emportait comme une flèche. Au moment où la barque montée par des Sénégalais, sous la conduite de M. de Prat, allait rejoindre l'homme, celui-ci disparut subitement, en poussant un grand cri, les bras étendus au-dessus de sa tête, il avait été happé par un caïman. Un de ses camarades, qui s'était courageusement jeté à l'eau pour le secourir, pût être sauvé par l'adjudant, qui lui tendit à temps une pagaie et put le hisser dans la pirogue.

Nous commençons à rencontrer de nombreuses traces d'éléphants dans les hautes herbes de la rive; mais je n'ai pas encore pu apercevoir un seul de ces pachidermes.

Le 29 janvier, nous atteignons l'embouchure du Cassaï, qui n'a rien de particulièrement remarquable. Plus loin, nous rencontrons deux postes belges et deux missions américaines. Les bons missionnaires vivent là comme des coqs en pâte, avec leurs femmes et leurs enfants, bien plus tranquilles qu'à Courbevoie ou à Neuilly, sur les bords de la Seine, où, chacun sait, on assassine et on dévalise dans des proportions très respectables.

Le 30 janvier, nous rencontrons une bande d'hippopotames et beaucoup de caïmans, auxquels on envoie sans grand résultat nombre de coups de carabine.

Nous continuons à glisser au milieu d'îles innombrables,

par une température de quarante à cinquante degrés, sur un fleuve large comme un bras de mer. Très peu d'habitants apparaissent sur les rives et ceux que nous pouvons apercevoir se ressemblent à peu près tous.

Et les antropophages, me direz-vous? Patience, on nous en promet sous peu.

En attendant, je constate subitement un changement marqué dans l'aspect du pays : la monotonie paraît vouloir se rompre, et partout apparaissent de riants villages qui

L'ENTRÉE DANS LA SANGHA

respirent la paix et le bonheur; les cases y sont bien construites et ombragées de palmiers. Les habitants, hommes, femmes et enfants, groupés sur le rivage, nous regardent passer en poussant des cris joyeux.

Est-ce que, par hasard, on m'aurait trompé? Dans tout ceci, je ne vois pas trace de mangeurs d'hommes. Le capitaine Lindholm me rassure et m'affirme qu'avant trois jours nous verrons de vrais cannibales; mais il ajoute qu'ils n'ont pas l'air farouche et qu'ils sont plus intelligents, plus sociables que les autres noirs. Le fait est que s'il fallait s'en rapporter à la mine seule, on serait souvent bien trompé ; exemple : les Bangalas, nos coupeurs de bois, qui sont terrifiants à première vue, avec leurs tatouages hideux et leurs mines patibulaires, et pourtant, le capitaine nous l'affirme, ce sont les plus braves gens du monde.

31 janvier, midi. — Nous voguons sur la Sangha ; et ma foi, sans rien exagérer j'éprouve un peu l'impression des bords de la Seine ou du Bois de Boulogne, aux environs de Sèvres ; plus loin la rivière s'élargit et nous arrivons au poste de Bongha, où nous sommes reçus par trois blancs : M. Lafitte, un Parisien des plus gais, et deux Hollandais. Ces messieurs sont là pour la gérance d'une factorerie belge

C'est un type que ce M. Lafitte, et je suppose qu'il a dû se la couler très joyeuse quand il vivait sur la butte Montmartre en concubinage avec la fortune. Je me demande même s'il se récrée beaucoup dans la factorerie de Bongha, en tête à tête avec ses deux flegmatiques compagnons. Je me permets d'en douter ; dans tous les cas, j'espère le revoir et faire avec lui plus ample connaissance ; car c'est un charmant garçon, trop artiste vraiment pour le métier qu'il exerce. Le pauvre Lafitte ne devait jamais revoir Montmartre ; la fièvre l'a tué comme tant d'autres.

Un petit fait qui a son importance : quel n'avait pas été mon étonnement à mon arrivée à Bongha en apercevant sur la rive, au milieu des sauvagesses de l'endroit, n'ayant d'autre voile que celui de l'atmosphère, une grande gaillarde vêtue d'un pagne rouge éclatant, ornée de bracelets, colliers, boucles d'oreilles en or, etc., et de tout le luxe constituant la toilette de ce qu'on appelle là-bas une femme de blanc. La dame en question me faisait des signes de la main, comme à quelqu'un qu'on connaît ; et en effet je finis par me la rappeler ; c'était Mme Louettières, laquelle avait pris la fuite à la suite d'une querelle un peu vive avec le chasseur; elle était retournée dans son village près de Bongha. Cet incident, assez dénué d'intérêt en lui-même, et que j'eusse pu passer sous silence, se lie avec un événement tragique qui arriva plus tard, à mon retour dans ces parages. Voilà pourquoi je vous présente la belle Mme Louettières.

M. Lafitte était si heureux de voir des visages pâles, et surtout un Parisien, qu'il voulait à tout prix nous garder une journée entière. Mais le capitaine du bateau entendait profiter du beau temps pour faire sa provision de bois et lever l'ancre,; nous partîmes donc en promettant à nos hôtes de nous arrêter plus longtemps au retour.

Il paraîtrait tout de même, d'après les renseignements recueillis à Bongha, qu'on se *boulotte* ferme à deux jours plus haut : l'*Antoinette*, le steam hollandais sur lequel j'avais tenté de m'embarquer, avait eu deux hommes enlevés par les indigènes de ces parages, qui montrent une ardeur vraiment extraordinaire à la poursuite du gibier humain.

La journée du 3 février se termina par une aventure de chasse des plus mouvementées et des plus heureuses.

Le soleil était à son déclin et dorait la cime des hautes herbes d'une immense plaine, aux rives de laquelle notre steam venait de s'amarrer pour passer la nuit. Tout à coup un buffle superbe apparut comme une tache d'encre au milieu de la prairie verte. Atteint par plusieurs balles tirées du steam, l'animal nous donna le spectacle d'une colère farouche; tourné menaçant et soufflant du côté du bateau, il frappait du pied le sol, se cabrait et bondissait écumant; il était superbe.

Tout à coup il sembla s'affaisser et disparut dans la brousse. Sans doute il était blessé mortellement; on mit pied à terre à sa recherche, et de Prat, qui est bon tireur, me pria instamment de lui passer ma carabine, ce que je crus ne pas devoir lui refuser. Je me contentai de suivre le drame des yeux.

L'adjudant était disparu depuis quelques secondes, quand nous aperçûmes passer comme un éclair le buffle, qui d'un bond franchit les herbes et continua sa course, course

TÊTE DE BUFFLE

arrêtée net par une balle qui le frappa au défaut de l'épaule et le fit rouler sur le sol. C'est alors qu'apparut de Prat, tout pâle, sans chapeau, il l'avait échappé belle ; s'étant trouvé nez à nez avec la bête accroupie, il avait mis un genou en terre, avait épaulé et tiré ; malheureusement, le coup n'était pas parti. L'animal d'un bond lui avait passé par dessus la tête et... vous savez le reste.

J'ai rapporté un croquis et les cornes de la bête, qui fut dépouillée sur place et nous procura une belle provision de

FÉTICHEUR — EMPOISONNEUR

viande fraîche. Le buffle, tout en ayant un goût un peu sauvage, est une excellente chair et rappelle assez notre bœuf d'Europe.

Nous quittons la Sangha et nous atteignons sur la rive belge la fameuse forêt de Loukolela, qui fournit déjà de très beaux bois aux chantiers de Léopoldville, et sera avant peu une source de richesse pour le Congo belge.

On a commencé à construire une scierie à vapeur destinée à être installée dans les environs[1].

4 février. — Nous sommes immobilisés plusieurs heures devant un grand village de la rive française portant le nom de Irebou, dont les habitants sont des réfugiés de la rive en face, fuyant les exactions des blancs.

Remarquez que je n'entends pas incriminer les Belges plus que d'autres : de tout temps, c'est par la violence et souvent la cruauté qu'on a procédé à ce qu'on appelle la conquête c'est-à-dire en terrorisant les vaincus.

Les gens d'Irebou se sont faits coupeurs bois, dont ils approvisionnent les steams qui montent ou descendent le Congo.

Notre halte forcée en cet endroit nous a laissé d'intéressants souvenirs : M. Costa, le chef de poste, nous met au courant des efforts qu'il fait pour fonder sa colonie noire et des luttes qu'il a eu à soutenir pour établir un semblant d'ordre parmi ses nouveaux sujets. Nous en ramenons un spécimen dans la cale de notre bateau ; c'est un féticheur,

---

[1] « Une affreuse nouvelle vient d'arriver du Congo. Un Bruxellois bien connu, M. Gérard Neuhans, est mort à Loukolela, à l'âge de vingt-trois ans, massacré et mangé par les indigènes.

« Les indigènes de cette région sont anthropophages, mais leur coutume est de ne jamais manger la tête de leurs victimes.

« La tête de M. Neuhans a été en effet retrouvée en complet état de décomposition, non loin de l'endroit où l'épouvantable scène de cannibalisme s'est déroulée.

« Les détails manquent sur cette fin dramatique. Tout ce que l'on sait jusqu'à présent, c'est que la date du décès peut être approximativement fixée à la fin du mois de janvier 98.

« M. Neuhans était un grand et fort jeune homme plein de vie et de santé, très aimé de ses camarades et de ses chefs : il était parti le 6 septembre 1897, au service de la société anonyme belge pour le commerce du Haut-Congo. »

vieux criminel endurci, qui a essayé de faire passer M. Costa de vie à trépas, en lui glissant subrepticement dans sa soupe une drogue qui l'avait fortement mis à mal.

C'est la deuxième fois que le vieux sacripan fait sa tentative homicide. C'est, prétend-il, un gros caïman, son ami, qui lui a donné le conseil d'agir ainsi, sous prétexte que M. Costa portait la guigne aux noirs.

Il existe à Liranga, aux environs d'Irebou, une mission catholique, avec une petite église construite en briques.

CHAPITRE VII

L'équateur. — L'Oubangui. — A bord de la *Ville-de-Bruges*. — Un village cannibal. — Un Sénégalais disparu. — Politesse anglaise. — Imécée. — M. Tréchot attaqué par les indigènes. — L'anthropophagie.

Le même jour, nous atteignons Zoungo, à l'équateur, le plus beau village que nous ayons rencontré jusqu'ici. Les habitants se montrent très empressés à commercer avec nous.

Un peu plus loin, une pêcherie nous permet de renouveler nos provisions de bouche, dans les conditions les plus avantageuses au point de vue du bon marché.

Remarquez en passant que nous naviguons maintenant sur l'Oubangui. Les eaux sont subitement devenues plus claires et le poisson m'y paraît très supérieur comme goût à celui qu'on prend dans le Congo. Du reste, même aspect de rives boisées, un peu uniformes. Cette uniformité est surtout due à l'absence de rochers et d'accidents de terrain.

Nous faisons toujours bon ménage à bord ; je vais néanmoins vous parler de mes campagnons de voyage, en les *béchant* un tantinet. Que vous en dirai-je? Que ce sont des militaires et que, par conséquent, je suis quand même un *pékin* au milieu d'eux. Il y a surtout une chose à laquelle je ne puis me plier, c'est ce respect forcément hiérarchique qui fait du galon la jauge de la valeur d'un homme, et qui oblige très souvent un intelligent à s'incliner devant la fantaisie d'un médiocre, quelquefois d'un imbécile (le cas n'existe pas ici), sous peine de ne jamais réussir dans une carrière pour laquelle il se sent particulièrement né. Je suis actuellement bien convaincu que les vrais hommes de guerre étaient des indisciplinés, ce qui tout d'abord paraît un paradoxe, tout étant comme beaucoup de paradoxes l'absolue vérité.

PÊCHERIE

Ainsi Marchand, est un homme qui me paraît très doué dans l'espèce, et je ne donnerais pas cher de ses qualités au point de vue souplesse.

En effet, l'homme dont la volonté et la décision sont sans cesse brisées, finit par perdre son initiative; il ne saurait jamais devenir un vrai chef; il arrive même à sentir ses facultés de penser s'atrophier graduellement.

Cet affaissement devient fatal, à moins de ressources géniales très puissantes et tout à fait exceptionnelles. Je suis obligé d'ajouter que cette espèce de castration, ce nivellement des volontés sont nécessaires pour constituer l'élément fondamental des armées modernes, qui de plus en plus deviennent des machines plus ou moins bien montées.

Aussi s'aperçoit-on vite que les militaires en moyenne pensent, agissent et se meuvent dans un même cercle d'idées, cercle plutôt étroit. Ajoutez à cela l'amour du costume qui prend chez certains des proportions toutes féminines et vous pourrez vous rendre compte de l'ennui qui peut s'emparer de ceux qui essaient de penser dans ces milieux.

Je me hâte d'ajouter que cette façon de voir, un peu dure, trouve beaucoup moins son application chez le militaire-explorateur, qui, dans son genre, est un peu un indépendant, un imaginatif et en réalité quitte souvent l'armée pour obéir aux tendances de son esprit qui est plus celui d'un aventurier que d'un soldat.

En un mot, je suis forcé de constater, malgré les qualités exceptionnelles de mes compagnons, que je ne me sens pas complètement dans mon élément; je suis convaincu que ma liberté d'allures les choque souvent; mais comme ils sont pour la plupart des gens intelligents et bien élevés, nous vivons en bon accord; les velléités de pose qui se montraient d'abord ont été vite remplacées par des allures franchement cordiales.

Signalerai-je encore un défaut, particulier au monde colonial? c'est une tendance toute naturelle à *blagoter* un brin à propos de ses propres hauts faits, très difficiles à contrôler, en revanche une sévérité des plus grandes à l'endroit des confrères, dont beaucoup, il est vrai, dépassent les limites du tartarinisme.

Ce 5 février, nous descendons à terre avec vingt tirailleurs; ce déploiement de forces inusité est devenu nécessaire, car il s'agit de se rendre à Baloui, village cannibal; les habitants ont pris la fuite, et les bananiers qui entourent les habitations entièrement saccagées, gisent épars devant les cases vides ; l'une de ces cases est surmontée de crânes humains. Nous sommes doublement désappointés de cette disparition des indigènes que nous venions visiter, avec les intentions les plus pacifiques, espérant trouver des vivres.

Après mûr examen, il est facile de voir que le village est abandonné depuis un jour ou deux, et a dû être traversé par une troupe d'éléphants qui ont laissé les traces formidables de leur passage, c'est-à-dire tout brisé et tout

BALOUÏ, VILLAGE CANNIBAL

dévasté. Ce qu'il y a de singulier, c'est que le même phénomène est observé par nous quand nous descendons sur la rive opposée, c'est-à-dire la rive belge.

A Balouï, se place un petit intermède qui aurait, s'il l'avait connu, fait bondir Marchand, lui qui, vous le savez, m'avait toujours prédit que je me ferais sagayer et absorber par les indigènes, pendant que je serais en train de faire un croquis quelconque.

Figurez-vous que je m'étais arrêté et assis pour crayonner la case aux crânes. J'avais bien entendu le sifflet de la *Ville-de-Bruges*, mais sans trop y prendre garde et j'avais simplement continué mon travail. A un moment, surpris par le silence qui régnait autour de moi, j'avais hêlé à haute voix mes compagnons qui s'étaient bien gardés de me répondre, étant tous partis et remontés sur le steam. Inutile de vous dire que cette constatation me fit lestement plier bagage. Je repris la direction du bateau de toute la vitesse de mes jambes.

J'arrivai sur la berge pour recevoir un galop du capitaine

VILLAGE DES HYPEMBÔS (OUBANGUI)

Lindholm, qui se préparait à descendre pour me faire chercher.

Décidément, nous naviguons en pleine antropophagie et les crânes humains ornent les cabanes dans tous les villages, dont les naturels sont armés jusqu'aux dents et nous montrent des airs plutôt rébarbatifs.

J'observe chez ces malheureux cannibales un mélange de férocité et de frayeur vis-à-vis de nous : ainsi par exemple, nous les voyons au premier coup de sifflet de la machine prendre une fuite désordonnée, comme une volée d'oiseaux; mais ils reviennent vite; nous finissons même par les apprivoiser et faire des échanges. Dans le village de Hypembôs un de nos tirailleurs disparut et ne fut jamais retrouvé.

Je remarque que ces indigènes n'ont aucune arme à feu, ce qui démontre combien peu ils sont en rapport avec les blancs. Nous sommes décidément chez des barbares, de vrais sauvages et je pense que les hommes que j'ai sous les

L'OUBANGUI A BALOUÏ

yeux occupent le dernier degré de l'échelle humaine. C'est là en effet que se retrouvent les instincts des animaux qui se mangent entre eux. Mais en somme, je ne vois pas, comme je l'ai fait pressentir au commencement de ma relation, de différence très marquée entre les peuples du haut Congo et ceux du haut Niari : mêmes usages, mêmes mœurs, mêmes superstitions, mêmes féticheurs, même manque d'unité, même absence de gouvernement. C'est le triomphe de l'*anarchie*; c'est de l'existence à cet état de nature dont je voulais acquérir la certitude. Et je ne saurais trop le redire d'un bout à l'autre de mon récit, la partie arrosée par le Kuilou ou Niari, partie très peu explorée, recèle dans ses forêts des peuples qui ne sont ni plus, ni moins barbares que ceux du centre : un voyageur qui visiterait consciencieusement ces contrées y trouverait des documents complets sur les us et coutumes, caractères et tempéraments de tous les noirs de l'intérieur, qui sont les mêmes partout, étant donné sans doute le mélange dû à l'esclavage qui a toujours régné chez ces peuples ; ils se montrent plus ou moins belliqueux, plus ou moins pillards et féroces, suivant qu'ils ont été en relations commerciales avec les blancs, qui depuis des siècles ont remonté les grands cours d'eau. Partout je retrouve la même tête de vieux chef féticheur, à barbe pointue, avec ou sans perle au bout. L'œil est à la fois féroce, aigrillard et rusé. Ce sont ces mêmes paillards charlatans qui gouvernent en réalité tous les noirs : empoisonneurs de profession, prêtres, fabricants d'amulettes et de gris-gris, ils font suite à la longue série de malins qui depuis des siècles dirigent l'espèce humaine à tous les échelons sociaux. Chose bizarre, ils ont presque toujours l'aspect de boucs ou de satires.

7 février. — Les rives de l'Oubangui continuent à défiler sous nos yeux, et j'aimerais à voir changer ce magnifique décor, qui finit par être trop pareil, tant il est vrai que c'est surtout la variété qui nous séduit.

Chose étonnante, je n'ai pas encore pu apercevoir la silhouette d'un seul éléphant ; et pourtant les rives sont couvertes à droite et à gauche des traces de ces animaux. Deux fois durant la nuit, j'ai entendu le fameux *barrit*, qui ressemble au bruit de la trompette.

D'autre part, je constate que j'ai complètement perdu le goût de la chasse et je laisse volontiers mes compagnons accomplir ou plutôt tenter d'accomplir les exploits que j'avais rêvés pour moi-même.

Est-ce que par hasard je m'ennuierais ? Je n'ose me

l'avouer. Mes compagnons me paraissent également assez aplatis au point de vue de l'enthousiasme : ils dorment ou lisent. Je les *asticote* à propos de ce même enthousiasme tant manifesté naguère ; l'amour propre s'en mêle, et ils se défendent de cette indifférence que je leur reproche ironiquement ; les discussions s'animent là-dessus et on commente passionnément le plus ou moins de sincérité des grands explorateurs. Je dois même dire qu'en général, on finit par tomber d'accord, à savoir qu'ils ont engraissé fortement l'intérêt de leurs pérégrinations, sous peine de n'avoir à présenter au public que des choses souvent banales ou peu intéressantes ; je me demande s'il est nécessaire d'aller chercher si loin le pittoresque au détriment du premier des biens, la santé. Un seul de mes compagnons, je ne veux pas le nommer, car il ne me le pardonnerait peut-être pas, a osé avouer carrément la vérité : c'est-à-dire qu'il aimerait volontiers à voir l'expédition terminée (glorieusement, sans doute) plutôt qu'en cours d'exécution.

« Vertu, ne serais-tu réellement qu'un mot ? »

Nous croisons en route un petit steam anglais, le *Peace*, qui suivant les louables habitudes de John Bull et pour ne pas démentir les traditions en honneur de l'autre côté du détroit, ne répond même pas à notre salut. Je veux bien admettre, comme circonstances atténuantes, que le capitaine était dans un état semblable à celui qui empêcha un autre commandant de bateau de s'apercevoir qu'un des plus beaux spécimens de la marine anglaise s'en allait fond par dessus tête. Oui, certainement le capitaine du *Peace* n'a pas dû nous apercevoir, ou plutôt il nous aura vu double.

Le 8 février, j'assiste à un véritable feu de peloton sur un troupeau d'hippopotames qui prenaient leurs ébats le long d'un immense banc de sable.

Ces braves animaux, qui me font toujours l'effet de bons

bourgeois en train de faire une pleine eau, se montrent tranquillement jusqu'à 20 mètres du bateau et semblent à peine se soucier des coups de fusils de nos chasseurs ; il est vrai que pas un d'eux n'est touché. On n'a pas que des triomphes à enregistrer, et le grand Tarasconnais est bien mort.

Le même jour, nous atteignons le poste belge d'Imécée. Là, il nous est donné d'admirer une forêt de palmiers. Je n'avais pas encore, depuis le Niari, rien rencontré d'aussi beau en fait de faune équatoriale.

En même temps que nous, et venant de Bangui, le bateau du vaillant et sympathique Tréchot arrivait à Imécée, où nous fûmes parfaitement accueillis par le commandant belge. On ne saurait trop louer l'organisation de ce poste qui n'existe que depuis une année.

Décidément, il faut avoir le courage de le dire, nos voisins font dans le Congo des efforts et obtiennent des résultats vraiment supérieurs aux nôtres, grâce à un ordre et une méthode que j'aimerais bien rencontrer chez nos nationaux.

C'est à regret que nous quittons ce paradis des yeux. Mais il y a un envers à ces belles choses : c'est ici, on peut le dire, que le cannibalisme bat son plein ; et malheur à qui s'écarte des quelques points habités par les blancs : la sagaie, la lance ou la flèche ont vite fait leur œuvre et les imprudents sont impitoyablement dévorés. Les bateaux ne doivent plus stationner la nuit qu'à une bonne distance des rivages, et en veillant rigoureusement aux alentours. M. Tréchot, capitaine de l'*Oubangui*, a été avant-hier soir attaqué par les naturels. Il a heureusement surpris les noirs qui commençaient à se glisser à son bord et les a pourchassés dans leurs fourrés, sans pouvoir toutefois leur faire grand mal.

Le cannibalisme est tellement ancré dans les mœurs, qu'il faut, comme pour l'esclavage, fermer les yeux dans une grande mesure sur ces abominables coutumes, coutumes contre lesquelles on ne peut réellement réagir que par la force. Songez que les peuples du Haut-Oubangui sont persuadés que nous sommes nous-mêmes très antropophages et que toutes les boîtes de conserves qui nous viennent d'Europe sont faites avec de la viande humaine. Quand on leur manifeste du dégoût pour ce genre de nourriture, ils ont des sourires dubitatifs qui en disent long.

On a beau chercher à habituer son esprit à ces horreurs, on ne peut s'empêcher de frémir quand on a vu de ses yeux des cadavres d'enfants, éventrés comme des porcs ou des moutons, suspendus à des branches de buissons, comme nous le racontait le chef du poste d'Imécée.

Je n'insisterai pas davantage sur ces scènes révoltantes qui marquent chez le noir de ces contrées le dernier anneau qui relie l'homme à la bête : il semble du reste, avec ses mâchoires et ses lèvres énormes, que le nègre est destiné à tous les exercices imaginables de la goinfrerie; joignez à cela ses gros yeux naïfs et avides, son crâne pointu. Toutefois il est moins féroce que le Mongol et en somme beaucoup plus gourmand que cruel, car je ne sache pas qu'il inflige des tortures à ses victimes.

CHAPITRE VIII

Les marchés. — L'ensablement de la *Ville-de-Bruges*. — Rencontre de l'*Antoinette*. — Zinka. — Un voleur audacieux.

Nous quittons Imécée pour nous diriger sur Zinka, un des rares postes français sur la rivière; là nous devrons débarquer pour prendre des pirogues qui nous remonteront jusqu'à Bangui; et cela pour la bonne raison que la partie navigable se trouve en cet endroit entièrement barrée par une ligne de roches infranchissables aux eaux basses, pour les steams d'une certaine dimension.

10 *février*. — Le grand village de Doundou, le plus pittoresquement situé que nous ayons rencontré jusqu'ici, est habité par les terribles Bondjos. Ici, j'assiste au plus étrange spectacle qu'il m'ait été donné de voir depuis que je suis en Afrique : il s'agit d'un marché sauvage. Les physionomies peu rassurantes des vendeurs ne sont pas faites pour attirer le client; néanmoins, les échanges vont leur train avec ces noirs dont l'aspect robuste et guerrier, les mines farouches indiquent que nous sommes au milieu des vrais chasseurs d'hommes. Notez que ceux-ci, avant tout et sans chercher à s'en cacher, veulent de la viande humaine.

Presque tous, taillés en hercules, étalant des muscules formidables, armés de lances, de sagaies et des terribles couteaux à éventrer, ils apparaissent le bouclier au bras gauche et cuirassés de peau d'éléphant, enfin complètement parés pour la lutte. C'est ici qu'on avait effrontément proposé l'année dernière au capitaine Dumont l'échange, contre trois cabris, d'un malade qui gisait sur le pont épuisé par la dyssenterie : « Qu'est-ce que tu peux faire de cet homme, lui avait dit le chef, donne-nous-le plutôt à manger. »

Ce chef, que sa taille et sa force de géant font distinguer parmi tous, promène orgueilleusement sa musculature de Poliphème au milieu de ses sujets, affectant de ne pas se mêler aux transactions. Il doit bien avoir 2 mètres de haut; il est beaucoup plus clair de peau que ses compatriotes et d'un ton plus rouge que les autres Bondjos. Ne portant aucune arme, il se promène absolument nu, confiant sans doute dans sa force prodigieuse.

Le village, très haut perché sur la rive élevée en cet endroit, est d'une originalité rare.

Deux pentes abruptes y conduisent et on aperçoit une foule nombreuse et armée, rangée comme en bataille sur le rebord extrême du plateau où il est construit. Il se compose de cabanes peu soignées. Nous nous abstenons de monter jusque là; c'est inutile et ça pourrait être dangereux. Le marché, bruyant et tumultueux, se tient au pied de l'escarpement sur le rivage. En somme, tout se passe à souhait; ce sont nos officiers et sous-officiers qui traitent les affaires, coupent les étoffes et les distribuent contre des bananes, de la chicouangue, espèce de pâte faite avec du manioc, et autres objets comestibles. Nous essayons vainement d'obtenir des cabris ou des porcs. On ne consentirait à nous en céder qu'à la condition qu'on fournisse un homme en échange; malheureusement, c'est une marchandise que nous ne tenons pas. Bref, on se sépare plutôt froidement, mais sans querelle.

Le beau sexe, qui ici est particulièrement laid, me semble beaucoup plus négligé que les hommes au point de vue parure : je remarque, entre autres, une affreuse sorcière qui aurait pu servir de modèle comme goule, et qui attirait l'attention par des glapissements sur la marchandise qu'elle offrait aux tirailleurs.

Nous continuons notre route avec lenteur, les eaux du fleuve étant de plus en plus basses. Nous ne tenons nullement à nous fixer dans ces parages dont les bancs de sable frôlent à chaque instant notre quille.

J'ai dit que les plus grandes précautions étaient prises aux abords de nos campements : ordre est donné de tirer sur toutes les pirogues et même sur les individus isolés qui tenteraient la nuit de s'approcher des bivouacs.

Hier, nos coupeurs de bois ont refusé d'aller faire leur provision de nuit; ils ont vu rôder à distance des pirogues suspectes. Il paraît toutefois que ces craintes doivent cesser au delà des rapides de Zinka, pour reprendre aux environs de Bangui.

On croit vraiment rêver quand on songe qu'un pareil état de choses existe encore à notre époque dans tout le centre d'un grand continent. En vérité Marchand pouvait avoir quelque raison de ne pas vouloir me laisser grimper seul à Bangui; certes, avant d'être bien averti, je me serais peut-être risqué à explorer les alentours, ce que je me garderais bien de faire à l'heure présente.

Il y a eu, ce matin, une répétiton du marché de Doundou, dans un autre village Bondjo de la rive française : mêmes types à peu près, même empressement absolument frénétique à faire des affaires; on se bat pour offrir les marchandises; et ici le chef se montre particulièrement affable : il écarte les assaillants qui semblent vouloir étouffer l'adjudant de

L'ADJUDANT DE PRAT ET LES MARCHANDS BONDJOS

Prat, lequel ne peut suffire aux demandes et est abasourdi par les vendeurs qui l'entourent.

Scène comique : Un gros Bondjo barbu à mine féroce, ayant vu un des siens se servir d'un petit couteau en forme de serpette, le lui arracha violemment des mains et le lança au loin avec colère. Je ne compris pas d'abord cette scène que j'apercevais à distance; c'est le docteur Emily qui me donna l'explication de cette fureur subite; le couteau en question, tout petit et comme je disais en forme de serpette, est tout simplement le *surin*, qui sert à *zigouiller* et éventrer le gibier humain qu'on surprend. Je vous ai parlé plus haut de l'aimable et rapide opération. Le gros barbu accablait l'autre d'injures et lui reprochait violemment cette exhibition intempestive d'un pareil outil. En même temps, il s'efforçait avec des grimaces pleines de tendresses de rassurer le docteur sur la pureté et la candeur de leurs intentions.

Le même jour au soir, nous atteignons notre campement. Ici c'est une autre histoire : le capitaine est obligé d'envoyer faire du bois par nos tirailleurs armés; son équipage terrifié se souvient encore que l'année dernière au même endroit deux des leurs ont été enlevés. Doux pays!

Entre temps les moustiques continuent à faire rage, et je passe mes nuits à lutter contre ces insupportables bêtes qui me tiennent dans un éveil constant et m'avertissent sans relâche qu'il ne faut pas m'assoupir une minute, si je ne veux être entamé plus en gros, au moment où je m'y attendrais le moins.

Comme pour me donner raison, le bateau touche brusquement un banc et s'ensable. Tous nos noirs se mettent à l'eau, et à l'aide de la chaîne s'efforcent d'empêcher l'échouement complet.

Pendant que nous faisons ces efforts pour nous dégager, des quantités de sauvages nous observent silencieusement de la rive en face. Quelle aubaine si le bateau se couchait!

Décidément, j'aimerais mieux être sur le boul... des It...

Le bateau reste cloué malgré tous nos efforts; cela devient inquiétant.

Les Bondjos nous envoient deux pirogues, sous le fallacieux prétexte de nous aider; mais il est facile de voir que c'est la curiosité surtout qui les amène et très probablement le vague espoir que nous allons rester embourbés. Heureusement, après une heure d'efforts, nous pouvons nous dégager et reprendre nos allures normales.

12 *février*. — Enfin, la nuit tranquillement passée, nous effectuons notre dernier étape avec la *Ville-de-Bruges*, dont l'excellent capitaine, M. Lindholm, nous a si habilement et si prudemment conduits au milieu des difficultés considérables dues à la baisse des eaux, aux tournades qui éclatent brusquement, aux précautions qu'il faut prendre pour éviter, non seulement les échouements, mais aussi les pointes de rocs heureusement rares dans l'Oubangui. Bref, nous ne pouvions mieux rencontrer comme guide, et M. Lindholm a droit à tous nos remerciements et félicitations.

Au moment où nous allions dépasser une des extrémités de la dernière des grandes îles parsemées en cet endroit de la rivière, nous aperçûmes à l'autre extrémité, filant à toute vapeur, le bateau l'*Antoinette*. Nous nous étions croisés sans nous voir, séparés que nous étions pas l'île. Notre sifflet avertit aussitôt le petit steam, qui fit demi-tour et vint à notre rencontre. Nous remîmes quelques lettres au capitaine de l'*Antoinette* et on se sépara. L'*Antoinette* n'emportait qu'un seul passager blanc, le frère Germain, qu'elle ramenait de l'Oubangui avec une cargaison de moutards, une quarantaine environ, dont il avait fait l'emplette dans le haut fleuve, à très bon compte vraisemblablement, pour les élever, les instruire et les faire travailler aux plantations.

Je suppose toujours que ces petits malheureux n'ont

qu'à gagner au changement de condition, et que beaucoup d'entre eux évitent ainsi la terrible marmite ou tout au moins échappent à un esclavage abrutissant.

C'est le 13 au matin seulement que nous atteignons Zinka où depuis huit jours au plus le sergent Venaille aidé de M. Guillot et de quelques tirailleurs établit un poste.

ZINKA, A L'AFFUT

J'avais cru que Zinka existait depuis longtemps et j'ai été très surpris en voyant ces quelques cabanes nouvellement construites et les palissades formées de bois fraîchement entrelacés. Ces fortifications rudimentaires sont loin d'être inutiles; car les attaques des noirs ont déjà commencé et de jour et de nuit. Voici à ce propos un récit du sergent Venaille, récit confirmé par le Père que nous avons rencontré hier sur l'*Antoinette*.

Le 4 février avant d'arriver à Zinka, vers les dix heures du soir, l'*Antoinette* avait été le théâtre d'une petite scène qui peut donner idée de l'audace des Bondjos. Le Père Couillard et le frère Severin, se rendant à la mission de Saint-Paul des

SERGENT VENAILLE

Rapides, près Bangui, dormaient tranquillement étendus sur leurs lits, qu'on avait montés sur le pont même du bateau. La nuit était sombre. Un indigène grimpa par la roue qui est à l'arrière et se mit en devoir de faire main basse sur les objets à sa portée. Le sergent Venaille, ayant entendu du bruit, se leva doucement puis se recoucha aussitôt croyant à une erreur. Cinq minutes s'étaient à peine écoulées que le même bruit se renouvela. Il n'y avait plus à douter. En effet, le sergent, qui s'était dressé à nouveau, se trouva subitement en face d'un type vers lequel il allongea la main ; mais l'autre eut le temps de s'élancer par dessus bord avec un paquet sous le bras ; ce paquet se composait de la soutane du Père, sa montre, son col, le casque de M. Guillot, sa casquette, sa brosse à dents et le tapis de table de la salle à manger. La sentinelle qui veillait sur le deuxième pont, fit feu sur le fuyard, lequel plongea et disparut dans l'obscurité.

Ce qu'il y a de piquant, c'est que le Père Couillard, qui ne dormait que d'un œil, avait parfaitement vu son voleur ; mais il n'avait pas soufflé ; les mauvaises langues prétendent qu'il avait eu le nommé *trac* ; je suppose moi que c'est par pure charité chrétienne.

Je vous ai dit que nous étions immobilisés au poste de Zinka, par l'impossibilité où était la *Ville-de-Bruges*, à cause de la baisse des eaux, de franchir la ligne de rochers et le banc de sable qui barre la rivière en cet endroit. Je dois donc monter à Bangui au moyen de pirogues, en compagnie probablement du capitaine Germain.

M. Lindholm, qui va retourner à Léopoldville, doit me reprendre ici le 24 ou le 28 mars pour redescendre la rivière.

J'espère donc passer un bon mois à Bangui, le poste le plus pittoresquement placé, m'assure-t-on, au milieu des populations sauvages du centre.

J'ai l'idée de rapporter en Europe les éléments d'un panorama entièrement nouveau et qui défiera toute concurrence, puisque je suis le seul artiste ayant pénétré jusque là. Je crois que cette étude faite sur place ne manquera pas d'intéresser, non seulement les gens de science, de lettres et les artistes, mais aussi le public.

Je suis depuis longtemps féru par cette idée et ça été un des mobiles qui m'ont déterminé à entreprendre ce long et pénible voyage[1].

Nous ne passons qu'un jour à Zinka; des pirogues nous ayant été amenées le lendemain même par M. Comte, l'administrateur de Bangui.

---

1. Hélas! je me suis donné bien du mal pour rien, et en haut lieu on s'est montré fort peu favorable à mon projet. L'expédition Marchand porterait-elle ombrage à quelqu'un?... Mystère et Ministère! En tous cas je ne me tiens pas pour battu. Ce qu'il y aurait de curieux, ce serait de trouver à l'Exposition de 1900 une vue du Congo belge, alors qu'on n'a pu fournir de place pour une œuvre du même genre représentant le Congo français et l'Expédition Marchand.

CHAPITRE IX

Bangui. — Ponel. — Comte. — A propos des Sultans noirs. — Les Bondjos. — Le cochon rouge. — Mgr Augouard. — Le trou au peintre. — La justice de Bangassou.

Après trois jours d'une navigation peu agréable, étant donné le nouveau mode de transport, entre des rives plates mais couvertes d'une riche végétation, nous atteignons le fameux poste de Bangui qui marque le centre de la barbarie africaine.

Un mot d'histoire rétrospective :

L'Oubangui a été occupé par M. Dolisie, en 1885 (poste de N'Komdjia, rive gauche). En 1887 et 1888, M. Dolisie remontait le fleuve ; arrêté à Modjaka, après un combat avec les Bondjos, où il était blessé au cou, il fondait un poste occupé successivement par MM. Uzac, Weirztroffer, Ponel. M. Dolisie remontait ensuite jusqu'aux rapides de Langou en amont de Bangui, où la baisse des eaux l'obligeait à s'arrêter.

Il avait été précédé dans cette reconnaissance par M. Dunod à bord de l'*Oubangui;* M. Dunod reconnut le cours inférieur de la rivière M'Pokou.

En 1889, M. Ponel qui avait occupé successivement N'Komdjia, Modjaka, montait l'Oubangui avec Muzy.

Celui-ci occupait le premier poste de Bangui, près du

CASTELLANI, GERMAIN ET COMTE SUR L'OUBANGUI

village de Yakoli. Après la mort de Musy, assassiné et mangé par les Salangos avec vingt-trois de ses hommes, 2/3 janvier 1890, M. Pouel venait reprendre le poste et le portait sur les rapides mêmes, à O'Kel, en amont de l'ancien poste.

Il reconnaissait en 1890 et 1891, le cours de l'Oubangui jusqu'à Mobaye, les rivières Kouango, Kimo, Ombela, Tomy, mettait en route les missions Crampel, Dybowsky, Liotard.

En 1892, après trente-sept mois de séjour, il se mettait à la disposition de M. de Brazza alors dans le Sangha, où il fit toute la campagne jusqu'à la fin de 1894.

C'est autour de Bangui que résident les principales tribus des terribles Bondjos, parmi lesquels, entre parenthèse, nous avons recruté nos pagayeurs que je trouve en réalité moins féroces d'aspect que certains types que j'ai rencontrés en route. Je ne veux pas dire qu'ils soient des agneaux; mais je trouve qu'on a plutôt exagéré le danger couru au milieu de ces sauvages, qui en somme me semblent plutôt de braves gens ayant de mauvaises habitudes, habitudes dont ils se cachent du reste avec un soin extrême vis-à-vis de nous. Je crois, comme je le prétendais déjà, que tous les voyageurs, à commencer par le sérieux Schweinfurth, ont abusé de la corde cannibalesque qui donne aux explorateurs une auréole d'héroïsme. Certes, il y a eu des blancs de dévorés, mais en somme leur nombre est limité; et si les Bondjos, les Bansiris, les N'Sakaras et les Boubous n'avaient que cela à se mettre sous la dent, ils seraient assurément moins gras.

Néanmoins, un ancien chef de poste de Bangui, M. Félix Tulle, que j'ai rencontré à Kimbiedi, m'a affirmé que naguère encore, les tribus Bondjos faisaient, contre son petit établissement, des attaques qui le tenaient lui et ses hommes constamment en éveil. Il eut durant l'espace de sept mois plus de vingt combats à soutenir, combats dans lesquels disparurent plusieurs de ses soldats qui furent bel et bien dévorés.

En revanche, le pays est superbe et mouvementé, les montagnes s'étagent tout à l'entour du poste qui est lui-même pittoresquement situé au milieu des bois, surplombant presque les rapides de la rivière, qui précipite ses eaux avec fracas au milieu des rocs.

J'ai eu la chance de rencontrer ici le panorama que je cherchais, et en même temps d'être accueilli par un homme des plus aimables, l'administrateur Comte, fils du grand artiste de ce nom.

Je dois dire, sans vouloir offenser mes compagnons de voyage, que M. Comte est un des rares ayant compris mes projets, qu'il approuve complètement. Cette communauté d'idée me le rend d'autant sympathique.

M. COMTE

M. Comte, qui me semble déployer une grande activité, peut je crois rendre de grands services à la mission Marchand, tout en faisant partie de l'expédition Liotard, laquelle est en ce moment à Djemma, fenêtre sur le Nil.

Par ses soins, de nombreuses pirogues et des hommes ont été recrutés au milieu de populations naguère hostiles; et ça n'a pas dû être sans peine. Il a su éviter les moyens violents et le sang versé, je le crois au fond plus diplomate que soldat.

Il m'a fourni à propos des sultans noirs Raffaï, Zémio, Tamboura, etc., différents documents sur la demi civilisation qui commence à se montrer dans cette partie de l'Afrique, laquelle doit encore receler des cannibales endurcis. Les sultans en question se défendent comme de beaux diables de ces sortes d'habitudes, et je ne suis du reste en mesure de rien affirmer là-dessus; car les officiers français tenant garnison dans le pays m'ont tous déclaré y avoir vécu comme des coqs en pâte, et ne sont pas très d'accord sur le point qui nous occupe.

M. Comte approuve mes projets de retour : 1° dans l'intérêt de ma santé; 2° ajoute-t-il parce que vous ne trouverez pas mieux en fait de sauvagerie et d'étrangeté une fois que vous aurez visité la contrée autour de Bangui, ce qui sera l'affaire d'un mois ou deux au plus.

Bref, j'ai pu me convaincre auprès de M. Comte que la persuasion et surtout la logique étaient de beaucoup supérieures à la brutalité et à l'emploi de la force auprès des noirs. Néanmoins je n'ai pas la prétention d'être absolu dans ce système, car je crois qu'il est en même temps bon pour ces mêmes noirs de leur faire sentir au besoin la force à côté de la douceur.

Dans tous les cas, il y a ici un résultat obtenu, résultat inespéré dans une contrée où un ou deux ans auparavant à peine les indigènes, avec lesquels on est actuellement en pleines relations, n'avaient qu'une idée fixe : nous faire la chasse.

Je ne dis pas qu'il serait prudent de se fier à la chevalerie des Bondjos, mais assurément la sécurité est devenue bien plus grande autour de Bangui, et le capitaine Marchand pourra se rendre compte qu'à moins de vouloir à tout prix avoir les honneurs de la marmite, un blanc peut sans trop risquer, entreprendre le voyage.

Voilà la vérité vraie; l'idée de passer pour un homme n'ayant pas couru de bien grands dangers ne m'en fera pas démordre. J'ajouterai que plus loin le péril semble diminuer encore; et cette idée m'a été confirmée par les voyageurs qui descendent du pays des sultans noirs, lesquels entre autres donnent l'exemple d'une grande urbanité vis-à-vis des blancs, et seraient absolument désolés de voir ceux-ci cesser d'occuper leur pays, attendu qu'il y va pour ces souverains de bénéfices en nature et de cadeaux qu'ils retirent de cette occupation. C'est un véritable tribut qu'on leur paye mensuellement.

Je retrouve ici une figure de connaissance, le docteur Sambuc qui m'a déjà soigné à Brazzaville et dont les procédés à mon égard ont été des plus courtois. Ce docteur qui est en possession d'une des premières vertus médicales, la gaieté, est pour beaucoup dans le bien-être que j'éprouve durant mon séjour à Bangui, ce rocher hospitalier, cette auberge écossaise en pleine Afrique.

Je dois dire que l'administrateur Comte ne le cède en rien au joyeux docteur et il nous arrive souvent de bien rire au milieu des féroces Bondjos. Donc, jusqu'ici tout va bien et je proclame que le roc de Bangui a des charmes.

De notre poste on aperçoit juste en face le poste belge de Zongo, un peu construit à l'européenne; même observation à propos de la mission catholique dont les bâtiments couverts en zinc se voient au loin, sur la rivière, à gauche. A droite, dans un fond, sur la lisière du bois, faisant limite à la station, nous apercevons le cimetière et le fameux jardin; je dis fameux parce que là plus d'une victime a succombé sous la sagaie ou le couteau des Bondjos, cachés dans les fourrés. Ainsi l'année dernière, le jardinier a été tué dans l'enclos du potager en question, à huit heures du matin.

On est donc obligé d'ouvrir l'œil, et on a imaginé un moyen assez ingénieux pour tenir les sentinelles en éveil, car les soldats noirs s'endorment facilement à leur poste; on les oblige à frapper sur un tambour indigène toutes les cinq minutes et à se répondre entre elles.

En cas d'alerte la cloche sonne et chacun est obligé de

sortir en armes de sa case. Grâce à la lune qui éclaire durant cette saison, nous n'avons pas eu d'alerte; j'aime mieux ça.

Ce matin 25 février, à quatre heures, tous les tirailleurs sénégalais, sous les ordres du capitaine Germain, ont quitté Bangui et ont repris en pirogue la route vers le haut fleuve. Le temps était superbe et j'augure bien du voyage. Pour moi, le plus pénible est accompli et, si j'en crois une lettre adressée au docteur Sambuc par un de ses collègues qui est à Bangassou, la sécurité va en augmentant tout le long de la rivière occupée depuis longtemps par les miliciens de M. Liotard; la sauvagerie se montre moins intense une fois qu'on a franchi le territoire Boubou, territoire sur lequel on se mange encore ferme, comme me le racontait naïvement le petit domestique N'Sakara de M. Durant.

C'est donc bien le centre de la barbarie africaine que j'ai atteint; et Bangui conservera encore longtemps son effrayante célébrité au point de vue culinaire et sa renommée dans l'art d'assaisonner les *machabés* de fraîche ou de vieille date (j'ai omis de dire que les Bandjos déterraient les morts et qu'on était obligé de garder militairement les tombes au moins durant deux semaines, pour empêcher qu'ils ne soient exhumés la nuit).

Les indigènes nous ont apporté hier un gros sanglier rouge et une petite antilope. Nous allons nous régaler; au moins ici tout le monde mange, à l'encontre de Brazzaville où la famine est souvent à l'ordre du jour.

Cette différence tient à plusieurs causes dont la principale est certainement due à la rare activité de Comte, qui a su, en créant des troupeaux, s'affranchir de la dépendance où nous tiennent les indigènes à Brazzaville. Je me rappelle encore que les Batékés arrivaient à nous vendre un cabri 80 francs et une poule 6 francs.

Bangui est presque arrivé à vivre par ses propres moyens, tandis que Brazzaville, sans les maigres ressources de la chasse, verrait les corps de ses rares habitants encombrer, je ne dirai pas ses rues, mais ses sentiers effondrés. Il est vrai qu'en compensation, dans ce malheureux trou, la tenue est correcte et que le personnel gouvernemental y prend ses rôles tout à fait au sérieux ; tout comme si la localité avait une population.

LE SANGLIER ROUGE

Désillusion. Un événement que je qualifierai de pénible est venu s'intercaler au milieu des bonnes surprises de Bangui : le sanglier rouge dont je vous ai parlé et dont j'ai fait le portrait, a disparu subrepticement, englouti dans les estomacs des tirailleurs, Pères de la mission, boys et autres carnivores, sans que ni le docteur, ni moi en ayons pu en absorber une parcelle.

Par une fatalité inconcevable, l'animal a été dépecé, distribué, avalé en un clin d'œil; et quand nous avons réclamé notre part légitime, il nous a été répondu cyniquement par le boy principal : « *Cochon? y a pus.* »

Le désappointement du docteur m'a fait de la peine. J'ai su renfermer mon sourd mécontentement sous un air de froideur et d'indifférence assez bien joué, mais qui n'a pas dû tromper Sambuc.

Cette bête aux formes à la fois délicates, rondes et fermes, nous avait impressionnés. Hélas! il a fallu en prendre son parti; en fait de cochon, nous sommes demeurés en tête à tête avec celui qui, dit-on, sommeil, dans le cœur de tout homme.

Je n'insiste pas sur ce fâcheux incident qui pourrait faire croire à des préoccupations peu élevées de notre part. Mais c'est égal, nous ne sommes pas contents; dorénavant en pareil occurence, on saura prendre des *mesures*, comme dit M. de Brazza.

Mgr Augouard, l'évêque de Brazzaville, avec lequel j'ai été en relation, je dirai presque d'affaires, mais que je n'ai pas encore eu l'honneur de voir, nous avait précédés dans la montée du Haut-Oubangui, à la mission de Saint-Paul des Rapides.

Hier, un Père de cette mission est venu en pirogue réclamer du docteur des soins immédiats pour le prélat, qui était revenu très malade et fatigué de sa course dans le bas fleuve.

Le docteur Sambuc, qui jouait le rôle de chef de poste par intérim en l'absence de Comte, est parti immédiatement me laissant le soin délicat de gouverner en son absence. J'en ai un peu abusé en me livrant à des distractions, bien innocentes mais un peu irrégulières, paraît-il; ainsi je me suis offert le spectacle original d'un tam-tam en plein midi exécuté par une bande de Sangos arrivés le matin au poste.

Ces sauvages emplumés, barriolés et peints comme des

LA DANSE DES SANGOS

peaux rouges, ont été surnommés *les enfants de la rivière*, parce que malgré leurs allures farouches, ils possèdent une gaieté inaltérable; ce qui ne les empêche pas à l'occasion d'être de bons cannibales. On n'est pas parfait.

Je disais donc que ce spectacle a été des plus originaux. Malheureusement, il y a eu un nuage : le docteur, comme la tête de Méduse, est venu troubler cette joie. Il faut vous dire que, pour compléter la fête, je m'étais livré à une fusillade dont les échos étaient parvenus jusqu'aux oreilles de Sambuc, lequel n'avait pas trouvé la manifestation de son goût; la physionomie du bon docteur avait pris une sévérité inaccoutumée, et il avait exhalé son mécontentement en face de ce tam-tam en plein jour donné contre toutes les règles de la discipline. Ces militaires, toujours les mêmes : soumission, autoritarisme.

Je n'ai pu comme excuse qu'invoquer ma tendre jeunesse et mon ignorance des usages. Le docteur a bien voulu recevoir mes excuses et m'accorder *l'aman;* il m'a en même temps annoncé que nous étions *invités* à déjeuner chez Monseigneur pour le lendemain dimanche. C'était une simple ficelle pour se faire accompagner.

Très sournois le docteur et très vindicatif; ce matin à mon lever il m'a ménagé une surprise peu agréable; il a traîtreusement profité de mon retard pour avaler à peu près tout le café, les bananes et autres comestibles destinés à notre déjeuner commun. Je me suis sans sourciller contenté des restes qu'il avait bien voulu me laisser. Il a très certainement songé à me punir de ma fantaisie d'hier. Il ne l'emportera pas en Paradis.

Aujourd'hui dimanche, nous nous sommes rendus auprès de Mgr Augouard, qui s'est montré tout à fait charmant vis-à-vis de moi. Malheureusement la conversation n'a pu être très soutenue, étant donné l'état de santé de l'évêque. Ça n'est pas tout à fait une sinécure que l'épiscopat au centre africain et en somme je crois que, quelque soit le culté auquel on appartienne, on est obligé de rendre hommage à l'activité du prélat de Brazzaville.

Ancien zouave pontifical, Mgr Augouard est un homme entre quarante et quarante-cinq ans; brun, grand, bien charpenté, droit comme un pin et joignant à une grande affabilité une allure pleine de fierté et d'assurance; le regard est net

MONSEIGNEUR AUGOUARD

et franc, l'allure plutôt militaire; je me le représente volontiers comme ces prélats du Moyen-âge, avec la cuirasse et la grande épée, capable de distribuer des coups d'estoc et de taille. Bref, j'ai trouvé l'homme extrèmement intéressant. Je le reverrai assurément avec plaisir, et son accueil a plutôt été fait pour m'encourager.

Aujourd'hui, 23 février, cinquante pirogues, venant du haut fleuve, sont arrivées conduites par M. Bobichon, le courageux administrateur. Il avait croisé en route le capitaine

Germain, en très bon état lui et son monde, enchanté de son voyage, du climat et de la douceur des habitants qui, comme on me l'avait affirmé, perdent de leurs allures farouches à mesure que l'on arrive dans le haut de la rivière. Germain avait atteint Mobay. J'apprends en même temps, de la bouche de M. Bobichon, que les populations en deçà de Raffaï et de Tamboura nous reçoivent à bras ouverts, pourvu qu'on ne les tourmente pas. Du reste, vous le savez, ces pays sont déjà occupés par l'expédition Liotard, qui est arrivée au delà de Tamboura et qui en somme a déblayé la route; M. Liotard, de l'aveu même de Marchand, a bien mérité de la patrie, par la façon dont il conduit son expédition, sans bruit ni effusion de sang. Il est désirable que tout marche ainsi jusqu'au bout et que l'effort combiné des deux missions amène un résultat final avantageux pour la France, qui a déjà fait tant de sacrifices. Ainsi, selon les apparences, toutes les grandes difficultés qui paraissaient s'être amassées au début, sembleraient plutôt vouloir s'aplanir.

M. Bobichon m'assure que les sultans noirs musulmans, sont déjà très frottés de civilisation : Raffaï s'habille à l'européenne, il a une garde presque régulière, armée de fusils et il n'attend que les derniers modèles à tir rapide.

Il devient de plus en plus évident pour moi, dans le cas où je voudrais pousser plus loin, qu'au point de vue mœurs, costumes et façon de vivre, je me trouverais forcément face à face avec un monde tant soit peu arabe, ce qui au fond, je l'ai dit, m'intéresse moins.

D'autre part, il est à peu près certain que les fameux Nyams-Nyams de Schweinfurth ont complètement disparu devant l'invasion des derviches; l'influence musulmane serait décidément bien implantée dans cette partie de l'Afrique, où la langue la plus répandue est aujourd'hui l'arabe.

Je m'attendais à me reposer complètement et ne comptais sur aucune aventure à Bangui. Je m'étais trompé.

Hier au soir, il m'en est arrivé une des plus fâcheuses :

Notre repas du soir terminé je me retirais pour aller me coucher dans ma case qui se trouve située à l'extrémité du poste, en descendant la pente du rocher. La nuit était sans lune et contrairement à mon habitude je n'avais pas de lanterne; je marchais donc un peu à tâtons dans cette demi obscurité. Bref, je m'égarai au milieu des pierres amoncelées et ne me guidai plus que par les plaques blanches ou noires que j'apercevais. A un moment donné, je mis le pied dans le vide et je tombai dans une crevasse, entre deux rochers formant l'entrée d'une caverne souterraine. J'essayai vainement de remonter; je glissais de plus en plus à chaque effort et m'enfonçais dans le souterrain qui était plutôt en pente douce et d'où sortait une nuée de chauves-souris dont les grandes ailes me balayaient le visage. Je me décidai à appeler de toutes mes forces, mais vainement.

L'imagination trotte vite dans ces sortes de circonstances; allais-je passer la nuit dans ce trou sablonneux où j'étouffais littéralement? C'était désagréable, mais enfin on n'en meurt pas. J'en étais arrivé à accepter cette conclusion finale, quand une idée subite me passa par la tête et me fit éprouver une grande angoisse : depuis quelque temps, de gros canards appartenant à M. Comte avaient disparu et l'on s'était aperçu que l'auteur du rapt était un gros boa dont on n'avait pu découvrir la demeure... Est-ce que par hasard, je ne serais pas tombé dans le domicile du constrictor? Vous voyez d'ici la situation, qui, cette supposition acceptée, devenait tout à fait intolérable. Heureusement, une autre idée me vint presque en même temps; mon revolver que j'avais toujours à ma ceinture et auquel je n'avais pas songé, m'apparut comme une ressource pour me tirer d'affaire. Je le sortis de sa gaîne et dirigeant le canon en l'air je fis feu par trois fois, en espaçant mes coups; j'alternai en faisant des appels de toute la force de mes poumons.

J'entendis bientôt des piétinements au-dessus de ma tête, puis je reconnus la voix du sergent Datte. Bref, je fus découvert et extrait non sans peine de mon *in pace*, un peu endommagé, me semblait-il, au genou gauche et à l'épaule. On me reconduisit à mon chimbeck où le docteur Emily me fit un pansement provisoire; mon genou, qui était très enflé lui fit craindre un moment la possibilité d'un épanchement de synovie. Il n'en fut rien heureusement; néanmoins, je restai six semaines à traîner la jambe et à boiter.

Cette petite affaire qui aurait pu m'être funeste, avait produit un véritable émoi et donné l'alerte à tout le poste de Bangui. On avait cru un instant, en entendant mes coups de feu, à une attaque des Bondjos, et toute la garnison avait été mise sur pied.

On a depuis baptisé la caverne « Le trou au Peintre ». Une fois déjà, toute la meute de Comte s'y était engouffrée, et il avait fallu remonter les chiens avec des échelles et des cordes.

Une réflexion en passant, à propos d'une personnalité grincheuse que j'ai rencontrée ici : je suis de plus en plus persuadé que le climat aigrit les caractères, et tous mes efforts tendront à terminer le voyage sans choc. Y arriverai-je ?

Nous sommes au 24 février et demain le deuxième convoi de pirogues, sous la conduite de M. le lieutenant Mangin va remonter définitivement le fleuve.

A la fin de mars tout devra être embarqué, y compris le capitaine Marchand; c'est le 23 du même mois que je dois redescendre en compagnie d'un lieutenant qui vient de passer deux ans dans la colonie et a beaucoup pratiqué les sultans Raffaï, Bangassou et Zémio. Cet officier a pu me fournir des documents sur ces chefs dans l'intimité desquels il a presque vécu.

25 février. — Je suis contrarié : ma blessure au genou me fait souffrir et m'oblige à rester immobile ou à peu près, et je crains que cela ne dure plus que je ne croyais. Me voilà donc pour l'instant condamné à un repos forcé.

M. Comte m'avait promis de me montrer des éléphants, et je crois bien que je vais m'en retourner sans avoir

LE SERGENT DATTE

pu apercevoir un seul de ces intéressants animaux. Notez que je suis au beau milieu du pays de l'ivoire, que j'ai rencontré quantité de leurs traces, que je les ai entendu crier ou plutôt sonner de la trompette maintes et maintes fois, et que j'ai passé trois jours et trois nuits à les attendre dans la grande île du Pool. C'est désespérant.

Les pirogues ne partiront que demain; M. Bobichon, qui dirige les convois n'a pu, malgré son activité, être prêt pour aujourd'hui : notez qu'il s'agit d'emporter quinze cents charges et cent hommes, ce qui, avec les sept cents pagayeurs, constitue un ensemble respectable.

Un incident des plus regrettables vient de se produire, et la nouvelle nous en est apportée ce matin : des coups de fusils ont été échangés avec les Belges; il y aurait eu malheureusement des morts et des blessés; c'est un coup de feu imprudemment tiré par un de nos Sénégalais qui aurait amené le conflit, qui en somme n'est qu'une méprise et par conséquent ne peut donner lieu, je pense, à aucun incident diplomatique grave.

CHAPITRE X

Les tornades. — Entre éléphant et crocodile. — Le cadavre de M. Jucherot sauvé des cannibales. — Meurtre du jardinier sénégalais.

Le jours s'écoulent tranquillement à Bangui, malgré sa mauvaise réputation.

Ce poste est appelé, il me semble, par sa situation à devenir un point central des plus importants de la colonie.

Sa situation, comme défense, est unique : il commande toute la rivière et les environs; quelques travaux de fortifications en feraient une véritable citadelle.

Les indigènes continuent à nous apporter du gibier, et, entre autres, nous avons reçu un hippopotame monstrueux, dont la tête seule avait plus d'un mètre.

C'est un noir, un Pahouin, attaché au poste, qui l'a tué. Ce Pahouin est un chasseur hors ligne, et il nous alimente absolument de venaison fraîche, se contentant d'un morceau de la bête comme paiement de sa chasse. Je ne m'explique pas ce désintéressement, si ce n'est par une immense insouciance, laquelle me paraît faire le fond du caractère nègre. Ces gens ont toujours besoin d'une direction, d'une tutelle : on en voit quantité qui se font volontairement esclaves d'un chef quelconque, à la simple condition d'être entretenus et nourris par lui. C'est toujours l'initiative qui leur manque, ils préfèrent aliéner leur liberté, plutôt que d'être obligés de *lutter pour la vie*. Quand le maître commande, ils marchent, autrement, ils se couchent, boivent, mangent et font l'amour. Bon nègre n'en demande pas davantage.

Ils préfèrent un maître noir à un blanc parce que ce dernier les tyrannise davantage et veut les obliger à produire, tandis que le premier se contente de satisfaire des fantaisies quelquefois bizarres et cruelles, mais c'est plutôt rare.

Il y a parfois des circonstances dures pour le pauvre captif, entre autres la mort du maître, qui entraîne souvent le massacre d'un certain nombre de serviteurs mâles et femelles. Aussi les proches parents du chef ont-ils soin d'empêcher que le bruit de cette mort ne se répande trop vite; car à la première alerte une fuite générale se produit parmi le personnel domestique.

En dehors de ces inconvénients, l'esclave est presque un membre de la famille : il n'est par conséquent jamais maltraité sans motif sérieux et peut même être parfaitement heureux.

A propos de la grande insouciance du nègre, j'ai sous les yeux aujourd'hui même un spectacle concluant : les Pères ayant envoyé au poste, pour y être châtiés, deux types dont l'un avait commis le crime de s'endormir en sentinelle à la mission, ceux-ci furent *chicotés* violemment et, entre parenthèse, j'assistai à ce spectacle dégradant et assez peu chrétien.

Les malheureux à peine relevés de terre firent succéder aux cris de douleur, des protestations, suivies, quand ils s'aperçurent qu'elles étaient inutiles, d'un sommeil parfaitement calme. Je les vis au réveil gais comme des pinsons, riant aux éclats et se faisant de petites niches d'écoliers.

Autre anecdote. M. le lieutenant F... m'a conté que Bangassou avait été surpris par lui dans une espèce de cour en train de se régaler la vue du spectacle de plusieurs centaines de têtes de prisonniers fraîchement coupées. Ce souverain aurait manifesté un certain embarras et aurait donné comme excuse des raisons peu sérieuses : il a la prétention d'être civilisé et partant très humain : allez donc vous y fier.

Du reste chacun sait à quoi s'en tenir sur la prétendue douceur de ces sultans; et l'idée d'être envoyés à Raffaï ou à Bangassou fait frémir les nègres les plus apathiques; car le moins qui puisse leur arriver c'est de mourir sous les coups.

Malgré cela Bangassou est, dit-on, très intelligent et paraît préoccupé d'introduire dans son intérieur la vie à l'européenne. Néanmoins, c'est surtout nos armes perfectionnées qu'il convoite; et le plus grand plaisir qu'on puisse lui faire c'est de lui présenter un fusil dernier modèle; on n'en abuse pas, comme vous pensez. Bangassou peut avoir de quarante-cinq à cinquante ans au plus; il a un fils qui, par malheur, est une simple brute; il serait à désirer pour les Français qu'il succède à son père le plus tard possible.

Quant à Raffaï, il se montre surtout, je l'ai déjà dit, amateur de spiritueux et du fameux élixir qui lui permet de fouler en vainqueur le pavé de son harem. Le vieux farceur accorde tout aux docteurs qui peuvent lui procurer cette liqueur divine. Il a cela de commun avec tous les vieux chefs noirs.

A part ces défauts qui en somme ne regardent que lui, Raffaï nous est également précieux à conserver et nous perdrions plutôt s'il venait à trépasser.

Aujourd'hui 4 mars, une tornade épouvantable s'est abattue sur Bangui, déracinant les arbres, arrachant nos toitures de paille, le tout avec accompagnement d'éclairs et de tonnerre. Heureusement mes documents, dessins et copie étaient enfermés dans le tonnelet de fer et n'ont pas souffert. Je n'aurais pas ri du tout devant la perte de ce qui représente mon travail en Afrique, travail qui, si imparfait qu'il puisse être, est le résultat d'une dose d'efforts, qui n'ont rien de comparable avec ceux que l'on est obligé de déployer sous d'autres latitudes : souvenez-vous qu'ici on goûte rarement un instant de véritable repos.

C'est certainement à Bangui que j'ai passé mes meilleurs moments et remarquez que j'y traîne toujours ma jambe endolorie. Je voudrais bien être complètement guéri, pour le jour où je prendrai la pirogue du retour.

Puisque j'ai des loisirs relatifs, je vais continuer à vous faire quelques-uns des récits qui m'ont été fournis par le lieutenant F... que je tiens pour sérieux.

Il s'agit d'abord d'un combat entre un éléphant et un crocodile, combat qu'il a vu de ses yeux. Ce duel singulier eut lieu, paraît-il, entre le village de M'Bari et l'embouchure du Zako, au nord du pays des N'Sakaras.

Une troupe de cinq éléphants quittaient un banc de sable pour traverser la rivière ; le plus jeune de ces animaux qui était en queue, laissait sans défiance sa trompe plongée dans l'eau quand brusquement un crocodile énorme happa cette trompe, en s'arqueboutant des pattes de devant sur la berge : une hémorragie se déclara subitement, rougissant le sable et les eaux ; et l'éléphant s'abattit sur la grève, où il expira après une heure d'agonie.

Ce qui m'étonna d'abord en entendant cette anecdote, c'est la difficulté que j'avais toujours eue à approcher un caïman même endormi, l'animal plongeant au bruit le plus léger. Mais je me souviens que M. Fondère a vu de ses yeux même un gros chien dévoré par un alligator, également sur un banc de sable, pendant que la pauvre bête se désaltérait à la rivière. En somme, je n'aimerais pas à m'endormir sur les bancs de sable qui sont semés à profusion tout le long du Congo ou autres rivières.

Autre anecdote. Raffaï, ayant projeté une guerre contre les

Boubous, voulut se rendre les augures favorables, et, sur les conseils de ses féticheurs, il fit rechercher dans ses États une femme albinos, afin de lui couper la tête : cette tête une fois séparée du tronc, devait pour amener une réussite complète, c'est-à-dire pour lui donner la victoire, être jetée loin de ce tronc lequel lui-même devait être emmené à l'opposé, de façon à éviter tout rapprochement possible. Ces conditions soigneusement exécutées, le sultan pût partir en guerre, l'esprit tranquille.

Voici une dernière aventure dont les détails sont connus et m'ont été à nouveau confirmés par le même lieutenant : il s'agit de l'affaire de M. Jucherot, dont la pirogue avait chaviré l'année dernière aux rapides de l'Éléphant. Les Bondjos, après avoir harponné son cadavre, se mettaient en devoir de le dépecer, quand ils furent surpris dans leur odieuse besogne et mis en fuite, laissant sur la place le corps du malheureux chef de poste, auquel on put donner la sépulture.

Comme il apparaît dans cet exemple, les indigènes ne sont ni scrupuleux, ni délicats, à propos de la fraîcheur des mets.

6 *mars*. — Les tornades se succèdent de plus belle. Il faut s'y habituer, et prendre dans ces phénomènes ce qu'il y a de bon : ça rafraîchit un peu la température.

Maintenant, si ça peut vous intéresser, je vous dirai que la fièvre semble vouloir continuer à m'épargner. Si j'avais la chance de l'échapper jusqu'à la fin du voyage, je serais bien reconnaissant à la Providence; mais voilà, c'est au moment où l'on s'y attend le moins qu'elle vous empoigne et vous terrasse sans miséricorde. Quand j'y songe, j'aimerais tout de même bien être à Courbevoie. Enfin un peu de patience, quelque chose me dit que mon voyage se terminera mieux qu'il n'a commencé et que je rapporterai ma peau à peu près intacte, ce qui est quelque chose. Après cela on ne me repincera plus à naviguer, du moins dans les mêmes parages.

Je me croyais débarrassé de toute tutelle, et ma séparation complète d'avec la mission Marchand me semblait un gage d'indépendance. Pas le moins du monde ; ce matin même Comte a refusé de se laisser accompagner par moi dans une reconnaissance topographique qu'il entreprend sur la rivière de M'Poco, affluent de l'Oubangui, et cela sous prétexte qu'il y aurait quelque danger à courir pour le peintre dont on veut conserver les jours précieux ; c'est toujours la suite du système Marchand. On continue à m'attacher un fil à la patte. Il semblerait que tous ces messieurs, même ceux qui ont de la sympathie pour moi, sont exaspérés de mon état d'homme à peu près libre et veulent me contester des droits dont ils ne peuvent jouir eux-mêmes. Je sais bien qu'on ne s'appartient jamais complètement en ce monde ; mais est-il rien de comparable, en fait d'esclavage, à la tyrannie militaire, administrative, universitaire, ou encore à celle inhérente à la magistrature et autres professions dont les titulaires, au moindre refus d'obéissance, se voient menacés de perdre leur situation, et sont par conséquent perpétuellement en butte à l'arbitraire. Comme si ce n'était pas assez pour nous d'être le jouet perpétuel des événements, sans nous condamner la vie durant à faire abnégation de notre personnalité vis-à-vis de gradés ou de supérieurs hiérarchiques. Non, mille fois non ! plutôt vivre de pain et d'eau que d'accepter de pareils états, du moins c'est mon avis. Ah ! comme je comprends le *Loup* du bon La Fontaine !

Nous sommes le 7 mars, je commence à trouver le temps long ; car ne vous y trompez pas, les féroces Bondjos ne nous donnent pas beaucoup d'émotions, ni de fil à retordre. Les pauvres anthropophages me paraissent avoir une peur bleue des blancs, et certes les risques ne sont pas grands, quoiqu'on en dise, autour du poste de Bangui ; j'ai longtemps hésité à le dire pour ne pas désobliger les gens qui prétendent y avoir couru les plus grands dangers. En somme, j'ai promis d'envoyer mes impressions véritables et je ne saurais me soustraire à cette obligation. Tous ces noirs me semblent plutôt doux; c'est nous, on ne saurait trop le redire, qui sommes durs et injustes envers eux. S'ils se mangent un peu, par ci par là, soyez persuadués que cela devient de plus en plus rare. J'affecte ici, pour ne pas me brouiller avec mes hôtes, de *couper dans tous les ponts* qu'on prétend servir à l'Européen novice qui arrive à la colonie. Au fond, toujours avec mon flair, non d'artilleur, mais de peintre, il m'a été facile de découvrir la ficelle. (Je suis revenu un peu depuis sur ce jugement précipité.)

Il est un argument qu'on ne saurait réfuter : nombre de voyageurs ont traversé l'Afrique, à peu près sans escorte, et le plus souvent n'ont pas été inquiétés; ce qui tendrait à prouver qu'en général, les sauvages noirs ne cherchent guère noise qu'à ceux qui viennent chez eux en ennemis; et dans ce cas, on comprend leur mauvaise humeur. Je les trouve encore bons d'accepter notre tutelle et notre chicote, et de n'avoir pas pour notre race une haine plus profonde. C'est une preuve de leur douceur et de leur naïveté. Mais prenons y bien garde, ça pourrait changer plus vite qu'on ne pense. J'ai déjà recueilli de mes oreilles des paroles amères et pleines de rancune contre les blancs; et si les sentiments que j'ai entendu exprimer venaient jamais à se généraliser, notre domination ne pèserait pas lourd en Afrique. Je suis donc partisan, dans l'intérêt même de ceux qui viendront coloniser plus tard, de renoncer aux sévices par trop brutaux et surtout aux insultes vis à vis du noir, sous prétexte de le dompter ou de le punir. C'est non seulement un procédé indigne d'une race civilisée, mais en plus un mauvais moyen pour arriver à créer une colonie sérieuse, attachée à la mère patrie par d'autres liens que la force.

Je n'ai pas eu toujours à me louer des noirs que j'ai eus à

mon service : ils se sont montrés souvent menteurs, voleurs, gourmands ou paresseux ; mais il est bon de remarquer que c'étaient pour la plupart des Loangos, c'est-à-dire des gens appartenant à une race en contact avec la nôtre depuis plusieurs siècles, et nous ayant surtout emprunté nos vices ; ceux du centre sont beaucoup moins corrompus, tout cannibales qu'ils soient. Ceci à l'air d'un paradoxe et pourtant c'est l'exacte vérité.

J'ai aujourd'hui, pour exercer ma jambe qui est encore un peu raide et douloureuse, fait un tour de promenade : j'avais la curiosité d'aller examiner le trou où j'ai fait ma chute : ce trou ou plutôt cette crevasse béante entre deux rochers, n'a pas plus d'un mètre dans le sens de la largeur et de 2 ou 3 mètres dans la longueur. Par un hasard unique et tout à fait providentiel, c'est par le travers que j'ai abordé cette bouche ouverte sous mes pieds, c'est-à-dire à angle droit par rapport à sa longueur ; de sorte que mon corps à eu juste la place pour passer sans laisser offenser la tête ni les bras, le tout étant demeuré dans une situation bien perpendiculaire entre les deux parois de la roche ; ça n'est qu'en atteignant le fond très en pente que j'ai failli me déboîter la jambe gauche ; en fait, je pouvais me briser dans ce trou. La caverne s'ouvre sur un petit plateau broussailleux et n'est pas visible même en plein jour, à plus forte raison dans l'obscurité ; sans la première chute des chiens et la mienne ensuite, personne ne la soupçonnerait encore. Bref, j'en suis quitte à bon marché et j'espère que c'est ma dernière mésaventure.

Je disais plus haut que je commence à trouver le temps long ; mais je négligeais d'en donner le véritable motif, pour n'être désagréable à personne. En Afrique, il y a une règle générale à laquelle peu de gens échappent : on devient facilement autoritaire et tyrannique ; si on est condamné à vivre en commun, ça se passe exactement comme à bord dans les longues traversées : on finit par s'exécrer ; il devient impossible dans ces milieux hargneux et plein de vanité de parler des mérites d'un autre sans soulever des tempêtes; la jalousie, la médisance, la calomnie même règnent en maîtresses dans ces pétaudières de petites ambitions. Remarquez que je parle très en général et qu'il se trouve nombre d'exceptions honorables; on ne rencontre pas que des finassiers, des charlatans ou des bandits. Ce qui est plus généralement répandu, c'est un égoïsme à la fois étroit et farouche, qui hante presque toujours les cervelles desséchées par le soleil; aussi vaut-il mieux ne pas séjourner trop longtemps en même compagnie, afin de conserver ses illusions sur les gens.

Le moins qui puisse arriver, à la suite d'un séjour trop prolongé dans le même endroit, c'est de devenir hypocondriaque, misanthrope, insupportable aux autres et à soi-même.

Comte vient de rentrer de son expédition sur la rivière M'Poco. Il a plutôt été bien accueilli par les barbares du pays, et il espère sous peu recevoir des ambassades qui viendront lui demander sa protection et même des garde-pavillon.

Pour me consoler et me faire oublier son refus de m'emmener, il me rapporte un couteau dont la gaîne est faite avec de la peau d'homme. Frémissez! et songez qu'il y a ainsi quantité de gaînes faites de l'enveloppe de nos semblables; il est vrai que nous avons eu chez nous, il n'y a pas très longtemps des exemples de magistrats se faisant faire des porte-monnaie avec le cuir des suppliciés.

Quand je pense que j'ai en ce moment même pour domestique dévoué un de ces gaillards qui, dans d'autres circonstances, pourrait se faire des fourreaux de sabre avec ma peau après s'être régalé de ma viande, je ne puis m'empêcher d'être inquiet.

J'ai également entre les mains, grâce à la générosité de mon hôte, la lance qui, le 30 octobre de l'avant dernière année, à six heures et demie du matin, a tué le jardinier du poste pendant qu'il sarclait ses salades. Ce pauvre diable s'appelait Grand Bassam. J'ajoute à ce trophée une autre sagaie qui a blessé un Sénégalais de l'escorte actuellement au poste, le nommé Soubakamara. Il y aurait peut-être tout de même quelque prudence à prendre des précautions dans les promenades environnantes.

CHAPITRE XI

Chasse aux écumeurs bondjos. — Disparition de mon boy. — Mort d'un éléphant. — Expédition vers Wadda. — Les rapides de l'En-Avant. — La nuit au village Bondjo. — Le léporide et le serpent dans la marmite. — Les élections à Bangui.

Ce matin, 9 mars, je me lève tard : nous avions, sur l'invitation du jeune lieutenant M. Morissens, été passer la soirée au poste belge qui se trouve vis-à-vis de nous sur la rivière; mon petit boy qui vient ordinairement m'éveiller n'a pas paru, je l'appelle en vain. Un Sénégalais m'affirme l'avoir vu à la brume se diriger vers la berge. Il est neuf heures et l'enfant n'a pas encore été retrouvé ; cela devient d'autant plus inquiétant qu'on m'affirme avoir vu près du rapide passer un canot appartenant à un des villages de la rivière M'Poco.

Dans le premier moment, je supplie Comte de me laisser remonter la rivière avec des miliciens, et l'idée charitable de brûler le village et d'en massacrer les habitants me passe un instant par la cervelle. Il fait si chaud. Comte s'y oppose formellement; il faut attendre avant d'agir; au fond il a peut-être raison ; néanmoins c'est la première pirogue qui passe sur le rapide qui paie la sauce. Il faut que vous sachiez que tous les canots sont forcés de stopper en face du poste et d'envoyer un homme décliner leur qualité et leur but. Les récalcitrants sont arrêtés à coups de fusil. Ce moyen un peu brutal, imposé par la nécessité de se défendre des vols, réussit le plus souvent; mais les pirogues suspectes se glissent à la tombée de la nuit esquivant ainsi la visite; elles sont le plus souvent montées par des pillards et voleurs de fusils,

GEORGE MOBISSENS

écumeurs du fleuve, au besoin chasseurs d'hommes, qui tiennent à dissimuler leurs chargements; vrais pirates et contrebandiers de la contrée, ils se réfugient dans les repaires du M'Poco.

C'est ainsi que ce matin, vers onze heures, nous aperçûmes une de ces pirogues montée par cinq hommes, elle glissait sur le rapide et filait ensuite à toutes pagaies, brûlant la poltesse au poste. Ni signaux, ni coups de fusils ne purent l'arrêter : on ouvrit le feu à cinq cents mètres environ : du premier coup un homme tomba à l'arrière; trois autres se couchèrent au fond de la pirogue, mais celui qui était à l'avant continua intrépidement à tenir la pagaie, debout et crânement campé. Nous cessâmes le feu et nous vîmes alors le courageux piroguier brandir triomphalement au-dessus de sa tête sa pagaie en signe de nargue et de défi; il se sentait sauvé.

Quant au boy, qui n'avait pas reparu de la journée, nous apprîmes qu'il s'était sauvé dans son village, dont les habitants nous le ramenèrent vers le soir.

C'est décidément aujourd'hui le jour aux aventures : notre excellent voisin d'en face, le jeune lieutenant belge, M. Morissens, envoie vers midi à M. Comte une pirogue apportant une lettre ainsi conçue : « Si M. Castellani tient à voir un éléphant qu'il revienne avec la pirogue. »

Comme vous pensez, il n'y avait pas de jambe qui tienne, et dare dare, sans rien écouter, je dégringolai vers la pirogue.

Je trouvai M. Morissens m'attendant sur la berge et le suivis en boitaillant, durant une bonne heure, à travers brousse et forêt, sous la conduite d'un grand nègre. Au bout de ce temps, nous nous trouvâmes en face d'un gros éléphant abattu dont je fis le croquis en hâte, tourmenté, harcelé, dévoré par les moustiques; je ne quittai la place qu'à la suite d'un autre genre d'attaque : les fourmis noires, qui avaient fait un mouvement tournant, se mirent de la partie m'assaillant par le bas et grimpant sans façon dans mes culottes; je dus me déshabiller complètement pour me débarrasser de ces animaux; mais enfin j'emportai le dessin à peu près terminé.

En même temps, deux noirs se chargèrent de couper la trompe de l'éléphant qu'ils traînèrent jusqu'au poste belge.

M. Morissens m'offrit cette trompe qui, paraît-il, constitue un mets délicieux; il y ajouta plusieurs bouteilles de vin, ce qui nous fit le plus grand plaisir, car nous sommes à l'eau pure depuis un bon mois.

De retour au poste on s'occupa immédiatement de préparer la fameuse trompe et je dois vous dire qu'en somme, quand nous fûmes appelés le lendemain à nous en régaler, nous fûmes d'accord à trouver que ça n'était pas mauvais; mais ce fut tout, cela nous a paru plutôt surfait comme réputa-

MORT D'UN ÉLÉPHANT PRÈS DU POSTE BELGE DE ZONGO

tion. On nous fit du reste remarquer que la préparation du mets avait été ratée par notre cuisinier.

Je suis parvenu enfin à *embobiner* Comte : il consent à me laisser faire le voyage de Wadda en pirogue avec lui bien entendu.

Partis le mercredi 11 mars, six heures du matin, nous rentrâmes trois jours après à Bangui vers les cinq heures du soir après avoir accompli un voyage des plus mouvementés. Nous

LA TORNADE DANS LES RAPIDES DE L'ÉLÉPHANT

n'avons pas atteint Wadda, qui n'offre, paraît-il, qu'un intérêt médiocre et où nous eussions dû perdre une journée inutilement, puisque Comte allait simplement y chercher le courrier du haut fleuve, qui était en retard et que nous avons rencontré aux rapides.

Mon compagnon m'expliqua qu'à partir de Wadda, le paysage s'aplatit de plus en plus jusqu'à Mobaye ; là, il se relève un instant pour s'aplatir à nouveau. Notre voyage lui-même, je dois le dire, eut été peu accidenté si Comte ne s'était avisé de marcher la nuit, afin de pouvoir rentrer à Bangui pour le dimanche, jour de scrutin.

Trois tornades, dont une épouvantable, nous assaillirent en pleine rivière, au milieu des roches ; nous n'avions plus pour nous guider à travers ce cahos que la lumière des éclairs qui, heureusement, sillonnaient le ciel à chaque seconde. C'est par miracle que nous pûmes atteindre une première fois le rivage boisé, battus par une pluie diluvienne. Nous rembarquâmes en pleine obscurité, croyant à une accalmie et après quelques minutes d'une navigation fantastique nous fûmes violemment poussés contre un rocher rond, à fleur d'eau, sur lequel la pirogue, lancée à toute vitesse, se percha complètement ; tout le monde dut se mettre à l'eau pour décrocher l'embarcation. Pendant ce temps, la tornade se déchaînait avec fureur ; nous n'apercevions aucun village sur la rive.

Heureusement, vers les dix heures du soir, un feu s'offrit à nos yeux à la distance d'un kilomètre environ : c'était un village Bondjo dont les habitants accoururent armés de sagaies. L'aspect de ces sauvages était des moins rassurants ; mais nous n'avions pas le choix. Je voulus nous rendre au village même ; mais Comte ne trouva pas prudent d'accepter cette hospitalité, et nous campâmes sous un gros arbre, au bord de la rivière. Il n'était que temps : à peine avions-nous dressé notre tente et posé nos sentinelles, qu'une tempête comme je n'en ai jamais vue, se déchaîna, arrachant tout autour de nous; des torrents de pluie accompagnés d'éclats de foudre, produisant des détonations comme si nous avions eu aux oreilles cent pièces d'artillerie, soulevèrent un émoi terrible au milieu des habitants, qui, croyant sans doute à un maléfice de notre part, prirent la fuite vers leur village : c'était un débarras.

La tente abritée sous notre gros arbre ne fut pas arrachée, grâce à nos efforts combinés; nous restâmes une partie de la nuit accrochés aux montants, aidés dans cette besogne par deux Sénégalais; cela dura jusqu'à ce que la trombe eut passé. Quelle nuit! Au matin, vers trois heures, la tempête se calma brusquement; et, chose bizarre, nous fûmes pris subitement, mon compagnon et moi, d'un gaieté folle, extravagante, et nous donnâmes libre cours à cette joie traduite par des rires enfantins, qui contrastaient singulièrement avec nos anxiétés d'un instant auparavant.

Il y eut certainement un motif qui contribua à ce déchaînement insolite de gaieté; je ne puis résister au désir de vous narrer l'incident, qui n'est peut-être pas d'un goût exquis, mais qui est naturel et instructif :

Avant d'embarquer à Bangui, pour notre excursion, le cuisinier m'ayant entendu maugréer contre les *chiques*, dont je ne pouvais me débarrasser, m'avait conseillé de m'enduire les pieds avec de l'huile de palme; et de fait ce conseil, suivi par moi, avait admirablement réussi; les bêtes maudites avaient disparu. Je ne quittais donc plus mes gros souliers de chasse, dans lesquels je me trouvais au septième ciel. Cette nuit-là, j'étais si fatigué après la tourmente que je lâchai pour la première fois les chaussures en question et les plaçai imprudemment à la tête de mon lit de camp.

J'allais m'endormir quand une odeur étrange, horrible, dans le genre de celle que j'avais constatée au-dessus du charnier de Las Palmas, me fit dresser sur mon séant : « Comte!

m'écrai-je, ne sentez-vous pas? — Non, fit l'administrateur, ou plutôt si : il doit y avoir dans la tente des fourmies-cadavres (la fourmie-cadavre est une variété qui emporte avec elle une odeur de matières organiques putréfiées). — Oh! m'écriai-je, c'est tout à fait insupportable! » En même temps, je frottai une allumette et la promenai sur le terrain en me penchant vers le sol : Horreur! je me trouvai subitement nez à nez avec les bottines de chasse; je n'oublierai jamais ça ; je faillis m'évanouir : l'huile de palme avait produit un de ces ferments dont j'ignore le nom scientifique, mais dont je me rappellerai toujours les émanations. Je saisis les deux *flacons* et les lançai hors de la tente; quant à Comte, il se tordait littéralement sur son lit, malade de rire. Assurément cet incident ne contribua pas peu à ranimer la bourrasque de gaieté dont je vous ai parlé. Cette seconde partie de la nuit fut donc d'une joyeuseté que la fatigue seule arriva à calmer.

Heureusement l'homme est ainsi fait, il oublie vite le mal. Un sommeil profond s'empara de nous et nous ronflâmes sur nos lits trempés. Je puis dire, maintenant que c'est passé, que je n'ai jamais cru courir un pareil danger; et pourquoi ne pas l'avouer : je ne me suis senti nullement à la noce.

Je dois reconnaître aussi que durant toute cette aventure, Comte, qui naturellement dirigeait le mouvement, montra un grand sang-froid, malgré la mauvaise humeur que je lui manifestai à plusieurs reprises et qui allait *crescendo*, surtout quand je me vis de l'eau à mi-jambe dans l'esquif, et qu'il fallut ensuite quitter la pirogue pour aborder la rive. Au fond, tout ce mouvement ne contribuait pas à calmer la douleur que j'éprouvais au genou et j'appréhendais un choc violent dans cette partie déjà très sensible.

Comte fut le premier à rire de ma colère contre lui.

Cette nuit, passée au milieu des anthropophages, qu'entre parenthèse, j'ai trouvé bien maigres, m'a laissé un souvenir très dramatique. Remarquez que c'est le rapide de l'*Élé-*

phant ou plutôt de l'*En-Avant* que nous descendions ainsi follement; et nous pûmes constater sous les arbres qu'il y avait quelque danger dans notre situation, en apercevant les restes brisés de la pirogue du malheureux Jucherot dont je vous ai conté plus haut la fin déplorable. C'est ici que devait chavirer quelques jours après, le mécanicien Souyry, qui y perdit le courrier, mais qui parvint à sauver sa peau [1].

Je ne saurais omettre deux petites scènes qui se sont passées sous nos yeux durant le voyage à Wadda. Elles pourront vous édifier sur la délicatesse de goût des indigènes.

Un peu avant d'atteindre le rapide de l'Éléphant, nous vîmes un de nos piroguiers s'élancer tout à coup vers une roche à fleur d'eau : l'homme plongea son bras armé d'un couteau dans une cavité et avec sa main gauche en sortit un long serpent aux couleurs voyantes qu'il tenait par le col, après quoi, il se remit à l'eau avec sa proie, qu'il rapporta triomphalement dans la pirogue. Un peu plus loin, au moment où nous abordions la rive, j'aperçus deux grands diables qui se disputaient un petit lapin crevé, ou plutôt un lièvre (il n'y a pas de lapin au Congo) qu'ils tiraillaient au point qu'ils arrivèrent à le séparer en deux, répandant un jus et une odeur de charogne abominable; l'affaire se termina par une maîtresse volée que les deux champions s'administrèrent sur les dépouilles du léporide, dont les débris furent précieusement recueillis par le vainqueur. Les deux bêtes, serpent et lièvre, furent, dès le soir même, réunis dans la marmite avec un tas d'autres mets que leur odeur m'empêcha d'examiner de près. Avis aux amateurs de faisandé.

J'ai pu me convaincre que les populations au-dessus de

---

[1]. J'ai eu la douleur d'apprendre que *Comte* a péri au mois de juin dernier, dans le même rapide, lui et dix-sept de ses compagnons noirs; tous ont été repêchés et dévorés.

Bangui avaient des aspects beaucoup moins farouches que celles du bas de la rivière; on dit même que cela diminue encore à partir de Mobaye : tout danger cesse, paraît-il, dans le haut fleuve et c'est à peine s'il est nécessaire d'y être armé. On peut sans aucun risque passer la nuit dans les villages, dont les habitants semblent honorés de recevoir des blancs. Presqu'immédiatement au-dessus, on ressent l'influence de la civilisation arabe; les cruautés y sont plus raffinées, quand il s'agit de sévices contre les sujets fautifs des petits tyrans qui gouvernent le pays; c'est malheureusement une indication dans le sens du progrès.

Assurément, les primitifs, anthropophages, sont beaucoup moins féroces que ne l'étaient les conquistadors du Nouveau Monde.

Ajoutez à cela que, les postes se rapprochant dans le haut, la navigation en pirogue y est moins fatigante, puisqu'on peut se reposer souvent. C'est du moins l'avis de tous ceux qui reviennent, ayant fait partie de l'expédition Liotard.

Je ne crois guère, à partir d'aujourd'hui, avoir beaucoup d'impressions nouvelles à vous signaler : je pense avoir recueilli, un peu à vol d'oiseau, mais sincèrement, tous les documents qui peuvent vous donner une idée des mœurs au centre africain. Tout ce que je pourrai vous conter désormais ne peut que corroborer mes premiers dire.

Dimanche 14 mars. — Grande élection d'un membre au Conseil supérieur des colonies.

Je prends part au vote, attendu que je suis depuis plus de six mois dans le pays et que je tiens à faire plaisir à mon hôte. Je dois avouer à ma honte que le candidat pour lequel je vais accomplir ce devoir sacré, m'est complètement inconnu; mais on m'affirme qu'il est le modèle de toutes les vertus; je m'en rapporte à Comte, lequel n'a exercé sur moi qu'une pression très modérée et toute morale, ce qui est son droit.

Mgr Augouard qui est notre voisin et protégé, dans le sens qu'on lui fournit une garde contre les entreprises gastromiques des Bondjos, Mgr Augouard, dis-je, doit venir voter en per-

M. SOUYRY, MÉCANICIEN

sonne cet après-midi. C'est moi qui suis assesseur, par privilège d'âge.

Mgr Augouard, soit dit en passant, vient d'être décoré comme martyr de l'Oubangui (voir les *Tablettes des Deux Charentes* 1896). Alors, qu'est-ce qu'on va me donner à moi qui ai le genou en compote et ai failli être mangé à toutes les sauces?

Je ne veux certes pas rabaisser les mérites de Monseigneur qui se donne beaucoup de mal et remplit dignement sa tâche, mais n'exagérons rien. Les bons Pères courent évidemment des dangers et la fièvre ne les épargne pas plus que les autres, mais en somme, à part cet inconvénient, on les voit peu massacrer ou même pas du tout, et je les trouve, à part leurs barbes et leur robe, en tout semblables aux autres mortels. Les enfants qu'ils achètent ne sont au fond que des domestiques qu'on nourrit à très bon marché et qu'on fait travailler. Bref, j'aime mieux ne pas insister, j'ai éprouvé aussi de ce côté une certaine désillusion.

Les élections ont donc eu lieu, comme je disais, aujourd'hui, et cela a donné naissance à un conflit entre les pouvoirs civils et les autorités ecclésiastiques. Au fond, ce grave événement ne trouble guère mon sommeil et n'offre qu'un intérêt très secondaire : sans entrer dans aucun détail, je vous dirai que ça se passe ici comme partout ailleurs et que la canaillerie humaine ne perd jamais ses droits. Notez que la circonscription de Bangui peut fournir douze ou quinze électeurs en tout, moi compris.

La température, avec ses 35 ou 40 degrés et ses brumes, est tout à fait énervante depuis plusieurs jours; cette atmosphère chaude et humide qui nous entoure n'est guère faite pour réconforter. Je reste forcément étendu une partie de la journée, en proie à un véritable malaise, je ne saurais écrire, encore moins dessiner : je mijote dans mon jus comme du veau à la casserole.

16 mars. — Le temps continue à être lourd et gris : pas un souffle d'air; tout est immobile et inerte autour de nous. Joignez à cela le chant monotone et triste des noirs et vous pourrez vous faire une idée de la platitude et de la longueur des journées. La vanité et l'esprit d'opposition ne suffisent même plus pour soutenir les plus têtus, ceux-là même qui ont la prétention de résister à tout, d'être à l'abri de toutes les atteintes, les hommes de fer, de bronze, d'acier, les mêmes du reste qui deviennent les *geignards* les plus insupportables quand ils se sentent un souffle de travers. C'est vraiment ici qu'on peut faire des observations intéressantes sur les caractères généraux de l'espèce.

J'ai été frappé, durant ce voyage, par la rapidité avec laquelle les instincts les plus bas se substituent aux plus nobles. Ce que j'affirme ici n'est pas absolu, mais le contraire est rare. Bref, l'ensemble de mes observations sur le vif est plutôt fait pour écœurer.

CHAPITRE XII

Un vol chez les Pères de la mission. — Mort dramatique d'un porte-pavillon belge. — Sacrifices humains. — Climat mortel aux Européens. — Les monnaies courantes. — Un margouillat dans le potage.

Une observation : tous mes compagnons de voyage me semblent beaucoup plus vieux que leur âge, je sais qu'aucun d'entre eux n'a dépassé trente-cinq ans et déjà plusieurs en paraissent quarante-cinq au moins ; les aiguilles marchent vite sur le cadran des années, dans l'Afrique centrale ; et pour sûr un homme qui a séjourné au Congo de l'âge de vingt ans à celui de cinquante, doit en porter au moins soixante-dix, si par hasard il peut encore exister.

Maintenant, si vous voulez sincèrement mon avis, je trouve que nous menons ici une existence de brutes, qui ne le cède guère à celle des sauvages que nous voyons autour de nous. Je sais que cette opinion, émise par moi, fera jeter les hauts cris ; mais je l'affirme en toute sincérité, dussé-je heurter les intérêts et les convictions de quelques-uns

En conscience, je ne donnerai jamais à quelqu'un pour qui j'aurais la moindre sympathie, à plus forte raison à un des miens, le conseil de venir ici tenter la fortune. A moins de rêver le martyre, comme les bons Pères des missions, ou la gloire, comme les héros professionnels, je ne vois pas la nécessité d'abréger son existence à plaisir; mais pour ceux de cette dernière catégorie, c'est une affaire de goût et ils doivent savoir, par avance, de quoi il en retourne pour eux; il n'y a pas très lieu de les plaindre, surtout les bons Pères qui y gagnent le Paradis (mince de récompense, s'écrierait Gavroche!) A propos des bons Pères et des désagréments auxquels ils peuvent être exposés, on m'a conté une fâcheuse histoire dont j'ai eu l'impudence de rire : on a pu, l'an passé, voir sur la crête des collines qui avoisinent la mission catholique, des guerriers Bondjos armés de lances et de sagaies, esquissant les pas de leurs danses pyrrhiques, voire les contorsion de la danse du ventre, revêtus sans respect des habits sacerdotaux, violets, blancs, rouges, etc., brandissant des saints ciboires et des crosses pastorales.

Cette mascarade faisait suite à une descente de nuit que les bons sauvages avaient opérée dans la sacristie ou chapelle de la mission, dans laquelle ils avaient sans scrupule fait main basse sur tous les objets servant au culte.

Cet événement fit, paraît-il, une impression profonde sur les âmes pieuses de la colonie et les Pères ne s'en sont pas encore consolés.

Comme on peut voir par ce récit, tout n'est pas absolument rose pour les pauvres Pères, et la protection du ciel ne les empêche pas d'être quelquefois les victimes des procédés sans-gêne de leurs voisins, qui m'ont l'air d'être fort peu touchés par la grâce divine.

Nous sommes au 16 mars et nous n'avons toujours pas de nouvelles de Marchand, qui doit avoir quitté Brazzaville avec Baratier; j'espère les retrouver à Zinka d'ici à peu de jours : car nous nous préparons Comte et moi à descendre la rivière en pirogue.

Aujourd'hui 17, un de nos Sénégalais a tué un éléphant. Ces animaux commencent à se montrer autour du poste.

Décidément il faut ouvrir l'œil dans les relations avec les indigènes : voici un fait qui vient de se passer sur la rivière en face, aux environs du poste de notre ami belge, le lieutetenant Morissens. On vient de lui rapporter le corps d'un de ses garde-pavillon, affreusement mutilé. Le malheureux avait péri dans les circonstances suivantes :

Le chef d'un village des alentours était venu le trouver et lui avait proposé de le conduire sur les traces d'une troupe d'éléphants. Celui-ci avait accepté sans défiance et s'était engagé sous bois, à la suite de ses guides, suivi lui-même par un boy qui portait le fusil ; une femme de la station se trouvait dans leur compagnie.

Ses guides l'ayant emmené assez loin, le milicien commença à se défier et refusa d'avancer davantage ; sur les instances du chef, il fit encore quelques pas, et, brusquement, fut précipité dans une fosse profonde garnie de pieux pointus ; le boy qui portait son fusil eut le temps de se mettre sur la défensive et menaça de tirer sur ceux qui l'approcheraient ; la femme, qui s'était sauvée durant la bagarre, put gagner un village voisin et revint avec un autre garde-pavillon ; les indigènes prirent alors la fuite et l'on put tirer le cadavre de la fosse lui évitant ainsi de devenir la pâture de ses assassins.

Le chef qui a commis le meurtre s'est dit-on réfugié sur notre rive et nous allons tâcher de nous en emparer en redescendant le fleuve : notre intention est de le livrer aux Belges ou de le faire exécuter séance tenante.

Comte continue à faire mon éducation au point de vue mœurs et coutumes et me donne des détails circonstanciés sur des choses que je n'ai pu qu'entrevoir ; exemple :

Je crois, durant mon voyage sur le Niari, vous avoir parlé d'une trouvaille faite aux environs d'un village voisin de Kimbiedi. Nous étions allés, avec M. Gros, visiter le chef de ce village dont le fils venait de mourir et dont nous entendions célébrer bruyamment les funérailles depuis une

MEURTRE D'UN GARDE-PAVILLON

semaine. Nous rencontrâmes par hasard une immense fosse fraîchement creusée dans l'argile; cette fosse qui ne mesurait pas moins de 4 mètres sur 3 était vide et semblait attendre une destination mystérieuse; mais nous eûmes beau retourner le chef en tous sens, nous ne pûmes rien en tirer. De même, il nous fut impossible de savoir où était le corps de son fils.

Je viens seulement d'avoir la clef du mystère, et Comte m'a édifié là-dessus :

Il s'agissait probablement d'un de ces abominables sacrifices humains dont on parle tant et que les indigènes cachent avec soin aux blancs.

Voici d'après le récit de Comte ce qui se passe en pareil cas. Quand un chef meurt, on sacrifie toujours un certain nombre de ses esclaves et de ses femmes; le nombre ne dépasse pas trois quand c'est un petit chef et va jusqu'à trente et au-delà quand il est puissant. Les victimes sont étranglées devant la fosse. Les femmes sont couchées de chaque côté du cadavre; celles de droite sur le côté gauche et celles de gauche sur le côté droit, de façon à le regarder. La première de chaque file a une main posée sur lui. Un esclave est couchée à ses pieds. On recouvre le tout d'une couche de terre et on ferme l'entrée de la tombe avec de gros bois, contre lesquels on accumule des pierres, extérieurement.

S'il s'agit d'un fils de chef, et c'était le cas à Kimbiedi, on enterre avec lui près du village une de ses femmes et trois esclaves. Les chefs des environs assistent à l'enterrement et rendent ensuite visite au père.

Ces coutumes varient dans les détails suivant les tribus; mais en général dans les pays où l'influence européenne n'a pas encore pénétré, elles subsistent dans toute leur révoltante sauvagerie.

Quand un chef est mort, son fils doit laisser auprès de sa tombe un récipient dans lequel il a soin de placer et de renouveler de la nourriture pour le défunt. S'il ne le fait pas, c'est qu'il est un mauvais fils. Aussitôt le père décédé, le fils achète un petit bouc et le garde en liberté dans son village. Ce bouc a l'âme de son père et personne ne doit le frapper sous peine de mort. Quant il meurt, c'est un deuil, les *hommes* viennent le voir ; on lui fait des funérailles et on l'enterre enveloppé dans un morceau d'étoffe. Aussitôt enterré, il doit être remplacé par un autre bouc.

Dans la nuit du 18 au 19 mars, nous avons eu une alerte : deux coups de feu tirés sur la rivière mirent le poste en émoi. En entendant la cloche d'alarme, je me levai en hâte et sautai sur mes armes. Il s'agissait simplement d'une pirogue de Bondjos qui avait voulu forcer la passe entre les rochers et que des sentinelles avaient aperçue. Cela n'eut pas d'autres suites fâcheuses : la pirogue suspecte ne fut pas atteinte et disparut.

Il est bon de remarquer que les attaques des Bondjos deviennent de moins en moins fréquentes autour de Bangui ; ces sauvages ont de plus en plus le respect des blancs et commencent à comprendre qu'ils n'ont rien à gagner à vouloir lutter contre eux. De fait, les moyens sont de part et d'autre tellement inégaux qu'il y aurait folie pour les noirs à chercher pour l'instant à se venger de la race qui les opprime et qu'au fond ils doivent commencer à détester. Seulement, je l'ai déjà dit, un temps viendra plus ou moins éloigné où de sanglantes représailles auront lieu au centre africain, et on fera payer cher aux vainqueurs leurs faciles conquêtes ; je ne le souhaite certes pas, mais il ne saurait en être autrement et l'oppression appelle toujours la vengeance, tôt ou tard. C'est une loi d'équilibre, un système de compensation.

Au fond, je ne puis me défendre d'une immense pitié quand je vois la façon barbare dont sont punis, pour de simples refus d'obéissance, des hommes après tout nos semblables.

Si encore nous étions des stoïques, mais point : je vois les plus durs, les plus impitoyables pour autrui se montrer les plus abattus et les plus mous, quand il s'agit de leur propre peau. Je suis ma foi bien tenté de rire quand je vois un de ces bourreaux inconscients parler de ses coliques ou de ses maux de dents, en face des affreux supplices qu'ils infligent froidement à des êtres faibles et sans défense.

Remarquez que je ne fais ici aucune allusion personnelle et qu'il s'agit d'observations toutes générales.

Je comprends la loi du talion quand il s'agit de se défendre, et je n'hésiterais pas à l'appliquer au chef qui a si traîtreusement tué le garde-pavillon de M. Morissens, d'autant plus que le gredin n'en est pas à son premier assassinat. Il paraît, soit dit en passant, que ce type est tout puissant et très redouté ; féticheur lui-même, il s'appuie sur les prêtres du pays avec lesquels il pratique l'empoisonnement sur une vaste échelle. Pour en revenir à mes réflexions, je trouve qu'en aucun cas l'arbitraire ne saurait remplacer la justice ; malheureusement, c'est le contraire qui a lieu le plus souvent en Afrique.

Maintenant, parlerai-je du côté intellectuel? je déclare sans hésiter que la vie africaine doit aboutir rapidement à l'atténuation des facultés mentales chez la plupart des Européens, à commencer par la perte de la mémoire, qui précède forcément celle des autres facultés. La pensée se fatigue vite et s'exerce par conséquent de moins en moins ; au lieu de s'affiner, comme dans les centres civilisés ; le côté matériel et brutal finit par l'emporter sur les instincts élevés, et l'esprit fait vite place aux grossièretés et aux conversations vides d'idées : c'est toujours le « Mens sana, etc. » des anciens; d'abord il n'y a pas de *femmes* ici, j'entends de mères, de sœurs, d'épouses; il ne peut, il ne saurait y avoir que des femelles, et cette absence de la société de la femme diminue l'homme et en fait rapidement une brute.

Maintenant, me direz-vous, comment expliquer l'idée de retour, qui hante souvent les coloniaux, quand ils ont quitté l'Afrique. Comme dit l'Ecriture ils éprouvent le besoin irrésistible de retourner à leur vomissement : ils sont intoxiqués, à l'instar des morphinomanes, que vous voyez errer l'œil éteint quand ils sont privés de leur drogue et de leurs piqûres et qui ne peuvent plus vivre si vous les privez de leur poison.

Ils prétendent, pour se donner de l'allure, que c'est l'amour du grand air et de la brousse, la soif de la liberté qui les attire là-bas. Blague que tout cela ! les malheureux en arrivent tous à se faire traîner en palanquin, à ne pouvoir plus supporter le poids de leur carcasse ; ils n'ont plus ni muscles, ni sang, ni os.

Il n'y a ici de vigoureux que les noirs; mais ils sont tellement inférieurs, intellectuellement parlant, qu'ils ne comptent que comme masse. J'ai hâte d'échapper à cet affligeant spectacle de la démoralisation et de la dégradation humaine.

Quand sortirai-je de cet hôpital? Quand ne rencontrerai-je plus de valétudinaires? Quand cesserai-je d'entendre en fait de conversation ces éternelles phrases : « Et votre fièvre, comment va-t-elle? » ou bien : « J'ai oublié de prendre ma quinine, mon chapeau, mon ombrelle; je grelotte, je brûle…. » etc., etc.

Et ceux qui se prétendent acclimatés, et les vieux Africains? Ah! ils sont dans un bel état ceux-là ! c'est le gâtisme à l'état latent et satisfait, et remarquez qu'ils ont trente ans au plus.

Le remède à ces maux, me diront les fameux humanitaires? Ça n'est pas mon affaire; et sans nous désintéresser d'une façon absolue, je pense qu'il y a en France un champ d'étude assez vaste pour nous occuper et nous absorber. Affranchissons d'abord nos esclaves et ne nous occupons qu'après des autres continents ou planètes. Surtout n'allons pas, sur la foi de phraseurs intrigants et ambitieux, dont le séant reste toujours vissé à un bon fauteuil, semer notre or, notre sang et nos forces, pour féconder des domaines qui ne nous appartiennent pas; d'autant que nous ne sommes jamais sûrs, nous autres Français de recueillir les fruits de nos sueurs et de nos travaux en ce genre; du moins, ce serait la première fois.

Est-il vrai, oui ou non, que la France se dépeuple? Eh bien alors, je ne comprends pas la nécessité d'appauvrir encore son sang en envoyant nos enfants les plus robustes et les plus jeunes périr sur des rivages éloignés, sans espoir de retour ou du moins, si ce retour s'accomplit, destinés à augmenter dans un temps plus ou moins proche la population de nos cimetières.

Longtemps encore la France, si elle n'épuise pas inutilement ses forces, tiendra sur le monde le flambeau de l'intellectualité, du beau, du grand. Ça nous suffit. Mais, assez de saignées comme cela : les conquistadores et les grands politiques, qui au fond ne sont que des épiciers et des mercantis, nous embêtent.

Arts et sciences! voilà notre devise. *Liberté* s'en suivra; et la barbarie désormais ne pourra que diminuer et resserrer les limites de son empire.

20 *mars*. — Je cherche en vain à me le dissimuler, depuis une quinzaine, je sens la fièvre qui me mine tout doucement et m'affaiblit de jour en jour. Est-ce provoqué par l'impatience du départ? Je ne sais, mais je voudrais déjà être en route. Comte m'affirme que nous partirons le 22 au matin, et Dieu sait si j'attends le moment avec impatience. Pourvu que je revoie l'Europe! Ça serait vraiment trop bête de rater le retour. J'examinais ce matin en passant la crevasse béante dans laquelle je suis tombé, et où j'aurais dû me briser vingt fois et je me disais qu'après l'avoir échappée aussi belle, il était impossible que je ne m'en tire pas tout à fait. Cette

chute est presque d'un bon augure. Mon genou va du reste beaucoup mieux et l'articulation commence à jouer d'une façon satisfaisante; sans cette maudite fièvre, qui paraît vouloir me réempoigner, tout serait parfait. Les insectes tourmenteurs eux-mêmes : moustiques, fouroux, chiques et autres vermines ont disparu à peu près depuis deux semaines; mais il ne faut pas s'y fier.

Je ne suis pas tout seul ici à me plaindre de ma santé et mes compagnons ne sont pas plus fiers que moi. Cette préoccupation constante, à propos de sa propre carcasse, constitue une véritable maladie à l'état chronique et ne contribue pas peu à l'affaissement général qu'on remarque chez les coloniaux.

Je demande en passant pardon au lecteur de l'entretenir ainsi de mes continuels malaises; mais c'est une note destinée à lui montrer à quel *état d'âme* (pardon pour ce vocable si jeune et déjà si usé) on est fatalement amené en Afrique. Et le capitaine Marchand aura beau me vanter son amour des marécages, je lui ferai remarquer respectueusement qu'il ne parle pas ainsi quand il est sur le flanc, avec la dyssenterie ou la fièvre; certes il se plaint aussi amèrement que les camarades; et pourtant c'est son état à lui d'endurer tout cela sans piper. Donc, soyons francs et pour conclure, disons, crions, hurlons sur les toits que la situation n'est que désagréable, et désagréable pour tous. Voilà la vérité.

Gambetta qui ne manquait pas d'expérience, demandait un jour à un jeune ambitieux désireux d'embrasser la carrière politique : « Êtes-vous en mesure d'avaler un crapaud tous les matins? Si oui, très bien; dans le cas contraire, lâchez-moi ça. » Telle est au juste la vrai situation. Voulez-vous des galons, des croix? Eh bien! soyez l'ami des marais, de la dyssenterie et de la fièvre.

Une chose dont j'ai peu parlé durant ce voyage et qui est complètement inconnue en Europe, c'est le genre de monnaies employées pour les échanges ou transactions avec les différentes peuplades noires, c'est extrêmement varié : l'usage des barrettes de cuivre est le plus répandu dans le bas Congo; les perles, dont la couleur doit changer avec les modes, ont plus cours dans le haut fleuve; les brasses d'étoffes, les couteaux, les mesures de poudre; en général tous les objets peuvent également servir à l'échange; les fusils entre autres ont une grande valeur; le fusil à piston ou même à pierre vaut un homme ou deux femmes; deux cochons s'échangent contre une femme; un couteau contre un enfant; deux bouteilles vides contre une poule; nos monnaies d'argent, en dehors des pièces de 0 fr. 20 c; sont peu prisées et nos monnaies d'or aucunement. Je n'ai du reste jamais été très ferré sur ces matières, et ça n'est que pour mémoire que j'en parle ici, afin de donner une idée de la difficulté des transactions. Au reste la fantaisie des indigènes joue un rôle considérable en tout ceci, et il faudra encore bien du temps pour leur faire accepter nos monnaies.

Après les tornades de ces jours derniers, nos toitures de paille ont été fort éprouvées, et les animaux qui les habitaient ont vu leurs abris très endommagés; aussi leur arrive-t-il de se laisser choir dans les logements. Ainsi aujourd'hui à déjeuner un *margouillat* énorme est tombé dans la soupière; cet intrus eut été bien accueilli par les noirs qui les mangent sans façon, mais pour mon compte, j'ai eu l'appétit coupé net, et je me suis levé de table le cœur sur les lèvres. On doit me trouver bégueule et plein de préjugés; mais c'est plus fort que moi et je ne saurais m'habituer à ces potages au lézard, pas plus qu'à manger des sauterelles ou des araignées, — des serpents — ou des lapins crevés. C'est déjà joli d'être obligé d'absorber la cuisine préparée par nos boys.

Il ne m'est arrivé qu'une fois de pénétrer dans l'antre de ces marmitons et j'ai bien juré de ne jamais recommencer.

C'est à dégouter les estomacs les moins rebelles. Passe encore pour les viandes rôties, mais le travail des sauces et des hachis me révolte absolument.

C'est demain à quatre heures du matin que nous reprenons la pirogue qui doit me ramener à Zinka, où sont très probablement arrivés Marchand et Baratier, avec le dernier convoi. La *Ville-de-Bruges* me redescendra ensuite jusqu'à Brazzaville, de triste mémoire ; et de là, je filerai par la route de l'Etat Indépendant, où je compte bien m'embarquer sur le premier bateau, en partance pour l'Europe, quelle que soit sa nationalité.

Si tout se passe comme je l'espère, on ne me reverra pas de sitôt au noir pays du Congo, à moins que le fameux *coup de l'Afrique* ne m'ait bien modifié les idées à mon insu ; ce dont j'ose douter.

M. Morissens doit descendre en même temps que nous ; sa santé ne me paraît pas très brillante, et le pauvre jeune homme n'a pas dû s'amuser beaucoup au poste de Zongo, seul le plus souvent, et livré à des réflexions qui ne doivent rien avoir de follichon. Il paraissait pourtant prendre son mal en patience et ne parlait pas de retourner en Europe ; je lui souhaite bon courage, car il en faut pour supporter cette vie de prisonnier, qui me ferait tout l'effet d'un long suicide.

Mgr Augouard doit lui aussi descendre en même temps que moi à Brazzaville.

Malgré le petit conflit électoral survenu entre lui et l'administrateur Comte, conflit auquel je me suis trouvé mêlé indirectement, je ne saurais oublier que j'ai été bien accueilli par le prélat, et je ne veux prendre aucune part à ce différend entre fonctionnaires. J'ai été bien aise à un moment donné de pouvoir demander asile aux Pères de la mission. Il y a suffisamment ici d'occasions de s'exécrer, sans les rechercher à plaisir et prendre parti dans les querelles d'autrui. Je ne me départirai donc pas de mon attitude respectueuse vis-à-vis de ce dignitaire de l'Église, auquel je n'ai aucune raison d'en vouloir; au contraire.

Pourvu que nous n'ayons pas à essuyer des tornades dans le genre de celles qui ont agrémenté ma dernière expédition; le même ouragan, qui a failli nous jouer un mauvais tour, a chaviré une des pirogues du capitaine Germain, qui a perdu une certaine quantité de provisions et de cartouches. Un courrier, arrivé du haut fleuve dans la matinée, nous a mis au courant de ce fâcheux incident, qui heureusement n'a été accompagné d'aucun accident de personnes.

J'ai toujours le cœur sur les lèvres, mais la fièvre n'a pas l'air de persister; si je pouvais une fois pour toutes être débarrassé de cet hôte gênant.

Je suis depuis près de quatre mois sans nouvelles d'Europe. Ça n'a paraît-il rien d'extraordinaire, mais je me fais difficilement à ce silence. J'espère trouver des lettres à Zinka. De mon côté, j'ai été dans l'impossibilité de ne rien écrire depuis mon départ de Brazzaville; et comme je vais retourner, j'arriverai sans doute en même temps que les lettres que je voudrais envoyer à Paris, dans le cas où ces lettres y parviendraient.

Je ferme ce chapitre pour faire mes préparatifs de départ, mettre en ordre mes dessins et ma copie, que je ne voudrais pas égarer ou voir avarier, ce qui n'arrive, hélas! que trop souvent; je vais tâcher, si faire se peut, de passer une dernière bonne nuit à Bangui, en dépit des Bondjos et autres carnivores qui veillent à l'entour de nous.

# TROISIÈME PARTIE

DE BANGUI A ANVERS

CHAPITRE PREMIER

Je quitte Bangui. — Un boa en plein fleuve. — Le sergent sans oreilles. — Le polyphone. — Les perroquets. — Une lettre du lieutenant de vaisseau Dyé. — Rencontre et adieux de Marchand.

Partis de Bangui, le 22 mars 1897, à quatre heures du matin, nous atteignons Zinka, à neuf heures du soir, après une journée torride, sous un soleil effrayant, quand il se montre.

C'est tout juste si nous ne naufrageons pas dans le dernier rapide. J'espère en avoir bien fini avec ces rapides.

La *Ville-de-Bruges* que je comptais apercevoir ancrée devant Zinka n'est pas encore arrivée. Le capitaine Marchand s'amènera probablement avec ce bateau ; et dans ce cas nous nous séparerons définitivement.

A part la rencontre d'un gros serpent faite en plein fleuve, rien de bien curieux à signaler durant le dernier trajet ; le reptile en question assommé à coups de pagaie par les piroguiers, a disparu sous les eaux. Quand on fait ces sortes de rencontres en pleine eau, on doit s'attendre, surtout quand il s'agit d'un boa, à voir l'animal chercher à se reposer sur l'esquif que l'on monte, ce qui est plutôt désagréable pour les passagers.

Les Bondjos n'ont pas renouvelé leurs attaques contre le poste de Zinka; mais en revanche, ils tourmentent beaucoup nos voisins, les Belges d'en face et leur ont tué déjà plus de dix hommes. Hier soir encore, des coups de feu se faisaient entendre sur la rive opposée. On y est tellement accoutumé qu'on ne s'en préoccupe plus.

Nous sommes le 26 mars, et pas le moindre bateau n'apparaît à l'horizon.

Le capitaine Marchand serait-il encore arrêté à Brazzaville ? Ça ne serait pas absolument gai.

Ici je bâille, et les journées s'écoulent avec une lenteur désespérante.

En fait de distractions, j'ai logé une balle dans le corps d'un gros caïman dont on n'a pu retrouver le cadavre, quoique les témoins eussent été unanimes à proclamer sa mort et à constater son saut de carpe au dessus des eaux. Les Bondjos, qui ont des yeux de lynx, avaient mis leurs pirogues à l'eau et ont vainement attendu la remontée du monstre à la surface. Cette bête que j'avais tirée à 300 mètres au moins, pouvait bien mesurer de 4 à 5 mètres de long (en réalité il est peut-être encore très vivant).

Mgr Augouard, présent à cet exploit, m'a félicité sur l'excellence de mon coup de fusil ; et ces félicitations ne sont pas à dédaigner.

Notez que Monseigneur, tout ecclésiastique qu'il est, est un grand chasseur. Il a, si je l'en crois (comment douter de la parole d'un évêque), *fait mordre la poussière* à de nombreux animaux féroces (je ne ne dis pas cela pour les caïmans qu'on frappe généralement dans l'eau et qui par conséquent ne peuvent rien mordre en fait d'élément solide) c'est au chiffre respectable de 42 que se serait élevé le nombre des victimes de Mgr Augouard, *rien que pour les sauriens.*

Je ne vous ai pas parlé d'un événement qui avait troublé notre première nuit à Zinka : il s'agissait de l'introduction d'un Bondjo dans le poste. On finit par se blaser complètement sur ce genre d'événements, qui deviennent trop fréquents pour émouvoir ; je crois sérieusement que la vue seule de la fameuse marmite pourrait avoir quelque effet sur l'imagination, dans cette bonne contrée de l'Oubangui, où cependant les Bondjos seront bientôt, je l'espère, transformés en *larbins* à notre usage.

C'est égal, Marchand devrait bien pousser son expédition un peu plus vite, ne fut-ce que pour me permettre de rentrer à Courbevoie ; c'est tout ce que je lui demande.

Un détail typique : j'ai été très étonné en apercevant hier le sergent noir qui commande le poste belge d'en face : figurez-vous qu'il lui manque les deux oreilles, ce qui semblerait indiquer un passé plutôt orageux chez ce brave homme, étant donné l'usage de couper un de ces appendices aux voleurs pris en flagrant délit dans les villages de la région. Après tout, c'est peut-être une calomnie de ma part, et le pauvre diable a pu s'opérer lui-même pour se donner un *chic*, à l'instar d'une étoile bien connue, même en Belgique. Dans tous les cas c'est un brave à trois poils, qui défend avec opiniâtreté ce qui lui reste de physionomie contre les entreprises des Bondjos, lesquels semblent s'acharner contre le malheureux poste.

Je ferai remarquer aux lecteurs que la station de Zinka a été palissadée avec soin par le sergent Venaille, pour la mettre à l'abri d'un coup de main ; cette précaution, que les Belges d'en face ont négligée, doit être une des raisons qui détermine chez eux la fréquence des attaques de l'ennemi.

J'ai encore oublié de vous parler d'une distraction qui

arrivera certainement à me rendre fou si elle doit continuer longtemps : il s'agit du *polyphone*, sorte de boîte à musique,

CAPORAL GAHNY KAMARA

allemande, qui semble moudre ses airs dans de l'eau ; c'est à devenir enragé : j'entends marcher cet abominable instrument depuis le lever du soleil jusqu'à une heure avancée de la nuit. J'ai des envies d'empoigner subrepticement la boîte et de la lancer dans l'Oubangui.

Comte, qui est fatigué, veut retourner à Bangui sans attendre le capitaine. Pour comble de désagrément, un de nos compagnons blancs, M. Guillot vient d'être pris de la fièvre, compliquée d'une bilieuse hématurique. Je dois aussi vous

M. GUILLOT, AGENT DE LA MISSION

signaler au milieu de nous deux perroquets dont l'éducation, plutôt mal soignée, se borne à un vocabulaire abominable de grossièretés et d'injures, qui rend le transport de ces animaux dans des milieux tant soit peu civilisés, tout à fait impossible. L'un de ces aimables bipèdes se contente de répéter du matin au soir le fameux mot de Cambronne, avec des roulements d'r cyniques; l'autre, tout étant plus varié dans sa conversation, est encore plus mal embouché, et il faudra certainement en arrivant à la côte lui attacher le bec ou prier les personnes convenables de se boucher les oreilles en sa présence.

Heureusement, nous autres Africains, nous sommes blindés et n'y regardons pas de si près.

Comme vous pouvez voir, au point de vue intellectuel tout laisse fort à désirer, et il est temps d'échapper à ce milieu barbare. Si cela devait durer, je crois ma parole, que j'arriverais tout doucement au cannibalisme; l'idée de manger mon semblable n'a déjà plus rien qui m'épouvante, en cas de disette bien entendu. Il n'en est pas jusqu'à la danse du ventre qui ne s'ajoute à nos plaisirs et que nous cultivons le soir au clair de la lune, à la grande stupéfaction des Bondjos, nos maîtres dans le genre : ces bons sauvages n'en reviennent pas; la rapidité de nos progrès les étonne absolument. Je ne puis malheureusement que prendre une part modérée à ces exercices chorégraphiques, à cause de ma jambe que je traîne encore avec difficulté.

Toute la journée du 28 vient de s'écouler sans nouvelles de Marchand, et notre bateau ne se montre nulle part à l'horizon; cela devient inquiétant. Étant donné que tout peut se supposer dans cette chienne de contrée, nous nous perdons en conjectures.

En revanche, il m'arrive une lettre de Bangui. Cette lettre est de M. le lieutenant Dyé, le jeune officier de marine auquel j'ai joué le mauvais tour que vous savez à bord du *Faidherbe*.

Bangui, 28 mars, 2 h. du matin.

« Cher Monsieur Castellani,

« Je viens d'arriver à Bangui et en repars ce matin avec un convoi de pirogues pour le Haut. Grande a été ma déconvenue de ne pas avoir eu le plaisir de vous revoir avant votre départ pour le « doux » pays de France, où mes vœux vous accompagneront tout au long de la route.

« J'aurais aimé à reprendre des relations plus... libres, que celles nécessitées naguère, pour ma part, par des ordres inéluctables. Vous avez montré une jolie preuve d'endurance en restant si longtemps dans une position aussi... délicate, à bord du *Faidherbe*, en décembre 1896.

« Dites-le bien à Marchand, je vous en prie, car il paraît que le terrible capitaine m'a gardé une dent à ce sujet... et il ne manquera pas ici de mauvaises langues pour essayer de lui mettre en tête que je vous *savais* à bord de mon minuscule bateau. Eh bien, non, vous m'avez roulé ce jour-là.

« Le capitaine est mon grand chef ; je vous serais reconnaissant, s'il parle encore de cette vieille histoire, qui a dû bien faire jaser au Congo et dans les Oubangui Haut et Bas, de lui faire observer que votre natte et le reste m'ont tout à fait bouché l'œil. Je n'avais pas à ma disposition les rayons Rœntgen.

« Mobaye est un bien joli coup d'œil ; mais ce n'est plus la peine d'en parler puisque ses charmes n'auront pas le bonheur d'être vus par vos yeux.

« Vous souhaitant bonne santé et heureux retour, je vous envoie mon très cordial souvenir.

« A. Henry DYÉ, »

« Enseigne de vaisseau. »

Comme on peut voir par cette lettre, le pauvre M. Dyé appréhende la colère de Marchand qui, sur quelque bienveillant racontar, avait dû un moment croire à une connivence entre nous. Dans ce dernier cas, M. Dyé, connaissant ma présence à bord, aurait bien dû me laisser cuire un peu moins longtemps dans le four de sa vedette.

Un officier belge, arrivé en pirogue, nous annonce qu'un de leurs bateaux la *Princesse-Clémentine* est resté en panne à Imécée, faute d'eau pour remonter le fleuve, dont le niveau continue à baisser de plus en plus. Nous n'avons donc qu'à attendre avec résignation le bon vouloir de la Providence. Si j'avais su, je serais remonté jusqu'à Raffaï avec Germain, qui doit en approcher à l'heure actuelle. Mais j'étais loin de m'attendre à ce qui arrive. Et qui sait, je ne suis peut-être pas au bout de mes tribulations. Sale pays.

Mgr Augouard, qui est venu échouer ici il y a quel-

LE R. P. LECLERCQ

ques jours avec le Père Leclerq (j'ai appris à mon retour que le Père Leclerc était mort en mai à Saint-Paul-des-Rapides) se trouve dans la même situation que nous; mais je le plains beaucoup moins : voilà tantôt dix-huit ans qu'il marine en Afrique; il doit être habitué aux vicissitudes congolaises; néanmoins je le soupçonne au fond de *maronner* comme les autres. C'est une mince consolation pour nous, mais enfin c'en est une; on aime bien ne pas être seul à supporter des désagréments.

Nous sommes le 29 et nous prenons un parti énergique : trois officiers de l'État belge descendent la rivière en pirogue; nous leur demandons pour le lieutenant F... et moi une hospitalité, qui nous est accordée avec enthousiasme; alors nous embarquons bravement avec le plus pittoresque convoi qu'on puisse imaginer, entassés dans deux pirogues : singes, perroquets, chèvres, nègres cannibales, soldats noirs de l'État, tout cela chantant, hurlant, battant du tam-tam; encombrés de caisses, malles, etc., le tout sous le pavillon Congolais, naturellement.

Il nous faudra au moins trois jours pour atteindre Imécée,

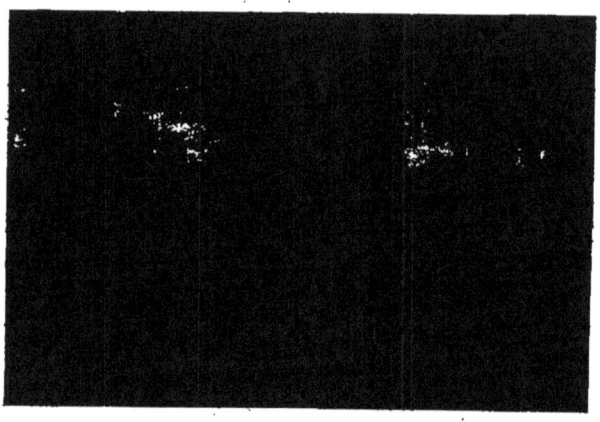

ZINKA, PETITS NOIRS RECRUTÉS POUR LA MISSION

le poste belge, où nous espérons rencontrer la *Ville-de-Bruges* avec Marchand; à moins que le tout ne soit disparu dans les estomacs des riverains, ce que je n'espère pas. Pauvre Marchand! J'en serais vraiment désolé, quoiqu'il m'ait fortement et injustement houspillé plus d'une fois. Au fond, ça n'est pas un mauvais homme : il a la dent pointue, mais le cœur y est. — Seulement voilà, il a un défaut; il prend tous les artistes pour de la canaille indisciplinée.

De fait, je dois reconnaître que nous n'aimons pas ce que les militaires appellent la discipline; et nous ne voulons jamais, comme dans la chanson de Nadaud, donner raison au

brigadier; alors mon Marchand s'emballe et, sous tous les prétextes possibles, même sous celui de conserver ma santé, il me menace de me faire amarrer par quatre Sénégalais, pour m'ingurgiter toutes les drogues du docteur Emily; au besoin il m'envoie deux autres docteurs qui entendent me cribler de lavements et de piqures sous-cutanées. Je n'en meurs pas, et c'est un triomphe pour la médecine. Ah ! j'ai l'âme chevillée au corps et je puis répondre victorieusement au fameux dicton : «Que vouliez-vous qu'il fît contre trois?»
— Ah mais!.. j'ai du *culot*, comme dit Germain.

Un petit accident qui, j'espère, sera le dernier : le perroquet du lieutenant F..., dont j'espérais corriger la déplorable éducation (c'est du perroquet que je parle) a profité de ce que je tournais le dos appuyé à sa cage pour me mordre énergiquement dans la partie charnue ; la blessure est cuisante, mais heureusement sans gravité et puis j'ai la veine de ne pas avoir de docteur sous la main.

Après une journée de marche en pirogue, nous nous arrêtons à un grand banc de sable pour camper, avec nos amis belges. Pour mon compte, je préfère coucher dans la pirogue, où je passe une assez mauvaise nuit.

Nous démarrons à six heures du matin et nous continuons notre route sur le fleuve sans incident sérieux. Chemin faisant, je m'entretiens avec l'adjudant M. Laurent dans la pirogue duquel je suis installé; et à ce propos, je suis bien aise de vous dire qu'il est en communauté d'idées avec moi sur une opinion que vous m'avez déjà entendu émettre, touchant la nécessité qu'il y aurait à faciliter aux chefs de postes les moyens de visiter la contrée aux alentours.

M. Laurent, durant son séjour à Yakoma, a pris sur lui de pénétrer à quelques jours de là, accompagné d'un petit détachement de soldats. Il s'est trouvé tout à coup vis à vis de populations n'ayant jamais vu de blancs. Ces pauvres gens, plus naïfs et plus doux que les riverains, ont très bien accueilli le visiteur, qui a vu là des primitifs dans toute leur simplicité. Je ne vous raconterai pas ce voyage en détail, mais je constate, une fois de plus, que l'intérieur entre les grands cours d'eau est le plus souvent parfaitement inconnu.

Durant deux jours nous filons rapidement sur le fleuve, en sondant inutilement l'horizon du regard, pour tâcher de découvrir la fumée d'un vapeur.

LE RETOUR AVEC LES PIROGUES, DESCENTE DU CONGO

Oh joie! à la fin de la deuxième journée, nous apercecevons à la tombée de la nuit, presque en face d'un village noir, au détour d'une des nombreuses îles boisées, le steamer si impatiemment attendu. En effet, c'était bien la *Ville-de-Bruges*, ayant à son bord Marchand, Baratier et les autres; en un mot tout ce qui devait composer le dernier convoi : Baratier est gras comme un petit moine et gai comme un pinson; en revanche le pauvre capitaine Marchand est défait et tout maigre : il a été bien éprouvé, bien malade, il est bien fatigué; heureusement le moral est resté intact. Nous nous arrêtons tous au village, dont les guerriers, cuirassés de peaux d'éléphant, armés de lances et de sagaies, accourent sur la plage, avec des aspects plutôt rébarbatifs. Comme toujours, notre attirail militaire arrive à les calmer et on

BOÏKA, CONDUCTEUR DE PIROGUE

parlemente : Marchand obtient assez difficilement une pirogue avec des pagayeurs.

Nous allons nous établir en face sur un banc de sable, en pleine rivière et nous passons une partie de la nuit à ripailler, chanter et danser au son d'un grand orgue qu'apporte avec lui le capitaine, que je n'ai jamais trouvé plus aimable : il a l'air de me voir tout en beau, et l'accord est parfait entre nous sur tous les points; pourvu que ça dure! Dans tous les cas, c'est la dernière fois que nous nous verrons, en Afrique; et c'est à mon avis le meilleur des gages de paix entre nous.

Après avoir dormi, en plein air, environ une heure ou deux, sous une pluie battante, je m'éveillai trempé jusqu'aux os; on se sépara dès l'aube : moi, continuant ma route vers le sud avec les Belges, et Marchand vers le nord avec la *Ville-de-Bruges*, qui doit le déposer à Zinka, pour venir nous reprendre ensuite à la descente, au poste belge d'Imécée, que nous devons atteindre dans deux jours aux plus.

CHAPITRE II

Mes compagnons belges. — Un poisson d'avril. — Accueil courtois du major Van der Grinten à Imécée. — Les indigènes d'Imécée, le village. — La sentinelle de l'État. — Pendaison d'un chef cannibal. — Lutte de femmes.

Le temps, qui reste couvert, nous permet de nous reposer un peu des chaleurs effroyables de ces jours passés ; malheureusement, le vent souffle violemment et soulève les vagues du fleuve, remplissant d'eau nos pirogues. On n'est jamais tranquille.

La *Ville-de-Bruges* nous avait remis en passant un colis venant d'Europe, qui m'apporte des nouvelles de Courbevoie et des amis : ces lettres sont datées de décembre et nous sommes fin mars ; comme vous pouvez voir, les courriers ne vont pas vite ; néanmoins, je suis content, tout va bien ; malheureusement les nouvelles de Brazzaville sont moins bonnes : des morts, toujours des morts ! Pauvres Européens ! ce pays-là n'est pas fait pour eux.

Puisque je navigue sous pavillon belge, je vais vous dire quelques mots sur mes compagnons de voyage :

M. le commandant Leclerq, M.. le capitaine Tonneau et l'adjudant Laurent, celui qui dort si bien dans la pirogue, sont de braves gens, simples et droits, Wallons tous les

trois ; gais et francs d'allures; ils sont doux avec leurs
noirs, tout en les conduisant ferme. Je ne crois pas à la
possibilité des cruautés soi-disant commises par des officiers de l'État indépendant, ou plutôt ça a dû être très
exceptionnel :

CAPITAINE TONNEAU

Les assassins ou voleurs qu'on rencontre chez nous ne
prouvent pas que les Français soient des assassins ou des
voleurs ; je dirai plus, les Belges en général me paraissent
plus doux, moins emballés et souvent plus logiques que
nous. Ils ont des qualités de persévérance que nous ferions
bien d'examiner de près. Je crois qu'il est parfaitement idiot,

sous prétexte de patriotisme, de refuser de voir chez ses voisins ce qu'il y a de louable, et de ne distinguer que leurs défauts. J'affirme que je pourrais vivre avec mes nouveaux compagnons aussi longtemps que possible, sans noise, ni querelles; et pourtant j'ai le caractère plutôt pointu:

ADJUDANT LAURENT

mais ils ont une immense qualité : ils ne sont ni taquins, ni moqueurs, ce qui constitue notre défaut dominant et ce qui nous rend souvent insupportables aux autres nations.

M. Leclercq, avec sa barbe énorme, qui lui donne un air farouche, est le meilleur homme qu'on puisse rencontrer:

M. le capitaine Tonneau est la gaieté en bâton; quand à l'adjudant c'est un brave type de sous-officier qui n'a rien du fendant de certains de nos petits sous-off...

Bref, je me trouve bien dans ce milieu et je suis heureux de le constater; je suis bien convaincu aujourd'hui que les Français

M. LE COMMANDANT LECLERCQ

et les Belges, dont les possessions limitrophes pourraient s'étendre de l'océan Atlantique à l'Abyssinie, devraient à tout prix écarter la concurrence étrangère dans ces contrées; c'est là que serait le gage de la civilisation et de la paix au centre africain.

On aurait tout à perdre à voir les avides Anglais étendre

leurs griffes de ce côté. On ne doit pas oublier que cette nation n'a jamais été utile qu'à elle-même et qu'elle a toujours trompé ses meilleurs alliés ; c'est une race dont il n'y aura jamais rien à attendre que duperie. Ouvrons l'œil : si

MON PETIT CAMARADE DE PIROGUE, L'ADJUDANT BELGE, M. LAURENT

on invite John Bull à sa table, il faut serrer les couverts ou du moins ne lui montrer que le ruolz.

Un incident tumultueux, qui surgit tout à coup et trouble notre marche, est motivé par l'apparition subite d'une charogne immonde de poisson, sur laquelle se jettent les pagayeurs, qui veulent s'en emparer. On est obligé de tomber dessus à coup de chicotte, pour leur faire lâcher cette abominable proie. — J'ai failli rendre mon déjeuner à la suite de cette scène. — Les saligauds!

Comme nous étions le premier du mois, M. Leclercq nous fit remarquer que la rencontre était tout à fait de circonstance et qu'il s'agissait d'un véritable *poisson d'avril*. Je dois même ajouter que peu ont dû être aussi réussis et je n'en n'oublierai jamais l'odeur qui nous suivit à plus d'un kilomètre.

Le même jour au soir, nous débarquions à Imécée, sta-

LE MAJOR VAN DER GRINTEN

tion de l'État, où nous avions été déjà si bien accueillis en passant. C'est ce même poste, si vous vous rappelez, dont je vous ai signalé les admirables plantations et la merveilleuse forêt de palmiers, dont je vais tâcher d'envoyer un dessin.

C'est ici que nous devons attendre le retour de la *Ville-de-Bruges*, qui ne saurait tarder.

Malgré mon impatience, je me trouve bien à Imécée, toujours au milieu de nos amis belges, qui vraiment au point de vue hospitalier méritent tous les éloges :

M. le commissaire général Van der Grinten, qui nous accueille avec courtoisie, est un homme un peu froid d'aspect, mais distingué de manières et d'esprit : après avoir servi dans l'état-major belge, où il a atteint le grade de major, qui correspond chez nous à celui de chef d'escadron, il est entré au service de l'État Indépendant comme commandant supérieur de l'Oubangui ; il peut avoir une quarantaine d'années et a tout l'aspect d'un officier français. Puis vient le commandant Heymans, chef de zone, dont l'affabilité s'allie avec les franches allures d'un homme du nord. Enfin MM. Dumont, chef de poste, et Néeve-Istein premier sergent, deux tout jeunes gens.

Rien de bien saillant durant les trois premiers jours que je passe à Imécée, sinon une chaleur effroyable que je supporte de mon mieux.

Les noirs me paraissent ici traités d'une façon particulièrement douce et se montrent néanmoins très dociles ; ce qui tendrait à prouver que les mauvais traitements et les injures ne sont pas indispensables pour conduire ces pauvres gens.

Je dois signaler à Imécée un inconvénient dont je n'avais eu encore à souffrir nulle part : les rats y sont nombreux et montrent une audace peu ordinaire : l'un d'eux a eu, durant la nuit dernière, le toupet de s'introduire sous ma moustiquaire, et il s'est mis sans façon à me grignoter l'ongle du gros orteil. Jusque là, rien de bien grave ; mais une morsure qu'il me fit dans la chair même me réveilla en sursaut, et je dus prendre des mesures énergiques qui mirent fin aux entreprises du rongeur. Comme vous le voyez, c'est toujours sur la défensive qu'il faut être en Afrique, et les petits désagréments y pullulent, sans compter les gros, qui de temps à autre viennent nous avertir qu'il faut sans cesse veiller.

Je ne vous entretiendrai pas du commerce de l'ivoire et du

caoutchouc auquel se livrent mes hôtes ; on connaît en Europe les détails de ce trafic dont on a souvent parlé ; ça été traité par des voyageurs compétents en la matière. Je me borne à chercher le pittoresque et à le signaler quand je le rencontre ; sans compliquer mon récit en m'occupant

LE BOY MANDAGALA A IMÉCÉE

du côté économique, lequel au fond me touche beaucoup moins.

Je profiterai pourtant de mon séjour et de ma vie en commun avec les Belges pour observer leur façon de faire en matière coloniale ; et je tâcherai de mettre toute l'impartialité possible en traitant dans la suite ce sujet plutôt délicat, puisqu'en réalité, nous sommes un peu en rivalité, ou si vous voulez concurrents. Vous avez pu vous apercevoir déjà que j'avais été impressionné plutôt en bien par ce que j'ai vu touchant la question. Je continuerai à vous donner fidèlement mes appréciations sur nos voi-

MADEMOISELLE SIDA A IMÉCÉE

sins puisque je dois terminer mon voyage par l'État Indépendant.

Je ne saurais trop répéter, aux personnes qui me font l'honneur de me lire, que mes aperçus sur les choses et les gens sont sincères quelque variabilité qu'ils puissent offrir.

IMÉCÉE, VILLAGE INDIGÈNE

Rien n'étant absolu, pas plus, je dirai même moins, en Afrique qu'autre part, on pourra certes relever des contradictions dans mon récit fait au jour le jour, et subissant forcément le contre-coup de ce que j'appellerai encore, pour être à la mode, mon état d'âme, ou plutôt de santé et d'humeur. En cela, je suis homme et de plus artiste, c'est-à-dire impressionable et nerveux. Je demande donc qu'on soit indulgent en considération de ma sincérité absolue.

J'ai terminé la journée du 5 avril par une promenade au village indigène d'Imécée, qui se trouve dans le voisinage du poste. Ce village m'a donné de prime aspect l'idée du bonheur parfait chez les primitifs, quand ils ne font pas la guerre : des chants, des danses, un air d'insouciance et de bonne santé; je vois des cases propres et ornées presque avec goût, des femmes et des petits enfants, tous occupés à tresser des paniers, d'autres à tisser des étoffes avec les moyens les plus rudimentaires; d'autres enfin extrayant des noix de palme l'huile à l'aide d'un pressoir, ingénieux de construction, quoique barbare de forme. Peu ou point d'attirail guerrier; bref, un air d'innocence et de bonhomie que j'admire.

Faut-il s'y fier ? Je n'en sais rien; je constate simplement ce que je vois. On m'affirme que ces bonnes gens sont canibales et on me cite maints exemples à l'appui de ces assertions. Seulement on ajoute qu'ils se cachent soigneusement de ce travers vis à vis des blancs, qui n'entendent pas la plaisanterie sur ce chapitre.

J'irai demain faire un dessin chez ces braves anthropophages, et je vous avoue entre nous que je ne suis pas très ému à cette idée; j'ai du reste déjà planté des jalons en cajolant les petits noirs, qui sont très gentils et commencent d'abord par pousser des cris de terreur, quand je les prends dans mes bras.

Les hommes sont grands, forts et réellement beaux, les

SENTINELLE BELGE, BACONGO

femmes laisseraient plutôt à désirer. Nous devons assister ce soir à une scène de lutte, excercice dans lequel ces indigènes sont très experts, paraît-il. Je ne manquerai certes pas une telle aubaine. On me déconseille de prendre sur moi aucune arme.

Les luttes n'ont pu avoir lieu à cause de la pluie survenue brusquement, je le regrette : on dit que le spectacle en vaut la peine. Cette nuit en revanche, un petit incident comique est venu un instant m'égayer :

J'étais sorti au clair de lune pour accomplir une de ces fonctions à laquelle hélas ! tous les mortels sont soumis.

La sentinelle qui faisait les cent pas le long du rivage m'ayant aperçu, s'avança droit de mon côté : c'était plutôt gênant ; arrivé à ma hauteur, le bon nègre s'arrêta net, pivota militairement sur les talons et me présenta les armes. Une politesse en vaut une autre, j'exécutai tant bien que mal le salut militaire, et le soldat reprit gravement sa promenade.

Comme vous voyez les troupiers noirs de l'État sont très disciplinés. De fait, ces braves gens sont extrêmement polis ; ils manœuvrent en outre d'une façon remarquable. Nos Sénégalais, que je considère comme plus solides et plus guerriers, devraient bien emprunter à ceux de l'État un peu de leur soumission et de leur obéissance. Il est vrai que l'on ne peut pas tout avoir.

Les noirs de ce district, à en juger par les divers villages que j'ai visités, sont remarquablement taillés et musclés ; on y rencontre de véritables hercules Farnèse, comme carrure et comme masse, à l'encontre des Sénégalais qui sont grands, mais élancés, et plutôt secs comme des sauterelles.

Une remarque que je formule ici, sous réserve pourtant, c'est que le poisson de l'Oubangui, que je vois pêcher en quantité par les femmes indigènes et dont nous mangeons assez souvent, est très supérieur à celui du Congo, que je trouve mollasse et visqueux ; celui de ces parages ressemble beaucoup comme goût et même comme forme aux habitants de nos rivières, telles que carpes, anguilles, brochets, etc.

On a tué hier aux environs du poste un très gros éléphant. Le chasseur, qui est un noir, a été, comme cela était arrivé une fois à Louettières, renversé par l'animal, et a dû également comme lui, le tirer dans le ventre, à bout portant et couché sur le dos. Le pauvre diable durant un instant n'a pas dû s'amuser.

POSTE D'IMÉCÉE

Je ne sais pas si la *Ville-de-Bruges* arrivera aujourd'hui ou demain, mais je l'attends avec une certaine impatience. On craint toujours, étant donné la baisse continuelle des eaux, un accident ou un échouement quelconque ; heureusement le capitaine Lindholm est un homme très prudent, et j'ai bon espoir. En attendant son arrivée, je travaille de mon mieux, malgré la chaleur accablante.

Je remarque, non sans une grande satisfaction, que ma

M. S. DUMONT

santé, malgré le voisinage de grands marais, se maintient en bon état. Il est vrai que faute de munitions, je ne puis plus chasser, ni courir la brousse, et c'est peut-être la raison de la continuité de ce bon état; car j'ai constaté que le plus souvent en fait de gibier, c'est la fièvre que l'on rapporte de ces expéditions à travers bois. Ma jambe, qui n'est pas encore très solide, m'empêche également de vagabonder et de m'éloigner du poste : tout est donc bien pour l'instant ; ne nous faisons pas de bile par avance. En Afrique, on ne saurait trop le redire, il faut être patient et un peu fataliste; si on veut trop rêver aux accidents possibles, on devient morose et hypocondriaque. Ainsi, j'entends me figurer que je

MADEMOISELLE MAKOKA, A IMÉCÉE

nage dans le bonheur parfait; et pourtant ce n'est pas tout à fait cela : l'image de Courbevoie, de Neuilly et des figures qui circulent dans ce coin aimé de Paris se présente souvent à moi et me fait involontairement soupirer après le retour.

Je ne suis pas seul à tourner ainsi mes pensées vers les miens; l'excellent major Van der Grinten m'entretient quelquefois de ceux qu'il aime et qu'il a laissés là-bas ; et pourtant c'est une nature ferme et bien trempée que celle de cet officier belge; mais voilà, comme on dit quelquefois chez nous « ça n'empêche pas les sentiments ».

Je vais aujourd'hui, pour la troisième fois, manger de la trompe d'éléphant; mais, elle sera préparée à la façon indigène, c'est-à-dire couchée dans une fosse creusée à cet effet, avec trente heures de cuisson; assaisonnée de piment et autres ingrédients du crû. Je n'avais, je crois vous l'avoir dit, rien trouvé de remarquable dans ce met réputé exquis; ça m'avait paru ressembler à du bœuf médiocre. Nous allons, sans parti pris, voir si cette nouvelle expérience changera notre premier jugement.

Nous sommes le 7 avril, et la *Ville-de-Bruges* ne paraît pas à l'horizon.

J'ai assez mal dormi la nuit dernière, à cause des hurlements funéraires poussés par les femmes du village, pleurant la mort d'un enfant. Ces cris, à la fois lugubres et plaintifs, comme ceux d'un chien qui aboie à la lune, sont très impressionnants dans le silence de la nuit.

En fait de nuit, j'ai été particulièrement frappé cette fois par l'éclat merveilleux des étoiles, auquel celui de nos constellations ne saurait se comparer, quand par hasard l'atmosphère est pure. On peut dire, sans être taxé de prétentions au lyrisme, que c'est un véritable champ de diamants. Du reste, il en est ainsi des constellations qui se présentent aux yeux à mesure que l'on s'avance vers le sud; cet hémisphère est certainement beaucoup plus riche d'aspect que le nôtre.

Toujours pas de *Ville-de-Bruges* ! Cela devient inquiétant; d'autant que nous risquons de manquer le vapeur qui dans un mois pourrait nous prendre à son bord pour l'Europe. Il n'est pas toujours facile de quitter le centre africain; et on a vu maints exemples de voyageurs attendant quelquefois une année entière les moyens de regagner la côte tant désirée. Espérons que cela ne se passera pas ainsi pour nous.

Je continue à recueillir des documents, le plus que je peux; et la conversation, entre ces vieux Africains belges, qui sont

LIEUTENANT HEYMANS

devenus des camarades et seront mes compagnons de route, est des plus intéressantes à ce point de vue : réflexions, anecdotes vécues, dans d'autres parties du continent à moi inconnues, contribuent à augmenter mon bagage.

Pas plus tard que ce matin, le bon commandant Leclercq, l'homme à la grande barbe, nous donnait, à propos du décès survenu dans le village voisin, des détails sur des faits analogues auxquels il avait lui-même assisté : c'était au pays des Monvous, au sud-est du district des anciens Monboutous, les fameux Nyams-Nyams de Schweinfurth. Le chef Madjébè avait perdu sa principale épouse, près de la station que M. Leclercq commandait à cette époque ; le commandant lui avait rappelé énergiquement la défense existant, à propos des immolations faites en pareil cas d'un certain nombre de victimes humaines. Le chef jura sur ses grands yeux que ces hécatombes n'auraient pas lieu.

Un mois après, M. Leclercq, en voyage chez les Monvous, ne fut pas peu surpris d'apprendre que le chef en question s'était livré en catimini à la pratique ordinaire des assassinats funèbres, et dans ce but, avait été cueillir trois habitants chez les dits Monvous.

C'était sur la famille d'un tout petit chef de village qu'était tombé son choix ; celui-ci se plaignit au commandant du rapt dont il était victime.

Madjébè, qui avait consommé son crime, compliqué de cannibalisme, dans une plaine très éloignée de son village, fut sommé de comparaître devant les blancs. Il s'y refusa d'abord ; mais sur un ordre réitéré, il finit par se rendre au camp belge, espérant se tirer d'affaire assez facilement. Là, après interrogatoire et rappel de plusieurs homicides précédents, il fut condamné à être pendu haut et court ; et cette sentence fut exécutée séance tenante à la grande satisfaction de ses voisins, qui le redoutaient et le considéraient comme un bandit et un empoisonneur, profession qu'il exerçait habituellement, jusque sur les animaux appartenant à la station ; le tout pour se venger d'une mesure prise dans le but de l'empêcher de molester les petits chefs de village, ses voisins.

Comme vous pouvez juger, il y a lieu de se méfier même des noirs qui protestent avec indignation contre l'accusation de cannibalisme.

Ainsi que je vous l'ai annoncé, j'ai mangé de la fameuse trompe d'éléphant, préparée cette fois à la mode indigène, enveloppée dans des feuilles de bananier : en fait c'est bon, et j'ai maintenant sur cette chair une appréciation bien arrêtée : ça m'a fait l'effet d'excellent bœuf bouilli, et je crois qu'un bon cuisinier peut en tirer tout le parti qui se tire du

POSTE D'IMÉCÉE

bœuf, en forçant toutefois la cuisson. Une autre partie de l'éléphant est, dit-on, excellente à manger, c'est le pied ; mais il ne m'a pas été donné d'y goûter.

Aujourd'hui 8 avril, j'ai assisté à une lutte à main-plate entre deux jeunes femmes, qui s'étaient d'abord battues, et qu'on a obligé ensuite à vider leur querelle dans cette lutte par devant témoins.

Ça été un curieux spectacle, et ces dames y ont mis un acharnement inouï : l'une d'elles, ayant saisi l'autre par son pagne, on le lui arracha; et la lutte continua, l'une des combattantes était absolument nue; enfin, les épaules de la plus grande ayant touché le sol, le combat fut arrêté. La vaincue furieuse fit mine de se jeter à coups de griffes sur l'autre, mais on s'opposa à ces velléités qui ne sont pas de règle.

Ainsi faute des grandes luttes que j'avais promis de vous narrer j'ai dû me rabattre sur ce combat singulier, où certes, j'ai pu voir déployer un mélange de force et d'adresse uni à certaine grâce un peu sauvage.

CHAPITRE III

Départ sur la *Ville-de-Bruges*. — Nouvelle dramatique de Tamboura. — Accident sur le fleuve. — La chaise congolaise. — Un trafiquant modèle. — La cargaison de Monseigneur. — Iréboux. — La mort d'un docteur. — Équateurville et Coquiaville. — Meurtre de Louettières. — Le chimpanzé de Lafitte.

10 avril, 8 heures du matin. — Hourrah pour la *Ville-de-Bruges !* il n'y a pas à en douter ; une petite fumée tache en blanc le fond des bois de la rive Nord; c'est notre cher bateau ; avant deux heures nous allons l'avoir à portée; il était temps : une véritable inquiétude commençait à se glisser dans nos âmes. En route! nous partons à deux heures de l'après-midi et nous filons rondement; mais va te faire l'en l'air, une heure était à peine écoulée que nous étions immobilisés sur un banc de sable, où nous fûmes obligés de passer le reste du jour, presque en face d'un ancien poste français établi à la place du village où en, 1888, M. Dolisie a été attaqué par les indigènes, malgré le fameux *échange du sang* : six hommes disparurent pendant la bagarre et furent mangés: M. Dolisie en se sauvant à la nage reçut une sagaie qui lui fit au cou une blessure assez grave.

Le lendemain, dès l'aube, nous parvenons à démarrer et poursuivons péniblement notre route sur la rivière qui, cette année, a une baisse d'eau tout à fait exceptionnelle.

Mgr Augouard, que j'ai retrouvé à bord de la *Ville-de-Bruges*, m'offre gracieusement de me prendre sur son petit steam le *Léon XIII*, qui doit le ramener de Liranga à Brazzaville; malheureusement le bateau sera encombré par les enfants de la mission, et je craindrais d'y être un peu à

M. BOURGEAU

l'étroit; d'autre part, je redoute l'accusation de lâcheur ou de fantaisiste de la part de mes compagnons de retour. Ainsi tout calculé, je reste sur la *Ville-de-Bruges*.

Le bruit d'un drame qui vient de se passer à Tamboura, limite de nos possessions actuelles, était arrivé à nos oreilles, raconté de diverses manières : il s'agissait de la mort violente du capitaine Hossinger : voici la véritable version, recueillie par moi, de la bouche d'un témoin qui y a assisté en personne, M. le sergent-major Bourgeau, actuellement à bord de notre steam :

« Le capitaine Hossinger, arrivé à Tamboura le 8 février, s'était installé dans ce poste, où il avait construit un fortin de 40 mètres de côté, dans lequel se trouvait sa case et le magasin. Le capitaine venait de terminer son repas du

CAPITAINE HOSSINGER, ASSASSINÉ A TAMBOURA

soir, lorsque le tirailleur Guimédiollo, son planton, entra, prit son fusil qui était accroché au mur, passa dans la pièce voisine, chargea l'arme sans bruit et, la dirigeant sur M. Hossinger, lui tira à moins de 2 mètres une balle qui pénétra sous l'aisselle et traversa de part en part le malheureux officier, lequel tomba à la renverse. Cet acte accompli, le Sénégalais, rechargeant rapidement sa carabine, s'accroupit, mit la crosse en l'air et se tira à bout portant dans l'abdomen :

il expirait un quart d'heure après. Un milicien qui entrait au deuxième coup de feu essaya de relever le capitaine; celui-ci l'envoya chercher M. Bourgeau, le sergent-major, qui l'aida à placer le blessé sur son lit. A neuf heures du soir, M. Hossinger rendait le dernier soupir. »

Le motif de ce drame est surtout dû au caractère du Sénégalais qui était sombre et taciturne : il s'était plaint des sévices exercés contre lui, par le capitaine, sévices, qui n'auraient pas dépassé, paraît-il, les corrections infligées ordinairement pour fautes de discipline.

Je n'insisterai pas sur ce déplorable accident dont les victimes ont disparu; mais je ferai remarquer que la terre d'Afrique est malheureusement fertile en événements de ce genre. Le climat y pousse facilement à l'exaltation, et la vie humaine ne me paraît pas peser lourd dans une société qui est encore en formation sous bien des rapports.

Nous cheminons toujours péniblement, et le paysage déjà parcouru par moi en venant, se déroule assez monotone, mais en somme majestueux : toujours de petits accidents dramatiques surgissent sur notre route :

Une pauvre petite négresse, très jolie ma foi, ce qui est rare, se laisse choir dans l'Oubangui, nageant il est vrai, comme un petit poisson, mais emportée par la violence du courant; la mère, une grande et forte gaillarde, s'élançant à sa suite parvint à la saisir à grande distance du steam; puis finalement deux hercules noirs bangalas, rejoignant le groupe, et grâce aux habiles manœuvres du capitaine Lindholm, réintégrant le domicile du bateau, après avoir échappé non seulement aux eaux, mais à la dent des caïmans très nombreux en cet endroit. Plus loin, deux malheureux toutous se laissent glisser aussi l'un après l'autre mais hélas! on ne s'arrête pas pour si peu; et pourtant combien de gens aiment mieux leurs bêtes et à plus juste titre que certains de leurs semblables.

Un petit désagrément que je vous signale pour la forme ; j'ai reçu du capitaine Marchand, à Imécée, une lettre où il prétend, sur des dire pas mal concierges (on est vraiment potinier au Congo), que j'ai voulu le *déshonorer* ; c'est tellement énorme que jai cru ne pas devoir répondre à cette lettre. Pauvre capitaine ! Il ne m'a guère compris :

Décidément, on se monte facilement sous l'équateur, et les cervelles y bougent vite dans leurs récipients, quand ça n'est pas dans les marmites. Attrapez mon capitaine ? Je me venge de l'accusation de *tocqué*, formulée naguère par vous dans une longue épître me concernant.

Une douce chaleur, pour changer, continue à nous envelopper, et je vois autour de moi après le déjeuner Belges et Français mes compagnons étendus à la sieste comme des morts sur un champ de bataille ; mais ce qu'il y a de plus curieux, c'est l'entrepont, où grouillent entassés pêle-mêle, avec leurs misérables bagages, noirs, négresses, chiens, cabris, singes, poules et perroquets ; les gens dans les poses les plus cocasses et affublés des plus étranges oripeaux, quand ils ne sont pas nus comme des vers. Voilà un déménagement forain qui aurait tenté la plume de l'auteur du *Capitaine Fracasse* ; je vais tâcher d'en faire un dessin, ce qui n'est pas commode, étant donné que je suis obligé de m'adosser à la chaudière, et ça n'est pas précisément agréable. Si Marc était là, il me doublerait mes appointements. (O illusion de voyageur.)

La santé générale est bonne, comme cela arrive ordinairement sur la rivière : nous n'avons présentement qu'un seul malade, M. Guillot qui retourne en France ; et encore est-il en pleine voie de guérison.

Nous espérons atteindre aujourd'hui Liranga, où se trouve établie une mission catholique, dans laquelle Mgr Augouard doit séjourner une semaine. Cette station est placée juste au confluent du Congo et de l'Oubangui. Mais la

Ville-de-Bruges, pour raisons commerciales, va, au lieu de continuer sa route en descendant le Congo, remonter ce fleuve jusqu'à Coquiaville, ce qui nous retardera forcément d'une dizaine de jours et me permettra de faire des observations en plein État belge. Au fond ça me va. Je vous ferai remarquer que je suis en général plutôt accommodant, et que je ne me hérisse que contre l'autoritarisme qui ne rime à rien et frise la taquinerie.

Si j'en juge par l'aspect jaune et plutôt sale des eaux, nous devons approcher du confluent de la rivière de l'Oubangui et du Congo, où nous allons très probablement revoir la couleur rougeâtre prononcée que j'ai observée durant la montée du grand fleuve.

Plus je vis au milieu des noirs et plus je me convaincs que ce sont des enfants, terribles, cruels et égoïstes si vous voulez, toujours comme l'enfant, mais plutôt dignes d'intérêt et de pitié. Ces pauvres brutes subiront encore longtemps le joug de la race blanche, que je trouve au fond et en masse bien plus canaille qu'eux; car elle n'a pas l'excuse de l'ignorance; et les mangeurs d'hommes eux-mêmes sont moins coupables que les exploiteurs de nègres.

Voilà mon avis et je n'en démordrai pas, quand je devrais finir mes jours dans la terrible marmite, ce qui est peu probable, quoi qu'en ait pu penser le chef de la mission, qui m'a paru voir les choses avec un verre plutôt grossissant.

Néanmoins, si vous voulez mon sentiment bien sincère : *j'ai soupé du nègre;* et j'aimerais bien ne plus le voir; ce grand moutard rusé et vicieux est fatigant avec ses grimaces simiesques.

Ce matin 13, notre marche est encore une fois entravée par un accident survenu à la machine.

Ma foi, j'eusse encore préféré la navigation en pirogue : il y eut eu plus d'avance, moins de frais et plus de confortable; car, cette fois, je n'ai pas même une cabine à bord, où chacun s'est installé un peu à son gré; le capitaine étant distrait par un affreux mal de dents. Je n'ai pas voulu réclamer pour la raison que je veux à tout prix éviter les récriminations. En somme, je deviens philosophe par nécessité; un peu comme tous les philosophes que j'ai connus.

J'ai envie de ne plus vous entretenir des accidents causés par les arrêts des sables et rochers, à moins qu'ils n'occasionnent de sérieux dégâts. Ça devient banal et fastidieux. C'est comme les faits d'armes accomplis contre les caïmans, buffles, éléphants et autres bêtes, qui ne demandent toutes qu'à se soustraire par la fuite aux attaques de l'homme. Avec nos armes perfectionnées, il est si facile d'assassiner à distance, que vraiment je me demande s'il y a un mérite quelconque à accomplir ces sortes de prouesses. Quant aux exploits contre les hommes du pays, je dois déclarer en toute sincérité que je n'ai rien vu non plus de bien héroïque dans le genre. Les héros à mon avis seraient plutôt du côté des sauvages qui montrent quelquefois une audace et une témérité extraordinaires, soit pour voler, soit pour mourir.

A propos d'un de mes camarades belges, il est une chose dont je ne vous ai pas parlé, parce que je l'ignorais, M. Tonneau parlant fort peu de lui-même. Je tiens le fait du commandant Leclercq : c'est Tonneau qui fut chargé par le gouvernement de l'État de s'occuper de l'évacuation des postes que les Belges avaient dû céder à la France, à la suite de réclamations basées sur les conventions de Berlin. Il s'acquitta de cette très délicate mission de façon à mériter les éloges les plus chaleureux de tous les officiers français, qui apprirent à le connaître et à le juger. J'ai pu, comme je l'ai dit, apprécier moi-même le capitaine Tonneau et je ne puis qu'enchérir sur les éloges de mes compatriotes.

Voulez-vous, toujours pour vous distraire du voyage, qui

devient réellement monotone, voulez-vous, dis-je, que je vous conte un peu d'horreurs ? Voici, d'après mes compagnons belges, un mode de supplice très employé chez les diverses tribus du centre :

On amène le ou les patients, emmaillotés, et la tête enserrée dans une boîte à claire-voie, à laquelle on accroche une branche d'arbre solide et souple qu'on a abaissée jusqu'à la boîte : le condamné, assis et ligotté sur une chaise de bois, dont les pieds sont enfoncés et fixés en terre, est amarré solidement sur le siège en question; alors, le bourreau armé d'une espèce de serpe recourbée exécute une danse, entremêlée de coups lancés sur le col de la victime, dont on finit par voir voler la tête emportée brusquement dans les airs par la branche qui se redresse tout à coup.

Il paraît que c'est on ne peut plus récréatif pour les yeux des spectateurs; notre guillotine est plutôt froide auprès de la fameuse branche congolaise.

4 heures du soir. Nous passons devant les débris d'une factorerie abandonnée; je demande des explications au capitaine Lindholm, qui me raconte que, l'an dernier encore, cette factorerie existait, placée sous la surveillance d'un Européen (rien de français), qui mit la clef sous la porte et disparut après avoir vendu à un chef voisin tout ce qu'il pouvait vendre, y compris son boy et sa femme, qu'il avait l'air de chérir tendrement. Seulement, ce modèle de trafiquant s'était dit que « les affaires sont les affaires » et que l'on ne vient pas dans l'Oubangui pour plaisanter.

Arriverons-nous ce soir à Liranga ? Je ne sais, et je n'ose assommer le capitaine avec mes questions. Ces retards doivent suffisamment le préoccuper et l'irriter.

La cargaison de Monseigneur est en bien mauvais état : « Depuis deux jours, me dit-il, mes pauvres petits n'ont presque rien mangé; si le voyage continue dans ces conditions, il va en trépasser *encore.* » Il y a de ces malheureux enfants qui n'ont pas trois ans et sont de véritables petits squelettes.

Il me semble que Monseigneur pourrait bien faire tuer un de ses boucs *castrés*, qu'il amène gras et luisants; sans doute on les réserve pour la reproduction. Pauvre Monseigneur ! Je le plains.

Ce matin, 14 avril, nous entrons en plein Congo : c'est vraiment majestueux et grandiose, et le Congo avec ses grandes îles boisées m'apparaît digne de sa réputation. Dans une heure, nous serons à Liranga.

Ça n'est décidément pas dans l'Oubangui que je devais laisser mes os, malgré les prophéties sinistres des hommes de l'art.

Nous débarquons Monseigneur et ses quarante mioches, je suppose qu'on va leur faire rompre le jeûne.

Immédiatement nous mettons le cap à contre courant et nous remontons le fleuve en plein État belge, à destination d'Equateurville (fondée par Stanley), pour aller ensuite jusqu'à *Coquiaville*.

Je vous ai dit que je n'étais pas fâché de cette excursion sur le territoire rival; je pourrai en parler avec plus ample connaissance de cause.

J'apprends en quittant Liranga une nouvelle à sensation : Louettières, le fameux chasseur d'éléphants, vient d'être tué d'un coup de sagaie qui l'a traversé de part en part.

C'est un noir du village de Bongha, dont Louettières avait brutalisé le chef, qui lui a lancé le coup mortel. Je regrette sincèrement cette mort qui enlève à Brazzaville un des seuls commerçants français qui y étaient établis. Louettières avec son gibier a plus d'une fois sauvé le pays de la famine. De plus, il m'avait personnellement rendu le service de m'initier à la grande chasse, où il m'emmenait malgré les défenses expresses de Marchand. C'est avec lui que j'avais passé les trois jours où j'étais disparu de Brazzaville et durant lesquels les autorités constituées me firent vainement rechercher partout. J'avais gardé une dent à ce malheureux Louettières : si vous vous rappelez, ce fut lui qui fournit au trop zélé Morin la pirogue qui avec ses seize rameurs rattrapa la petite vedette le *Faidherbe*, à bord de laquelle je m'étais glissé subrepticement pour monter à Bangui.

MEURTRE DE LOUETTIÈRES A DONGHA

Il est mort, je lui pardonne de grand cœur.

Nous arrêtons un moment à Irébou station militaire principale de l'État, où on a fondé un grand camp d'instruction. On m'a affirmé, entre parenthèse, que l'État indépendant possède une dizaine de camps semblables, ce qui lui constitue une force respectable, étant donné qu'il y a dans chacun de ces camps un minimum de quatre cents hommes. L'aspect d'Irebou est extrêmement pittoresque : les cases y sont propres et bien construites, elles rappellent assez peu celles des naturels; de larges allées se prolongent à des distances considérables, ce qui permet au commandant d'y

LA PLAGE DE LIRANGA

faire de la bicyclette. Du diable si je m'attendais à trouver cet instrument au pays des cannibales. Nous séjournons fort peu dans cette station, trois ou quatre heures au plus; et en nous quittant le commandant belge, dont je regrette de n'avoir pas conservé le nom, me promet de me faire visiter le tout en détail à notre retour prochain.

J'ai recueilli de la bouche du docteur de l'endroit une histoire pas mal cocasse, à propos de la mort d'un de ses collègues : le médecin en question, M. B..., passait pour aimer la dive bouteille, à en mourir; c'est ce qui arriva. Sur une demande du docteur F... «Et où est son tombeau?» il fut simplement répondu : « Nous n'en savons rien, attendu qu'il a été enterré dans une des nombreuses îles du haut fleuve par ceux qui l'accompagnaient à sa dernière demeure; et ceux-ci étaient dans un tel état d'ébriété qu'ils n'ont jamais pu se rappeler l'endroit où ils avaient déposé les restes du joyeux disciple de Bacchus. »

On peut supposer que les mânes de M. B... ont dû tressaillir d'aise : jamais ivrogne ne pouvait rêver un plus beau convoi.

Le village d'Equateurville, que nous atteignons vers midi, est sans grand intérêt; en revanche la station de Coquiaville, où nous arrivons ensuite, a un aspect et une importance des plus sérieux : les cases y sont bien construites en briques et sont à la fois élégantes et commodes, au milieu d'un parc à l'européenne avec d'immenses allées, larges comme des boulevards; tout cela orné d'une végétation des plus luxuriantes; n'oubliez pas que nous sommes sous l'équateur.

Il y règne une activité inconnue à Brazzaville et autres postes français; c'est triste à dire pour nous, mais c'est la vérité nue et brutale, vérité qu'il serait niais et même coupable de dissimuler. La *Ville-de-Bruges* doit prendre ici un gros chargement de caoutchouc, et lever l'ancre dès demain 15 avril.

Il y a également un camp d'instruction militaire à Coquiaville.

A. LOUETTIÈRES, CHASSEUR D'ÉLÉPHANTS, A BRAZZAVILLE
TUÉ A BONGHA

Nous reprenons la route de Liranga; on nous annonce chemin faisant que le chef de poste, M. Costa, a disparu depuis une huitaine sans que personne ait pu donner de ses nouvelles. Toujours des surprises dans ce satané pays; je devrais pourtant ne plus m'étonner de rien, depuis un an que je m'y promène.

C'est seulement aujourd'hui 18 avril que nous touchons Liranga où nous recueillons l'épilogue du drame Louettières.

FACTORERIE BELGE A BONGHA

M. Costa, avisé de l'événement, était arrivé de Liranga, ce qui nous expliqua sa disparition. J'aime mieux cela.

Aussitôt débarqué, Costa, qui est l'homme énergique que vous savez, se porta sur le théâtre du drame, c'est-à-dire au village de Bongha, auquel appartenait le meurtrier de Louettières. Il n'eut pas de peine à se le faire livrer, car c'était un simple esclave, lequel en somme n'avait fait que venger son maître, le vieux chef maltraité par le chasseur blanc. Mais il fallait un exemple.

M. Costa fit juger et fusiller l'homme, et le village fut con-

EXÉCUTION DE MONOUNABÉKA, ASSASSIN DE A. LOUETTIÈRES — M. COSTA, CHEF DE POSTE

damné à une amende de cinquante mille *mitakos* ou barrettes de cuivre.

Nous avons retrouvé M. Lafitte à Bongha, à l'embouchure de la Sanga, où nous arrivons le même jour; c'est M. Lafitte qui accompagnait Louettières, au moment où celui-ci fut

CHIMPANZÉ DE 1ᵐ,80 (ANTHROPOMORPHE)

tué; comme on lui avait volé sa cabine, il ne put le venger, et dut se retirer, pour échapper lui-même à la mort.

Bongha est le véritable centre des sacrifices humains. Ainsi M. Costa m'a raconté qu'au village de Poulougou, on avait immolé plus de cent cinquante esclaves sur la tombe d'un chef influent dans la contrée. Dans un autre village, l'année dernière, afin de rendre les fétiches favorables à la vieille cheffesse Comba-Becka qui était malade, une jeune fille était éventrée chaque matin.

Toutes les fois qu'on part pour une grande chasse à l'hippopotame on tue deux esclaves.

Il existe dans le pays des chimpanzés de très grande taille

LE CHIMPANZÉ DE M. LAFITTE

et M. Lafitte possède le squelette d'un de ces animaux, mesurant 1^m,80 c. (Notez qu'il ne s'agit pas d'un gorille, lequel est quelquefois plus grand.)

L'accueil qui nous a été fait par MM. Costa et Lafitte a été des plus cordiaux, et le dernier a mis à ma disposition une série de clichés photographiques faits à Bongha et aux environs; il va sans dire que j'ai reçu ces précieux documents avec reconnaissance.

Le lendemain 15 avril, à midi, nous pûmes reprendre

BOY LOANGOS AU SERVICE DE M. LAFITTE

notre course descendante, non sans avoir remercié chaleureusement nos hôtes.

Bongha comptera certainement parmi les bons souvenirs de mon voyage au Congo.

Durant l'étape suivante, pour clôturer la série de mes chasses en Afrique, je brûle ma dernière cartouche Lebel

M. LAFITTE

à l'intention d'un caïman, qui ne doit pas s'en porter plus mal : n'ayant plus de munitions, j'ai dû forcément accrocher ma carabine et pour longtemps je pense. Je me contenterai

SÉNÉGALAIS A LA FACTORERIE DE BONGHA
PORTRAIT DE M. LAFITTE

désormais, comme arme offensive, de mon revolver; et il y a beaucoup de chances pour que je n'aie pas à en user.

Je mentionne l'état très grave dans lequel se trouverait le commandant Morin, au dire de M. de Keraoul qui vient d'arriver à Bongha, pour l'affaire Louettières : selon lui, le pauvre commandant était agonisant à son départ; il est vrai qu'à Brazzaville, on peut être porté agonisant et en revenir parfaitement, témoin l'exemple donné par votre serviteur. Je souhaite qu'il en soit ainsi pour Morin. C'est lui, si vous vous souvenez qui me rattrapa lors de mon premier départ pour Bangui; je lui avais un peu gardé rancune pour cet excès de zèle; mais, je le lui pardonne tout à fait.

Toujours selon M. de Keraoul, le résident général M. de Brazza aurait été rappelé en France, et la fameuse route entre Brazzaville et Loango serait encore barrée par les indigènes, malgré les dures répressions du capitaine Marchand. Ça ne m'étonne pas outre mesure.

CHAPITRE IV

Splendeurs du Congo. — Un mauvais tour de l'équipage. — Retour à Brazzaville, le nouvel administrateur M. Gaillard. — Figures d'amis retrouvées. — Kinshassa. — La mort marche. — Le massacre de l'Expédition Dhanis. — Les rapides du Pool. — Une aventure rétrospective de Marchand. — Le Dr Sims.

Nous filons, nous filons toujours.

Le 20 avril, vers midi, nous rattrapons la vedette de M. de Keraoul, laquelle avait un accident à son arbre de couche.

Le fleuve à l'endroit où nous naviguons est couvert d'îles innombrables, et peut mesurer, me dit le capitaine du bord, près de 30 kilomètres de largeur. Quel cours d'eau ! Par moments on peut se supposer en pleine mer. Il existe entre ces îles de verdure des chenals ravissants, où on navigue au travers d'immenses prairies de roseaux et de papyrus, semées de petits bouquets de bois, d'où s'élancent des quantités de grands oiseaux roses, blancs, noirs. Les eaux fourmillent de caïmans et d'hippopotames. Nous heurtons avec la quille de notre bateau plusieurs de ces derniers, qui doivent être surpris d'être ainsi dérangés dans ces solitudes paisibles où ils prennent si joyeusement leurs ébats au milieu des pacages et des champs aquatiques. Par-ci par-là, à de rares intervalles, apparaissent des pirogues montées par un ou deux indigènes qui regagnent timidement les bords boisés. Ces hommes se montrent aussi farouches que les animaux du pays, et comme je l'ai déjà dit ne tiennent que médiocrement à entrer en relations avec nous. De fait je n'en ai jamais aperçu un seul, quand nous abordons les rives, pour couper

M. L'ADMINISTRATEUR VITU DE KERAOUL.

le bois qui sert à chauffer notre machine, ou pour y passer la nuit. Ça n'est qu'après notre départ, à grande distance, qu'on peut voir leurs embarcations sortir subitement des fourrés et se diriger vers nos campements abandonnés, où ils espèrent trouver de menus objets oubliés ou des restes de vivres.

Nous retrouvons au bivouac du soir dans une île, où nous nous arrêtons, le minuscule bateau de M. de Keraoul qui, son avarie réparée, avait bravement repris sa course. Nous soupons gaiement sur la rive tous ensemble ; nous en sommes arrivés à ce point où le besoin de figures nouvelles nous est nécessaire pour se mettre en gaieté ; il faut dire que celle de l'administrateur de Brazzaville est particulièrement aimable et vivante. Les mauvaises langues (personne ici ne leur échappe) l'accusent d'amplifier un peu ses récits. Je n'en crois rien, mais quand cela serait, où serait le mal : sa conversation est intéressante ; et en somme il a beaucoup voyagé et beaucoup vu. Pour mon compte personnel, je l'écoute toujours avec grande satisfaction. En plus, M. de Keraoul est obligeant, hospitalier et ce qui ne gâte rien un homme bien élevé, un parfait gentleman, plein d'attentions et de tact avec ses hôtes ; je lui crois en plus une valeur réelle, de l'initiative et de la vigueur à l'occasion.

Eh bien, j'en souhaiterais autant à beaucoup de gens. Enfin, comme au gorille de certaine petite dame du demi-monde, *il ne lui manque que l'argent.*

Le bon accord continue à régner au milieu de nous, et le fait est assez rare pour être signalé ; car on a beau par esprit d'opposition tenter de le nier, ici plus qu'ailleurs on est disposé, quand on vit longtemps ensemble, à se trouver des défauts, et on devient, si l'on n'y prend garde, chatouilleux, agressif, hargneux. On a besoin de faire appel à une certaine dose de volonté pour ne pas s'emballer, le plus souvent à propos de bottes. Les temps orageux y excitent les tempéraments nerveux, et il suffit d'une étincelle électrique pour mettre le feu aux poudres : alors... on prend d'innocentes plaisanteries ou des mots sans portée pour des insultes, et volontiers on mettrait flamberge au vent.

Demandez plutôt à Marchand.

Une remarque que je suis forcé de faire : nous avons rencontré, tant sur le Congo que sur l'Oubangui, une douzaine de steams grands et petits; dans ce nombre un seul battant pavillon français (capitaine Tréchot) et encore je suis obligé de dire que ce bateau a été ressuscité, repêché et remis en état par ce même M. Tréchot pendant que j'étais à Brazzaville ; et ce, après avoir été condamné et abandonné par l'*autorité supérieure*. Cet unique bateau, qui s'est rapidement trouvé en état de rendre des services à la mission Marchand, est une preuve du gaspillage qui a dû régner à propos de ce que l'on a appelé pompeusement la flotte du Haut-Oubangui. On peut dire que sans les bateaux belges la mission était dans l'impossibilité matérielle de monter avec ses hommes et ses charges.

Espérons que la fin ira mieux que le commencement et que le temps forcément perdu sera rattrapé, grâce à l'activité du chef et de l'état-major d'élite qu'il emmène avec lui. Je ne puis en dire davantage, puisqu'il m'est interdit de m'occuper soit du but, soit des moyens d'action que peut avoir l'expédition dont il s'agit.

Au train où nous allons, j'espère que nous serons demain à Brazzaville. Nous avons franchi ce matin l'embouchure du Cassaï, et ce soir, nous nous arrêterons à la rivière Claire, non loin de laquelle, si vous vous souvenez, nous avons passé la nuit, lors de ma fugue sur la vedette le *Faidherbe*.

Nous allons enfin pénétrer dans le Pool. Mais hélas! nous avions compté sans nos nègres coupeurs de bois, qui ont jugé bon de ne rien couper du tout, et de passer la nuit le ventre à la lune, dans le simple but de faire une niche *au blanc* : Le blanc s'est fâché, et j'ai été ce matin dès l'aube réveillé par les cris des types dont les fesses payaient les fautes de la nuit : la chicote faisait son office.

Franchement, je répugne à ces sortes de sévices; mais vraiment ce matin, je trouve que les gaillards ne l'avaient pas volé. Ces gens après tout sont engagés, nourris, payés;

par conséquent ils doivent gagner leur salaire ; et c'est un véritable mouvement de méchanceté idiote qui seul a pu les pousser. On est réduit à faire couper le bois par l'équipage et les soldats noirs ; et cela va peut-être nous prendre une

M. GAILLARD, ADMINISTRATEUR DE BRAZZAVILLE

bonne partie de la journée ; plus que le temps qu'on aurait mis à gagner Brazzaville.

Bref, je l'ai déjà dit, la vertu indispensable sur ce continent c'est la patience ; soyons patients. Toute réflexion faite le capitaine s'est décidé à renvoyer les coupeurs de bois faire eux-mêmes la besogne qui leur incombait ; ils eussent été trop contents de se reposer. Les coups de trique ont du reste fait leur effet ; et le bois a été coupé avec une rapidité magique : nous voilà en route avant midi.

Nous entrons en plein Pool et marchons à toute vapeur :

M. ROUSSET, DÉLÉGUÉ DE L'INTÉRIEUR A BRAZZAVILLE

je vois redéfiler devant moi, pour la troisième fois, les admirables sites qui m'avaient tant frappé lors de ma première expédition ratée. C'est toujours majestueux et beau.

Nous arrivons le 28 avril, à Brazzaville, où je retrouve des figures sympathiques et d'autres; plusieurs victimes ont été frappées pendant mon absence; parmi celles-ci le chef de poste, M. Limouze. Quant à Morin, il n'est pas mort du tout; tant mieux pour lui[1].

L'administrateur principal, M. de Keraoul, a été remplacé par M. Gaillard, une des figures intéressantes de la colonie, où il a rendu de signalés services, peu connus, il est vrai, en Europe ; je ne saurais me dispenser d'en dire quelques mots :

M. Gaillard eut, en 1891, pour mission de remonter l'Oubangui, au-dessus des rapides de Bangui; de reconnaître et d'occuper la rive droite de cet important affluent. Il avait comme second, dans cette expédition, l'infortuné M. de Poumeyrac, qui périt, mangé par les Boubous, dans le Koto. Le *baley*, qui portait la mission, chavira au rapide de Mobaye et son capitaine M. Husson s'y noya.

M. l'administrateur Gaillard est allé jusqu'à Yakoma et a reconnu d'une façon précise que l'Ouellé était le véritable cours supérieur de l'Oubangui ; cette exploration a permis de conclure avec le gouvernement belge la convention qui nous rendit d'immenses territoires et nous donna accès au Nil par le Bar-el-Gazal.

Quelques mots aussi sur M. Rousset, l'aimable délégué de l'intérieur à Brazzaville, où M. de Brazza l'envoya le 28 novembre 1894 : M. Rousset a trente-trois ans et il est au Congo depuis l'année 1889. Attaché au cabinet du gouverneur de Chavannes, il fut chargé du service de la mobilisation et du recrutement, du bulletin, etc., puis chef du secrétariat du gouvernement. M. Rousset m'a rendu personnellement des services que je ne saurais oublier. Je lui souhaite bonne réussite et la situation qu'il mérite, en sa qualité d'homme sérieux et plein de sens.

J'ai aussi retrouvé ici, avec un véritable plaisir, mon jeune

---

1. M. Morin succomba malheureusement en juin à Bangui, victime des fatigues de son dernier voyage.

ami d'Ancos de Ganties, qui remplit les fonctions de trésorier et duquel j'aurais trop de bien à dire si je voulais m'étendre sur son compte : je n'oublierai jamais que sa maison me fut ouverte, lorsque beaucoup d'autres m'étaient à peu près fermées, durant ma querelle avec les autorités militaires. Enfin, M. Greshoff, le grand négociant hollandais qui a fondé

MON AMI D'ANCOS DE GANTIES

le magnifique établissement dont je vous ai déjà entretenus. C'est par les soins obligeants de M. Greshoff que je suis rapatrié : aujourd'hui même je traverse le Pool en sa précieuse compagnie, et il me conduit lui-même sur le territoire de l'État à sa succursale de Kinchassa. Nous avons pris passage sur le beau steam la *Henriette* qu'il vient de construire et de lancer.

Je passe à Kinchassa ma première nuit. Cette nuit, malgré le confortable dont je suis entouré, est une des plus abominables de mon voyage : je suis littéralement dévoré par les moustiques et je me promène harcelé par ces petits monstres ailés, qui me lardent jusqu'à l'aube.

M. CREVOST, CHEF DE POSTE A BRAZZAVILLE

Je dois attendre ici mes porteurs de bagages, peut-être plusieurs jours.

Sans le supplice des nuits, je me trouverais parfaitement bien ; mais, ne murmurons pas : je vais descendre à la côte.

La dyssenterie et la mort ont terriblement travaillé dans ce joli coin de Kinchassa, et je n'aimerais pas y séjourner longtemps. Au point de vue pittoresque, c'est un petit paradis, avec sa verdure, ses baobabs énormes et ses îles merveilleuses ; mais pourquoi cette splendide nature est-elle si cruelle envers les blancs. Cinq jeunes Hollandais arrivés à Kinchassa au moment de mon départ de Brazzaville, étaient morts à mon arrivée.

La chaleur continue à être accablante ; et je m'aperçois qu'à peu de chose près, à travers les saisons, on rencontre partout et toujours la même température sous la zone équatoriale. On peut affirmer que, pour l'Européen qui y résiste, les années comptent au moins double. Ce sont toujours les très jeunes gens qui paient le plus rude tribut : un de nos camarades de route, à peine âgé de dix-huit ans, le jeune Mazure a été singulièrement malmené ; il doit à l'heure actuelle être arrivé en France ; mais dans quel état l'ai-je laissé : de joufflu, frais et rose qu'il était au départ, je l'ai retrouvé livide, courbé et se traînant à peine quand je l'ai revu à Brazzaville. Il avait dû faire à pied la terrible route de Loango. Il faut être fou, pour envoyer ici des adolescents.

Il est arrivé ce matin une terrible nouvelle, confirmée malheureusement dans la soirée : une révolte a éclaté parmi les soldats noirs de l'État, composant la plus grande partie de la colonne Dhanis, colonne destinée à opérer *un peu dans la direction de Marchand*. Ces soldats, armés et dressés à l'européenne, ont égorgé tous leurs officiers et sous-officiers blancs, n'épargnant qu'un armurier qu'ils ont emmené avec eux. Ils sont au nombre de quinze cents, approvisionnés en vivres et en munitions ; on se demande avec inquiétude quelle suite pourrait bien avoir cette révolte dans un pays dont les populations sont absolument hostiles.

Ces troupes noires, que nous armons et dressons pour notre usage et contre leurs congénères, étant donné la dureté forcée des moyens que nous employons à leur égard, pour les soumettre et les discipliner, doivent assurément nous occasionner des désastres dans un espace de temps plus ou moins éloigné. Le moindre conflit entre Européens aura pour résultat de précipiter ces désastres et de nous attirer des représailles terribles de la part de cette même race noire que nous affectons de tant mépriser. Si l'élément arabe et musulman, qui est bien africain, voulait seulement faire un effort plus suivi, nous ne pourrions nous autres Européens, divisés d'intérêts et d'ambitions, peser bien lourd sur le continent; et notre influence disparaîtrait vite.

Qu'on y songe : cette révolte des soldats de l'État belge est un avertissement très clair, mais dont on ne tiendra certainement aucun compte.

Il existe dès maintenant un précédent qui montre au nègre de n'importe quelle race combien il lui est simple de se débarrasser du blanc : il n'a qu'à le vouloir. Pour que l'Européen puisse s'implanter ici, il est obligé d'employer la ruse, l'arbitraire et la cruauté ; ces moyens peuvent réussir un moment, mais ils s'usent vite, et alors gare les représailles.

J'attends toujours mes porteurs; je vois, durant ce temps, les steamers de l'État, qui remontent en hâte le cours du Congo, chargés de toutes les armes qu'on a pu rassembler et des troupes disponibles dans les différents districts de l'État. Il leur faudra bien deux mois avant d'arriver sur le terrain de la lutte; et d'ici là qui sait à quels excès peuvent se porter les révoltés !

On assure qu'une quarantaine de blancs sont tués ou disparus, une dizaine seulement aurait atteint les postes, complètement dépouillés de tout. On fait monter des étoffes pour les vêtir, et la maison hollandaise de Kinchassa a livré aujourd'hui même pour plusieurs milliers de francs de vêtements, souliers, casques, chemises, etc.

Quant au major Dhanis, qui se trouvait en flèche et avait, il me semble un peu l'air de marcher au devant des Anglais, on n'en a aucune nouvelle. Le mieux qu'il pourrait faire, c'est de demander un coup de main à Marchand, qui certes ne le lui refuserait pas et ce, pour le grand bien des deux colonies qui ne doivent à aucun prix, dans l'intérêt de l'avenir, laisser une partie vide entre leurs territoires et l'Abyssinie, partie qui tomberait bien vite aux mains des Anglais, lesquels font les plus grands efforts pour s'y glisser et s'y installer à jamais.

Toujours pas de caravane, et nous sommes le 3 mai. Je voudrais pourtant bien arriver à la côte avant le 20 courant.

Voilà à peu près un an que je roule sur cette terre, et, ma foi, j'avoue sincèrement que ça me suffit : j'ai hâte de revoir la France; d'autant que j'ai recueilli tous les documents suffisants, pour me faire une opinion bien nette sur la contrée que j'ai parcourue. Opinion toujours résumée dans cette idée que j'ai déjà émise cent fois, à propos de la race noire et qui ne saurait varier : je trouve toujours les nègres les mêmes : féroces ou doux suivant l'occasion, sans cesse prêts à rire ou à pleurer, paresseux ou d'une activité fébrile, pour satisfaire les fantaisies du moment, soumis ou révoltés, tyrans ou esclaves; plutôt maltraités par les blancs qui les obligent à travailler et dont ils sont en fait les bêtes de somme. Lors même qu'à notre contact ils arriveraient à une civilisation relative, je crois sérieusement à une infériorité intellectuelle; s'il y a des exceptions, elles sont rares.

Le noir finira par nous détester cordialement, et cela s'explique ; car il se rend parfaitement compte, lui qui au fond est extrêmement vaniteux, du mépris qu'il nous inspire; seulement, il nous craint, il nous croit les associés d'une puissance infernale quelconque, puissance qui nous protège et nous fait les plus forts. Le fond de son tempérament est un égoïsme parfait, qui le rend plutôt incapable d'aucun mouvement de générosité ou de reconnaissance pour ceux qui lui font du bien. En un mot, c'est la bête humaine avec des facultés cérébrales plutôt moindres.

Cette appréciation, qui peut paraître dure, constitue un droit pour les noirs à une grande indulgence de la part de la race qui a des prétentions à la supériorité ; malheureusement, nombre de blancs peuvent être considérés eux-mêmes comme des brutes et arrivent à égaler la race noire en égoïsme, et à la surpasser en férocité.

Puisque j'ai quelques jours de repos forcé et que mon voyage semble toucher à sa fin, il est une question assez délicate que je crois de mon devoir d'aborder franchement et sans réticences : il s'agit de l'état comparatif des deux colonies, le Congo belge et le Congo Français ; c'est bien simple.

D'une part, chez nous, je trouve à la côte un chemin à peine visible à l'œil nu, allant à travers monts et marigots au milieu de populations insoumises jusqu'à Brazzaville ; puis de Brazzaville qui, en somme, n'est qu'un poste avec tout un personnel administratif, je rencontre une route fluviale immense, sur le Congo et l'Oubangui, où quelques rares petites stations s'échelonnent à des distances improbables, ayant le plus souvent pour garnison un ou deux blancs sans soldats ; on y rencontre également trois ou quatre factoreries étrangères et deux ou trois missions catholiques sans influence ou à peu près ; à notre gauche d'immenses territoires, à nous concédés, entièrement négligés et complètement inconnus, faute de moyens. Il n'existe sur ces longs parcours aucun commerce, aucune exploitation, partant aucun rapport : tout cela coûteux et inutile, et je pense qu'il en sera longtemps ainsi.

Par contre, je vois sur la rive opposée un mouvement de steams grands et petits, de belles stations comme Coquiaville, Équateurville, Imécée, Kinchassa, Léopoldville, etc., stations dans lesquelles je vois charger du caoutchouc, de l'ivoire, des gommes, des bois et autres denrées et produits du pays.

Je trouve également sur cette rive des camps d'instruction militaire nombreux. Ces camps, répandus dans les districts de l'intérieur, constituent pour l'État une force effective de quatre à cinq mille hommes disponibles. Je ne veux pas trop insister sur ce sujet; j'aurais fort à dire et la comparaison ne serait pas à notre avantage. Un mot pour terminer : la mission Marchand en a été réduite à louer fort cher les bateaux de l'État pour pouvoir monter ses hommes et ses charges et n'a pu trouver du côté de ce que l'on qualifiait de flottile du Haut-Oubangui qu'un vieux steamer qui était mis au rebut et coulé dans le Congo, steam qu'un homme courageux et intelligent, M. Tréchot, est parvenu à renflouer et dont il a pris lui-même le commandement; j'oubliais la vedette le *Faidherbe*, minuscule, mais rapide marcheur; et puis, c'est tout; à moins que l'on ne compte la chaloupe le *Jacques-d'Uzès* que l'on vient de mettre à l'eau et qu'on est parvenu à monter après des mois de travail et des dépenses formidables : cette chaloupe peut contenir dix hommes au plus avec leurs charges, et ne saurait, à mon avis, rendre que des services insignifiants, si jamais elle en rend.

Voilà brutalement la vérité et je défie qu'on puisse me contredire. Je pense en signalant cet état de choses, accomplir un devoir patriotique et je ne n'ai pas hésité à encourir les animosités de certains types intéressés à ce qu'on fasse le silence autour des fromages dans lesquels ils ont élu domicile.

M. Jacques Bung, jeune Hollandais, agent principal de la factorerie, chez lequel j'ai pris domicile, me rend la vie très supportable à Kinchassa. Ce jeune homme, d'un caractère doux et égal, me fait l'effet d'être absolument dévoué aux intérêts qu'il représente : méthodique et correct comme beaucoup de ses compatriotes, il est bien le type destiné fatalement à atteindre la fortune sans se presser ni s'essouffler. N'était l'impatience du retour, je goûterais ici un bon repos, après les luttes de l'année passée. Je suis mon maître et personne ne songe à m'empêcher d'aller à droite ou à gauche, en avant ou en arrière.

La fâcheuse nouvelle de la révolte des soldats de Dhanis se confirme de plus en plus; les rebelles auraient emporté avec eux cinq cents caisses de cartouches et s'organisent pour la défense : ils construisent dit-on des fortifications et des blokaus.

Cette expédition, qui m'a toujours inspiré une certaine méfiance, n'existe donc plus, ou du moins tout est à recommencer, avec une armée insurgée à combattre en plus. C'est beaucoup de besogne à la fois; et, je le répète, les Belges auront tout avantage à s'appuyer sur la France qui ne demandera pas mieux que de les soutenir en cette malheureuse circonstance, laquelle m'apparaît bien plus grave qu'une défaite.

Quelques blancs échappés au massacre sont arrivés aujourd'hui à Kinchassa, à peine vêtus; ils se sont approvisionnés de vêtements; l'un d'eux m'a donné des détails sur l'affaire, qui aurait été le résultat d'une conspiration tramée de longue main et fomentée par les Arabes. C'est à la tombée de la nuit que la révolte aurait éclaté ; les officiers fatigués par une longue marche de la journée auraient été surpris dans leur sommeil et égorgés presque sans bruit; puis les rebelles se seraient emparés de tout : caisses de vivres, vêtements, armes, munitions. La première victime aurait été le commissaire général Leroy, lequel après avoir tiré quatre balles de son revolver se serait fait sauter la cervelle, pour ne pas tomber vivant dans les mains des insurgés. On suppose d'autre part que la colonne révoltée va se mettre en marche vers les Falls, et on craint des attaques contre les stations; mais il est plus probable qu'ils se dirigeront du côté du Cassaï leur pays, où, l'année dernière, une révolte moins importante il est vrai avait déjà eu lieu.

Voilà tous les détails un peu contradictoires que j'ai pu recueillir; on a plutôt une tendance à faire le silence autour de cette triste aventure. Si l'on songe aux immenses con-

M. BUNGE A KINCHASSA, GÉRANT

trées à peine connues où va se dérouler la fin du drame, on sera encore longtemps avant d'en connaître l'issue définitive on ne peut pour le moment que faire des conjectures.

Ça me fait songer à la petite colonne Marchand, qui doit à peine avoir atteint Yakoma, si elle a fait diligence. Jusqu'ici la route lui a été commode depuis Brazzaville, d'autant que l'expédition Liotard, qu'on suppose avoir atteint Demzibert, lui a fortement aplani et préparé la voie; mais à partir de là, quelle que soit la direction que prenne la mission, les difficultés pourraient bien commencer. Marchand est actif et courageux, mais les obstacles s'ils étaient sérieux, qu'on ne s'y trompe pas, pourraient le retarder considérablement, si non l'arrêter.

J'attends toujours mes porteurs. Comme j'ai des loisirs forcés j'en profite pour aller jusqu'aux rapides du Pool, près de Léopoldville.

Arrivé vers trois heures de l'après-dîner, et surpris par une violente tornade, j'ai néanmoins pu faire un dessin qui donne une pâle idée du brisement tumultueux et du mugissement des eaux qu'on voit bondir écumeuses entre les rochers sur un espace de plusieurs kilomètres.

C'est un spectacle plus grand et plus terrible que je ne croyais, mais qui n'a aucun rapport avec ce qu'on appelle des chutes ; car il n'y a pas de chute proprement dite : c'est une grande et brusque dépression formant une pente qui précipite le cours du fleuve au milieu de récifs sans nombre, entre lesquels un navire serait broyé en mille pièces, sans laisser aucune trace ni épave, témoin le malheureux steam la *Ville-de-Verviers*, dont on n'a jamais rien retrouvé. Je frémis en songeant à la soirée où, comme je vous l'ai conté, nous avons, en quittant Léopoldville avec l'*Oubangui*, dérivé de ce côté, ayant pris le sud des bouées indicatrices au lieu du nord.

Il existe au dessous des rapides, une petite île où se rencontrent de nombreux cadavres ou débris d'hippopotames et d'alligators, qui ont été saisis par le courant et broyés au milieu des roches.

Retour de cette intéressante excursion le soir même, après avoir été trempé jusqu'aux os, j'ai goûté une bonne nuit de repos, sans le moindre accès de fièvre, en dépit des morsures des moustiques qui continuent à faire rage, et arrivent toujours, au moins quelques uns, à s'introduire sous ma moustiquaire ; je n'en ai jamais vu d'aussi petits et d'aussi méchants qu'à Kinchassa où ils poursuivent leurs attaques même en plein jour. Par contre, les chiques ont cessé de me tourmenter.

Je pourrais, s'il m'en prenait fantaisie, traverser le Pool et me rendre jusqu'à Brazzaville que j'aperçois au loin, dans le brouillard, sur l'autre rive ; mais pour rien au monde, je ne saurais m'y résoudre ; j'en ai gardé de trop tristes souvenirs ; il me semble qu'on pourrait encore y attenter à ma liberté. Quoique j'ai fait ma paix avec Marchand, je lui pardonnerai difficilement ses tentatives d'autoritarisme : si c'est ainsi qu'on comprend la discipline en Afrique, je déclare que je n'en veux pas et, « ne voudrais pas même, à ce prix, un trésor. »

Je n'aime ni les couvents, ni les casernes, et ne saurait m'accomoder d'aucun genre de captivité.

Encore un mot sur la révolte des soldats de l'État.

Un employé de factorerie, qui arrive des Falls, m'a confirmé le bruit qui met sur le compte des Arabes l'origine de cette mutinerie : les musulmans, en effet, supportent impatiemment le protectorat des blancs, dont l'influence politique s'étend sur tout le pays. Suivant ce témoin oculaire, Dhanis serait redescendu jusqu'aux Falls sans troupes et, dénué de tout. Voici la liste des officiers et sous-officiers blancs tués :

Louis Dhanis, frère du commandant en chef, Leroy, Julien, Mathieu Dellecour, Cronebourg, Sérroléa, Andriau, Craliay, Van Mélen, Van Linden, Docqui, Béthou, Inver, Tagou, etc.

Un certain nombre d'autres a pu s'échapper à travers la brousse, et quelques-uns sont arrivés aux Falls épuisés de fatigue et de faim.

Une lettre, venue du Commissaire du district, enjoint au commandant de Kinchassa de mettre à ma disposition la première caravane disponible. Je ne saurais donc tarder à déguerpir.

J'apprends que Mgr Augouard est tombé gravement malade à la mission de Brazzaville, et le docteur Sims a été mandé en hâte de Kinchassa; mauvais climat ! même pour les vieux Africains; et je me considérerai comme débiteur d'une belle chandelle à la Providence, le jour où je me trouverai, voguant sur l'Atlantique, à bord d'un steam quelconque. Le trajet de Matadi à Anvers, qu'on peut à bon droit considérer comme un long voyage, m'apparaît une simple promenade d'agrément; tant il est vrai que le bonheur est une chose très relative ici-bas.

Il est à présumer que je n'aurai pas d'autre aventure et que tout, sur la fin de mon voyage, va se passer d'une façon plutôt normale. Or, avant de clôturer la liste des récits peu ordinaires, mais scrupuleusement vrais que je vous ai faits, j'ajouterai une certaine histoire contée par Marchand, chez Vitu de Keraoul, histoire après laquelle on peut, je crois tirer l'échelle au point de vue étrangeté.

Comme je manifestais l'opinion que l'homme était l'homme partout, à très peu de chose près, et qu'en somme, on ne rencontre rien d'absolument nouveau sous le soleil, Marchand se leva et me tint le discours suivant : « Eh bien, moi, j'ai vu plus fort que vous ne croyez : j'ai été dans un endroit où les hommes marchaient à quatre pattes ; s'approchant de moi, puis s'éloignant brusquement pour se rapprocher de nouveau, me jetant des regards en dessous et fuyant avec une prestesse de chat, sitôt que nous faisions, moi ou mes Sénégalais un mouvement un peu brusque. Cette comédie dura presque un après-midi ; et ces types nous suivirent longtemps à distance, épiant nos moindres mouvements, toujours à quatre pattes. Quand la nuit vint, et que nous voulûmes démarrer nos pirogues engagées dans les fourrées de la rive, ils se camponnèrent tous aux canots pour les empêcher d'avancer, et nous dûmes leur faire lâcher prise, à coups de pagaies, etc. »

Je ne me souviens pas au juste dans quelle partie de l'Afrique, vivait cette singulière peuplade. Quand je reverrai Marchand, je lui demanderai des détails plus circonstanciés; ça en vaut la peine. Il ne manque plus à ma collection

DOCTEUR SIMS

que les hommes volants; peut-être que Monteil en a vus? M. de Keraoul, à qui j'en ai parlé, m'a avoué qu'il ne connaissait pas ça; et cependant il a vu bien des choses M. de Keraoul.

J'ai reçu à mon réveil la visite du docteur Sims, qui m'a donné des nouvelles de Mgr Augouard, lequel paraît-il, est hors de danger, quoique très faible.

APIDES DU POOL

Ce sauvetage d'un prélat catholique, par un pasteur protestant, est assez piquant, et il est tout probable que cela vaudra au docteur plus d'une indulgence plénière. Monseigneur, qui n'est pas ingrat, saura lui ménager quelque porte secrète pour le faire pénétrer dans le séjour des élus. De fait, le docteur Sims est un homme distingué et un habile médecin; il est en plus chevalier de la Légion d'honneur, et je suppose que c'est un de ceux qui l'ont bien mérité. Je vous envoie la silhouette de cet homme de bien.

Pendant que je m'entretiens avec M. Sims, nous voyons passer sur le Pool le steamer la *Princesse-Clémentine*, qui porte à son bord le commandant de la flotte du Haut-Congo, M. Schomberg, officier danois. Il s'agit ici d'une vraie flotte, composée de vingt steams grands et petits; le vingt et unième, qui va se monter, sera le plus considérable de tous.

Une demi-heure après, je vois apparaître, remontant le Pool, la *Ville-de-Bruxelles* chargée de soldats noirs et d'officiers blancs, toujours à destination des Falls. Le commissaire du district, M. Costermans, qui est à bord, me fait remettre une lettre dans le but de hâter l'envoi de mes porteurs, et pour me recommander en route aux autorités belges.

Trois jours se sont encore écoulés monotones et plats, et, comme sœur Anne, je ne vois toujours rien venir.

Des tornades, accompagnées d'éclairs et de tonnerre, avec torrents d'eau, ne cessent de faire rage à l'entour du Pool, qu'elles enveloppent comme des trombes. Je n'ose dans ces conditions m'éloigner de la factorerie pour visiter la contrée environnante. Les satanés moustiques continuent à s'en donner à cœur joie sur ma peau et à m'empêcher de fermer l'œil durant la nuit. J'en suis réduit pour me distraire, à me promener sous la véranda, prêtant l'oreille au ronflement des hippopotames et dans le lointain, au clairon plus rare des éléphants, qui terminent leur émigration vers le nord;

car, si vous vous souvenez, l'année dernière à pareille saison, ces animaux commençaient à disparaître, quand le malheureux Louettières voulut me les faire chasser avec lui dans la grande île du Pool, où nous passâmes trois jours à les attendre vainement.

J'avais donné à Louettières ma parole que je ne dirais rien de cette escapade, dont de Keraoul a prétendu depuis con-

LA FACTORERIE BELGE, A KINCHASSA, DIRIGÉE PAR LE DOCTEUR BRIARD

naître tous les détails. Voici ce qui s'était passé : je m'étais muni d'une chaise longue et d'une moustiquaire; mais hélas, je vous l'ai dit, ce furent trois jours ou plutôt trois nuits de souffrances inutiles, nuits durant lesquelles je fus condamné à une immobilité à peu près complète, les pieds dans l'eau et dévoré sur place par des insectes de toutes les espèces; en revanche, nous ne vîmes pas la queue d'un éléphant. Il est vrai qu'on tua deux hippopotames au retour, quand je dis *on*, j'entends Louettières, car j'ai préféré lui laisser l'honneur des deux coups de fusil : c'était du reste plus sûr et moins trompeur. En revenant, nous eûmes une altercation des plus vives avec les Batékés que Louettières malmena au point de les amener à nous menacer de leurs armes ; je crus un instant à un conflit ; mais heureusement, les sauvages n'osèrent pas commencer les hostilités et se retirèrent du côté de leur village. J'aimais autant cela ; car je doute fort que la supériorité de nos armes eût compensé le nombre. Louettières, je l'ai dit, me fit promettre le secret sur cet incident ; mais sa mort, survenue depuis, me délie de ma promesse, et mon indiscrétion ne saurait le compromettre auprès des autorités. Vitu de Keraoul, m'a affirmé qu'il était au courant de l'affaire, mais qu'il avait volontairement fermé les yeux. C'est bien possible, car tout se sait dans ce satané pays, et il n'est pas un noir qui, pour obtenir un matabiche (récompense ou cadeau), ne soit disposé à conter ce qu'il a vu et ce qu'il n'a pas vu. Bon nombre de blancs sont également capables d'en faire autant, pour complaire à leur chef. J'en sais quelque chose pour mon compte et je n'aurais jamais cru à tant de servilité et de bassesse chez certains types.

En désespoir de cause, puisque mes porteurs ne veulent pas se décider à paraître, je vais tenter une petite excursion au camp qui me semble des plus pittoresques avec ses boababs gigantesques ; je vais essayer de faire un croquis de l'endroit ainsi que du commandant M. X... qui m'a paru avoir une figure intéressante.

CHAPITRE V

En route pour la côte. — La Mission de Kimuenza. — Majala. — Kimbongo. — Le buffle. — Obligé de montrer les dents. — Tombes de chefs. — Tampa. — Un Père à mule. — Lukusu. — Inkisi. — Le chemin de fer.

Je vais partir pour le camp, quand j'aperçois soudain mes porteurs qui dévalent : je rentre et fais immédiatement mes préparatifs de départ : mais ça devient tout une affaire pour mettre les noirs en mouvement : il est plus de quatre heures de l'après-dîner quand on est prêt ; j'espère néanmoins arriver avant la nuit à Léopoldville, chez le docteur Sims, qui m'a fait promettre que j'irais lui demander l'hospitalité.

Après une marche invraisemblable de plusieurs heures, durant lesquelles mes porteurs montrent une mauvaise volonté des plus évidentes, j'arrive très tard, chez le bon docteur, qui était malade et que je ne pus empêcher de se lever pour me faire servir à souper.

Je passe une bonne nuit dans sa maison et me mets de grand matin en marche pour Founa. En route, je fus surpris par une pluie torrentielle et traversé jusqu'aux os. En arrivant à Founa, je m'attendais à une bonne fièvre; heureusement, il n'en fut rien. Après avoir changé de linge, je me mis immédiatement en route pour la mission des Pères jésuites de *Kimuenza*.

Bien m'en a pris ; j'arrivai très tard, à la mission, conduit à travers bois par mon chef de caravane, qui a maugrée tout le long du chemin, furieux de faire cette marche de nuit. Mais, je dois dire que mes fatigues du jour ont été compensées par l'accueil cordial que je reçus des religieux. Le supérieur, le Père Liagre, homme simple et distingué, me retint à déjeuner le lendemain, et je profitai de ce retard agréable

LE PÈRE LIAGRE

pour faire un croquis de la mission, qui, au milieu de ce quasi désert, s'élève construite en briques et est vraiment coquette d'aspect.

A Kimuenza, j'ai pu constater de visu le travail utile que font les deux Pères, aidés de deux frères seulement : là, plus de deux cents enfants, en très bon état ma foi, travaillent, vont en classe, et reçoivent une éducation première, dont il doit toujours rester quelque chose de bon ; ces petits sauvages appartiennent à peu près tous aux villages bacongos des alentours.

Les Pères, sans avoir un ordinaire remarquable me paraissent se bien nourrir, ce dont je suis loin de les blâmer; car on ne *vivrait* pas longtemps *de privations* en Afrique.

En somme, excellente impression; et notez que j'en parle

MISSION KIMUENZA

plutôt en homme prévenu. Je remercie sincèrement ces Messieurs du bon moment qu'ils m'ont fait passer à leur mission.

Je pousse ensuite jusqu'à Majala, où je couche dans un chimbeck rempli de toutes sortes de bêtes rampantes et visqueuses; j'y dors mal, et j'attends le petit jour, pour mettre mon monde en route, ce qui devient de plus en plus difficile, étant donné la paresse de mes gens.

Nous atteignons Kimbongo, après plusieurs heures de marche.

Sans être aussi commode qu'on veut bien dire, le chemin de Léopoldville me paraît autrement entretenu que le sentier de Loango à Brazzaville : certaines parties même constituent une véritable route; à part un ou deux gués qu'on traverse sans pont, c'est très supportable.

Un incident entre Majala et Kimbongo : un buffle, survenu inopinément, s'arrêta en travers de la route et y demeura de pied ferme comme s'il nous attendait. Cette apparition suspendit la marche de la caravane; je fis du reste signe aux hommes de s'asseoir et de ne pas bouger, jusqu'à ce qu'il plût à l'animal de nous laisser la voie libre. J'avais bien sur moi un revolver. Mais, je préférai ne pas m'y fier; car tout le monde sait que ces animaux, lorsqu'on ne les abat pas du coup, s'élancent volontiers sur le chasseur qui les a blessés ; et alors, alors...

Le bête ne nous voyant pas bouger, s'éloigna tranquillement, et nous pûmes passer sans risque.

Je suis de plus en plus mécontent de mes noirs qui sont de véritables *rosses*, paresseux et gourmands. J'ai essayé de les mener par la douceur, leur distribuant des cadeaux, ménageant leurs fatigues; mais rien n'y a fait. J'ai dû, à la dernière extrémité, employer les grands moyens, c'est à dire la trique, les gifles et les coups de pied dans le bas du dos. Je voudrais bien être débarrassé de ces gens là.

Je croise en route de nombreuses caravanes de porteurs, et à Kimbongo entre autres plusieurs de ces caravanes stationnent et passent la nuit; les indigènes leur apportent du manioc, des bananes et de la chicouangue, cette pâte aimée des noirs, pour lesquels elle remplace le pain, et à laquelle moi, je n'ai jamais pu m'habituer. J'achète quelques bananes, non sucrées, que je fais rôtir : faute de grives, il faut se contenter de merles. Je me suis, en outre procuré auprès des indigènes un morceau de cochon sauvage grillé que j'ai trouvé excellent. En somme, tout en regrettant la modeste cuisine des Pères jésuites, je me trouve néanmoins bien restauré.

Le campement de tous ces noirs est moins barbare que sur le Niari ou sur le Haut-Oubangui : on sent déjà un frottement de civilisation ; mais c'est encore très rudimentaire.

DE LÉOPOLDVILLE A TUMBA. UN CARAVANSÉRAIL

Dire que dans peu de jours, je verrai un chemin de fer : je n'ose y croire.

Deux grands nègres, qui parlent l'anglais et sont ici des espèces de chefs de poste, me permettent de me renseigner sur la route, voire même de me trouver quelques denrées contre argent ; les indigènes commencent à connaître le vil métal, lequel est impitoyablement refusé plus haut. Le billet de banque n'a pas encore cours, mais ça viendra avec le chemin de fer. En somme, on doit féliciter les Belges du progrès accompli.

Les noirs se disputent beaucoup, mais en viennent rarement aux mains; c'est toujours un bruit assourdissant de cris et de menaces, mais c'est tout le plus souvent, bien heureusement.

SUR LA ROUTE DE LÉOPOLDVILLE

Encore une journée d'écoulée, à travers des perspectives de brousse et de petites forêts, sur un terrain de sable; en somme tout cela est assez uniforme; on rencontre peu ou point de villages. Ça me fait songer que l'Afrique ne doit pas être si peuplée qu'on veut bien dire, je parle au moins pour la partie que j'ai parcourue, où je n'ai vu que des villages avec d'immenses espaces vides à l'entour : j'ai bien fait aujourd'hui 25 kilomètres sans en rencontrer un seul; ou plutôt si, je me trompe, j'ai vu un groupe de quatre ou cinq cases abandonnées, avec une tombe de chef dans le voisinage : ces lieux de sépulture s'aperçoivent d'assez loin, à cause de l'étrangeté des objets qui les ornent; çà et là, de grosses branches sans feuilles émergent de la brousse et montrent chacune à leur extrémité une grossière faïence généralement percée au fond; ces objets, importés

MA CARAVANE SUR LA ROUTE DE LÉOPOLDVILLE

d'Europe, sont de toute espèce, généralement en couleur : des cuvettes, des assiettes, des vases nocturnes; j'aperçois un pot à tabac sur lequel est un *Jean bout d'homme*, accroupi dans un mouvement qui ne laisse aucun doute sur son occupation; un des vases plus haut cités a encore au fond une partie de l'œil qui le décorait. Puis des bouteilles, des dames Jeanne, tous objets, m'a-t-on affirmé, ayant appartenu au défunt. Tout le monde respecte ces reliques, qui du reste sont trouées et par conséquent hors d'usage.

J'ai rencontré aujourd'hui, éparses sur le bord du chemin, plusieurs de ces tombes isolées. Ici, je suis à peu près

RIVIÈRE DE LUKUSSU

sûr qu'on ne fait plus de sacrifices humains pour les morts : on se contente de les fumer durant plusieurs jours, comme de simples jambons.

J'arrive à Tampa, poste dans lequel est un chimbeck où je vais passer la nuit. J'y trouve un soldat noir de l'État; plus loin je rencontre un Père qui se rend à mule, au couvent de Kimuenza. Il descend de sa bête, et m'entretient obligeamment, me donnant une foule de renseignements

PONT PROVISOIRE EN BOIS SUR LA RIVIÈRE INKISI

utiles pour ma route. J'ai retenu le nom de cet aimable religieux : c'est le Père Van Hensathover.

Cette rencontre m'a laissé une impression toute *moyenâgeuse*. Il m'a semblé voir un antique chapelain regagnant le castel, moins les figures noires et le costume plus que simple des serviteurs.

Je passerai sans donner de détails sur mes autres étapes, qui n'ont présenté, en dehors de mes querelles avec mes noirs, que des incidents insignifiants.

CHAPITRE VI

Rencontre de Malou-Malou. — M. Laplène. — Le piton. — Tumba. — La maison hollandaise, M. d'Angremont. — Un embarquement de noirs. — Tapage nocturne à Tumba. — Faux départ. — Matadi. — Nouvelles d'Europe. — Mes hôtes hollandais. — Souvenir du *Stamboul*. — Les Pères de Matadi. — Le cigare. — La traite de l'ivoire.

Parti de Léopoldville le 8 mai, au soir, j'ai atteint le commencement de la voie ferrée à Inkisi.

J'ai été on ne peut plus impressionné quand subitement au sortir d'un bois, en plein désert, en pleine barbarie, je me suis trouvé en face d'une immense tranchée dans laquelle des rails solidement posés se plaçaient activement sous la surveillance de quelques blancs, dont la grande tente était installée à quelques pas de là. C'était à ne pas en croire mes yeux.

Je descendis sur la voie et je poursuivis ma route à pied jusqu'à la rencontre de quelques voitures de matériel tirées par une locomotive dont j'entendis tout à coup le sifflet strident : c'était la voix de l'Europe ; d'enthousiasme je pris mon feutre que je lançai en l'air en criant hourrah ! cri que les noirs répétèrent en cœur derrière moi, sans savoir trop pourquoi. Nous fîmes halte en cet endroit et je leur distribuai les deux dernières bouteilles de vin qui restaient dans le tonnelet.

Nous reprîmes la marche et j'arrivai assez tard à une espèce de station composée d'ateliers construits en bois, station où je fis la rencontre de plusieurs officiers et sous-officiers belges montant aux Falls, entre autres du fameux commandant Doorme, dit Malou-Malou (en Bacongo, vite-vite), dont je ne puis me dispenser de vous dire quelques mots.

Le commandant Doorme est un homme d'une trentaine d'années environ aux traits énergiques, plutôt petit de taille, mais trapu et bien pris, avec de longues moustaches blondes, des yeux bleus, pleins de franchise et de résolution, tout un ensemble plaisant à première vue.

Le capitaine Doorme ou plutôt le commandant Doorme vint en Afrique à la fin de 1889, il y séjourna deux ans et demi, fit la campagne arabe avec le baron Dhanis et prit Kassongo, enfin contribua à la défaite du chef arabe Rumaliza. Rentré en Europe en mai 1894, il repartit pour l'Afrique en décembre de la même année et devint un des adjoints les plus dévoués du commandant Lothaire durant la campagne contre les Batalélés. Il se retrouve à présent pour la troisième fois sur le continent africain où il marche vers les Falls, au devant de Dhanis. Il est accompagné du commandant Langhans, capitaine aux carabiniers; encore une physionomie qui m'est apparue intéressante et tout à fait distinguée.

Ces messieurs ont été vis à vis de moi d'une courtoisie parfaite.

(J'ai pu faire sur le bord de la route un croquis de Malou-Malou).

Une troisième figure, celle d'un de nos compatriotes, M. Laplène est survenue fort à propos au moment où j'allais reprendre pédestrement avec ma caravane la ligne du chemin de fer. M. Laplène, qui occupe une fonction des plus importantes dans l'exploitation de la nouvelle ligne, obtint pour moi, par téléphone, l'extrême faveur de voyager sur les wagons du matériel, moi et mes seize porteurs, ce qui m'économise dix jours de marche et de fatigue, c'est ainsi que j'ai pu atteindre la vraie tête de ligne *Tumba*, d'où je repartirai après-demain mardi pour *Matadi*.

Mais n'allons pas si vite, car j'ai à signaler dans ce premier trajet divers épisodes intéressants : le premier faisant suite à une révolte ou plutôt à un conflit sanglant qui avait

MALON-MALOU, CAPITAINE DOORM

éclaté entre les Sénégalais, employés au chemin de fer, et les ouvriers Sierra-Leonais ; cette émeute venait de s'apaiser grâce à l'habileté et au sang-froid de M. Laplène. J'ai assisté, à l'une des stations, au meeting où les deux partis s'étaient réconciliés définitivement.

En route, nous eûmes un déraillement sur la ligne provisoire, déraillement qui n'amena aucun accident de personne. Un peu plus loin, nous fîmes la rencontre d'un gros serpent qui courait sur la voie : ce reptile qui n'était autre qu'un *piton*, absolument gigantesque pour son espèce, nous donna un instant d'émotion : un autre de nos compatriotes, un jeune homme, M. Becquet, ancien sous-officier d'infanterie de marine, abattit le dangereux animal d'un coup de bâton appliqué sur la tête, en dessous du cou ; il le rapporta jusqu'à notre wagon, dans lequel il le jeta, au grand émoi des occupants.

La bête, qui avait eu la tête à moitié écrasée, n'était qu'étourdie et tenta de se dresser ; M. Becquet lui mit le pied sur le cou et j'en fis autant sur la queue qui était armée d'une pointe semblable à un dard, ce qui constitue une des particularités de ce serpent, réputé très dangereux. Les noirs paraissaient terrifiés. Nous maintînmes le reptile dans la même situation jusqu'à ce que les dernières convulsions eussent complètement cessé. Nous pûmes alors l'examiner avec attention : tout le dessus était couvert d'écailles, très en relief, comme de petites tuiles métalliques, d'un noir bleu éclatant ; le ventre était revêtu de grande plaques carrées, blanches et jaunes.

Durant cette scène dont je n'avais vu que la fin, le train s'était arrêté, parce que le piton fuyant d'abord devant la locomotive, dans la haute tranchée qu'il ne pouvait escalader, s'était brusquement retourné et s'était élancé vers l'un des chariots découverts où étaient entassés des ouvriers sénégalais. Comme vous voyez, ça avait été un véritable petit drame dont le héros fut M. Becquet.

Arrivé à Tumba, je descendis à la maison hollandaise muni d'une lettre de M. Greshoff.

Tumba a une petite gare soigneusement construite en bois et couverte de tuiles en tôle, il en est ainsi pour toutes les maisons de la factorerie hollandaise où je suis descendu. Je fus là d'emblée bien accueilli, bien logé et bien nourri. Mes porteurs sont repartis pour leur village et je suis bien heureux d'en être débarrassé; je n'ai jamais eu affaire à de pareilles brutes; j'avais dû littéralement en terminant les étapes les conduire à coups de trique, et Dieu sait que je n'aime pas ce système; mais franchement plus je me montrais indulgent et généreux, moins ils voulaient marcher. Remarquez que j'avais réduit mes charge de moitié pour ne pas les fatiguer.

Je ne puis me dispenser de dire un mot à propos du che-

M. DECQUET

min de fer des Belges au Congo : c'est un véritable tour de force que la création de cette ligne, qui a déjà près de 300 kilomètres, à travers un pays bossué, torturé, sablonneux, couvert de forêts immenses : c'est le cas de s'écrier : *omnia vincit labor improbus*; c'est tout à fait surprenant et on ne peut se défendre d'un mouvement admiratif pour cette œuvre audacieuse accomplie au milieu de pareilles difficultés. Je n'ose penser à l'infâme chemin de Loango à Brazzaville, en face de ce bel effort d'une petite nation. Ce sont nos ouvriers sénégalais à qui revient en grande partie l'honneur du travail matériel.

Courtoisement reçu par M. d'Angremond, agent principal de la maison hollandaise, j'ai passé hier un charmant après-dîner et une soirée toute musicale. Bref, je suis au milieu de gens bien élevés et en pleine civilisation; je me figure déjà en Europe.

Après une bonne nuit passée, nuit pendant laquelle le roulement des trains et le sifflet des machines me donnent l'illusion de mes nuits de Courbevoie, j'ai presque le regret de filer demain dès l'aube, par le vrai train ; mais il n'y a pas à hésiter ; je ne veux pas manquer le steam l'*Albertville*, qui heureusement (ceci est bien égoïste), s'est mis en retard en échouant sur un banc de sable; il n'y a du reste pas eu d'accident de personne, et je puis sans remords me réjouir de l'affaire comme d'une aubaine, tant il est vrai « qu'à quelque chose malheur est toujours bon ». Donc, à moins d'un déraillement complet ou de la rencontre fortuite d'éléphants en goguette nous barrant la voie, ou de je ne sais quel incident survenant comme cela arrive quelquefois ici, donc, dis-je, j'espère être après demain à Matadi...

Eh bien non, je n'y serai pas : M. d'Angremond, mon hôte, télégraphie à Boma et m'annonce que l'*Albertville* commence aujourd'hui seulement son déchargement et ne sera pas en partance avant une douzaine de jours. Il m'avertit gracieusement qu'il va me garder jusqu'à samedi, ce qui me permet de prendre ici trois grands jours de repos, sans retarder mon embarquement définitif. Tumba est un endroit plutôt sain, quoique situé au milieu d'une immense plaine ; très pittoresque avec ses chargements bigarrés d'hommes et de bagages de toutes les couleurs. Aujourd'hui même, j'ai assisté à une scène inénarrable de noirs de toutes nuances et de soldats zanzibaristes, s'entassant pêle-mêle dans deux wagons et formant avec les malles et

UN WAGON DE NÈGRES, A TUMBA

colis de toutes espèces une pyramide fantastique. Quelques blancs coiffés de grands feutres et de casques en toile, aventuriers à figures hardies, s'établissent en avant de la locomotive, laquelle est conduite par deux grands Sénégalais secs comme des stics, dont l'un est occupé à nettoyer avec un soin paternel le mécanisme extérieur des roues. Des enfants, des femmes assises tranquillement au milieu de ce brouhaha et assez respectées dans la bousculade, intervenant même pour obliger à faire de la place à des retardataires; les aidant à se faufiler dans ce méli-mélo, où il semble qu'on ne pourrait pas jeter une épingle; ce sont des cris, des gestes violents, des yeux qui riboulent, des mâchoires éclatantes de blancheur, au milieu des rires et des expressions de mauvaise humeur.

Enfin tout cela se serre, se tasse, s'installe, s'emboîte : je défie d'y trouver la place pour un brin de paille. Le sifflet de la machine se fait entendre strident et impérieux, quand accourt un gigantesque nègre avec deux énormes malles : tout le monde se récrie et le repousse : une lutte acharnée s'établit entre les occupants, *beati possidentes*, et le nouvel assaillant, lequel tient bon et finit, à l'instar d'un coin, lentement mais sûrement, par s'installer lui et ses malles au sommet de la pyramide, qu'il couronne comme dans une apothéose, en ouvrant une bouche large comme un four où se dessine un rire victorieux. Cette fois, c'est bien décidé : le sifflet stride à nouveau et la locomotive s'ébranle à toute vapeur emportant le singulier convoi vers le centre africain. Bon voyage et bonne chance!

Le moment approche où je vais quitter le continent noir et j'emporte l'impression bien arrêtée d'avoir parcouru un nouveau monde; presque aussi nouveau qu'a dû être l'Amérique lors de sa découverte; avec cette différence toutefois que les conquérants d'aujourd'hui ont des moyens d'action que n'avaient pas nos pères, lors de la découverte de Christophe Colomb. Aussi, je pense que peu d'années s'écouleront, pour arriver à connaître entièrement et peut-être à civiliser les immenses espaces du centre où règne encore en plein la prime sauvagerie, et où les sociétés n'existent même pas à l'état embryonnaire, quoique les peuples y aient à peu près les mêmes mœurs, lois et coutumes depuis certains points de la côte occidentale jusqu'à la partie dite arabe : là, une civilisation relative a pénétré, et à ce point de vue je n'ai pas été très tenté de la visiter, car elle est connue depuis des années et ne saurait apporter aucun élément nouveau à la curiosité du lecteur qui veut de l'inédit. En effet : armes, costumes, nourriture, religion et tout ce qui découle de l'ancien Orient compris au sud du bassin de la Méditerranée a donné son cachet et enserré un monde primitif et barbare dont on ne faisait, il y a peu d'années que soupçonner l'existence et sur lequel circulaient de monstrueuses légendes, dont beaucoup étaient absolument vraies, entre autres celles des sacrifices humains et du cannibalisme. C'est ce que j'ai voulu voir de mes yeux. Le reste, tout en étant loin de nous, m'était à peu près connu ou tout au moins très indiqué : les sultans noirs ne sont en réalité qu'une décoction, une contre-façon, si vous le voulez, des sultans blancs ; et en somme ces sultans se rencontrent à partir de Bangassou, Raffaï, Zémio, etc., plus ou moins frottés de civilisation musulmane ; mais si ce sont encore des barbares, ce ne sont pas les vrais sauvages qu'on rencontre dans le Haut-Oubangui. Ceux-ci, sur lesquels j'avais ouï faire de monstrueux récits, piquaient ma curiosité, car j'avais conservé à l'endroit de leur existence et de leurs habitudes une certaine incrédulité. Aujourd'hui, je sais pertinemment qu'il y a encore, au moment où ce siècle finit, des espaces immenses ou l'antropophagie règne avec la plus grande simplicité, et où la chair de l'homme est non seulement considérée comme la chair du bœuf, du porc et d'autres animaux comestibles, mais même est cotée comme très supérieure au point de vue de finesse, délicatesse, exquisité.

C'est dans ces contrées que j'ai vécu, et j'ai la prétention d'en parler en connaissance de cause ; mon voyage n'a jamais eu d'autre but.

Quant à ceux qui, de parti pris, tenteraient de contester mes dires, je leur répondrai qu'à notre époque, il devient très difficile de ne pas être vrai. On veut des choses faites d'après nature ; des quantités de gens dans le public refusent obstinément de *couper* (passez-moi l'expression) dans les fumisteries encore naguère à la mode. Je le répète : la vérité est suffisante pour intéresser à tous les points de vue : elle renferme tout, pittoresque, imprévu, poésie, grandeur ; et avec elle on n'a qu'à se baisser pour récolter.

On ne croit plus aux romanesques héros dont les exploits souvent ridicules ont fait le bonheur de nos grands parents ; le plumet a vécu ; le sabre, le casque et la cuirasse sont devenus des instruments qui font sourire. C'est la locomotive, le ballon, le bateau sous-marin qui vont régner et faire la conquête du monde. Est-ce mieux ? Je n'en sais rien ; je constate simplement. Les héros empanachés ont fait leur temps, et il n'est plus nécessaire d'être costumé en chien savant pour être un grand citoyen.

Je crois vous avoir dit que je m'étais cru en arrivant à Tumba transporté subitement en Europe. Pour compléter l'illusion, une petite scène s'est passée avant-hier, sur les minuit, par les *rues* de la localité : des habitants, des notables de l'endroit, s'il vous plaît, au sortir d'un gai repas, se sont livrés à de petites excentricités bruyantes, et ont été arrêtés par les agents de la force publique, prévenus de *tapage nocturne*. Ça n'a du reste pas eu de suite graves, d'autant que celui qui remplit ici le rôle de commissaire de police, faisait partie des joyeux perturbateurs et avait, paraît-il, crié plus fort que les autres. Ça n'est pas la peine de venir de si loin, et je trouve que la civilisation fait ici des progrès encore plus rapides qu'on ne saurait dire.: « Ah! pour une fois, savez-vous, ils vont bien nos bons amis les Belges. »

En somme, et toute plaisanterie bien à part, je continue à n'avoir qu'à me louer des procédés de ces gens-là, et j'emporterai le meilleur souvenir de mon passage dans l'État indépendant. Je trouve en outre nos voisins sérieux et pratiques en matière coloniale ; je voudrais en dire autant pour nous, mais avec toute la bonne volonté du monde, ça m'est tout à fait impossible. J'espère qu'on ouvrira enfin les yeux; on affime que les mesures les plus énergiques vont être prises au Congo français; tant mieux! il n'est que temps. Seulement, tout est à faire, et en réalité, la colonie n'existe pas. Est-ce clair?

Je n'insiste pas sur cette question, car je craindrais de sortir du cadre que je me suis tracé et de m'égarer sur le terrain brûlant de la politique. J'ai cru en donnant mon impression faire acte de patriote et d'honnête homme, ça me suffit.

Quant à l'expédition Marchand, je n'en dirai rien, attendu que j'ai promis de ne pas m'en occuper. Je la crois très utile, à un certain point de vue; mais l'excellent chef qui la commande a-t-il en main tous les moyens pour la mener à bien? je ne suis pas juge en la matière. Je trouve l'entreprise très périlleuse, mais ceci n'est pas fait pour arrêter le capitaine et les hommes d'élite qui l'accompagnent; dans tous les cas, je réponds qu'ils feront leur devoir; et les vœux de la France doivent les suivre dans leur hardie tentative : *Audaces fortuna juvat,* dit le vieux proverbe latin. Jusqu'ici cette devise a pu s'appliquer à Marchand et j'ai confiance pour lui dans la continuité des faveurs de la capricieuse déesse. Maintenant, j'ajouterai que nos querelles personnelles n'ont laissé aucune trace fâcheuse dans mon esprit. J'aime à croire qu'il en est de même pour lui. Marchand, qui est autoritaire et a *probablement raison*, quand il s'agit de ses subordonnés, a voulu tout naturellement m'appliquer sa méthode. Ça n'était pas possible, et il n'entendait rien à mon affaire, pas plus que moi à la sienne; nous n'aurions pas pu vivre huit jours ensemble, malgré nos sympathies réciproques : Ernest Judet, qui est perspicace, m'avait au moment de mon départ dit ces propres paroles : « Je crains bien que vous ne fassiez pas dix pas dans la brousse avec Marchand, sans vous tirer dessus. » Heureusement, ces dix pas dans la brousse nous ne les avons jamais faits; c'est à Brazzaville seulement que je me suis trouvé en relation avec le capitaine, et j'ai senti du coup que le ménage était impossible entre nous; aussi tous mes efforts ont-ils tendu à lui échapper. Enfin, tout est bien qui finit bien; j'ai fait la paix avec Marchand et j'ai pu terminer mon voyage d'une façon aussi satisfaisante que possible; je ne pouvais désirer davantage.

La température s'est subitement abaissée à Tumba; il fait presque froid depuis hier : c'est la première fois que je constate un changement aussi complet dans la température. Cette modification semble avoir agi sur mon état de santé et j'éprouve un malaise réel; j'espère que ça n'aura pas de suites fâcheuses; il serait vraiment triste de naufrager au port. Je suis un peu inquiet, car une indisposition pourrait bien me retarder d'un bon mois; franchement, j'ai assez du pays et je ne voudrais pas recommencer l'expérience, car il est avéré pour moi qu'on ne s'acclimate pas : nombre d'Européens qui s'en étaient tirés une première fois et chantaient victoire, car le mal ou la mort des autres nous touche peu, y ont laissé leurs os à la deuxième campagne : je vois Marchand, qui semblait à l'entendre n'avoir rien à redouter du climat, plus frappé et plus maltraité que d'autres par ce même climat; et Mgr Augouard, qui est en Afrique depuis dix-sept ans, obligé de faire demi-tour et de rentrer en Europe sous peine de mort. Marcher contre la fièvre et la dyssenterie peut être héroïque, mais à coup sûr ça n'est ni ragoutant ni décoratif; et ces exploits contre la diarrhée ne me tentent que médiocrement. « Il importe surtout, a dit M. Taillade, que le geste soit beau », eh bien dans la colique ou la fièvre, c'est très défectueux et comme posture et comme geste; et les héros professionnels les plus endurcis s'y montrent souvent les plus faibles et les plus impatients au point de vue de l'endurance : je suis sûr que Marchand est de mon avis. Aussi, Mgr Augouard qui estime sans doute qu' « un chrétien mort ne vaut pas un chien en vie », a grand'raison de retourner en Europe.

22 mai, à six heures du matin. — Je quitte Tumba par le train *express*, direction de Matadi. Si tout marche à souhait, je passerai la nuit dans cette station, qui est la tête de ligne; mais en Afrique comme vous savez, il ne faut jamais jurer de rien, et j'ai fait une provision de philosophie.

Hélas! comme j'ai eu raison : une heure ne s'était pas écoulée que notre train, composé d'une locomotive et de deux voitures était emporté hors de la voie, et arrêté, heureusement sans accident de personnes, non loin d'un ravin : il nous fallut, après deux heures d'efforts inutiles, renoncer à replacer la machine sur les rails. Une autre locomotive qui marchait dans notre direction sur l'unique ligne qui compose la voie, dut nous ramener à Tumba, où j'ai repris gîte, jusqu'à demain, j'espère, chez l'aimable M. d'Angremont. C'est tout à fait réjouissant; mais en somme je me félicite de n'avoir aucune patte de cassée.

Demain donc, nous recommencerons l'épreuve : il me tarde de revoir le grand Océan et malgré ma fameuse philosophie, je sens mon impatience grandir avec les retards et les obstacles du retour. J'ai assez d'entendre le coursier de la camarde galoper autour de moi et de voir projetée en avant de ma route l'ombre de la terrible faulx : je demande à la redoutable déesse qu'elle me fasse au moins la grâce de me laisser revoir l'Europe et Courbevoie.

Figurez-vous que sur les cinq blancs qui composaient ce matin le personnel voyageur du wagon, l'un est fou, un deuxième détraqué, le troisième bien malade encore; le quatrième seul en assez bon état, enfin votre serviteur qui ne demande qu'à aller. Comme vous pouvez juger, ça n'est pas encourageant; ou plutôt si, c'est encourageant à rentrer le plus vite possible. Dire qu'il y a des gens qui amènent ici leurs femmes; si c'est pour s'en débarrasser, je comprends; autrement, je ne m'explique pas bien. Quant à moi, qui n'ai pourtant pas la prétention d'être un modèle de chef de famille, je ferais une singulière tête, si je voyais subitement débarquer ici n'importe lequel des miens; je m'empresserais de leur faire une conduite de Grenoble jusqu'au steam, et plus vite que ça : la chicote ne serait pas de trop en pareille circonstance.

23 *mai*. — Nous filons à nouveau vers Matadi; cette fois comme une flèche, franchissant ravins et précipices, à travers un paysage fantastique et merveilleux, contournant en lacets d'une hardiesse incroyable des massifs de montagnes, perçant les rochers, nous arrêtant à peine aux petites gares, semées à grande distance les unes des autres, gares des plus provisoires, composées le plus souvent de cahuttes d'où sortent les bons nègres aux dents éclatantes, écarquillant les yeux et les oreilles de contentement.

A propos des bons nègres, je dois dire que ceux qui sont perchés sur la voiture aux bagages ont trouvé moyen de me *sustuler* tout ce qui composait ma caisse aux vivres : pain, vin, bière, etc. Quels goinfres! Heureusement, ils ont respecté mon casque et une paire de souliers que j'avais déposée sur les victuailles. Il m'a semblé que, quand je suis descendu à Matadi, si j'avais pu reconnaître le coupable, je lui aurais volontiers octroyé quelque bon horion; mais je n'ai pu remarquer sur la voiture, en passant la revue des têtes, que des visages absolument calmes et reflétant la conscience la plus pure; çà et là, peut-être, quelques sourires narquois; mais enfin, ça ne fait pas preuve, et chacun a le droit de sourire.

Je suis descendu à la maison hollandaise où j'ai reçu le

LA LIGNE DU CHEMIN DE FER

bon accueil ordinaire. Je vais attendre là le départ de l'*Albertville* que j'ai trouvé sur la rive du Congo, finissant son déchargement. Il se pourrait bien que je n'embarque pas avant la fin courant.

Que vous dirais-je de Matadi et du fleuve Congo? Que c'est pittoresque, admirablement situé et très malsain; rien en somme de bien original à signaler; pas d'imprévu, pas même la fièvre ou la dyssenterie qu'on peut toujours espérer, quand on séjourne dans le pays.

Le fleuve y est large et profond ; ce qui permet même aux grands steams de le remonter. Matadi est en somme appelé dans l'avenir à faire une grande cité commerciale, où l'on viendra faire fortune et crever : je parle ici pour les Belges, Hollandais et autres gens de négoce ; car les Français devront de longtemps se contenter de la crevaison, sans la fortune, ce qui en somme revient à peu près au même, puisque quand on est mort on n'a plus besoin de rien.

Pour changer, la température est lourde et humide, et la fièvre toujours ambiante.

Une tornade suspendue dans l'air le remplit à la fois d'obscurité et d'électricité. Doux pays, toujours.

Mais, me disent certains optimistes, qui s'embêtent ici comme les autres, et sont venus pour faire leurs petites affaires, « mais nous devons tout supporter ; nous sommes les pionniers de l'avenir, le fumier sur lequel croîtront les fleurs et les fruits qui charmeront les générations futures, etc., etc. » Fumistes, va ! qui veulent s'offrir une auréole d'apôtres, et qui au fond sont la pire espèce d'égoïstes et de rapaces.

Eh bien ! je déclare que je ne me crois pas chargé du bonheur de générations qui ne naîtront peut-être jamais. Pourquoi ne pas me tourmenter aussi à propos de la félicité des habitants de la planète Mars ? Au grand point de vue, tous les êtres qui existent sont intéressants. Mais je trouve que j'ai assez à m'occuper des miens, de mes amis, de mes compatriotes ; et si je fais mon devoir vis-à-vis de ceux-ci, ça me suffit amplement ; avant de songer à l'Afrique, je pense à la France.

24 mai. — Une journée et une nuit se sont écoulées à Matadi, journée accablante, nuit sans sommeil ; mais j'ai eu une compensation à ce mauvais moment : cinq lettres d'Europe m'apportent des nouvelles rassurantes, et de ma famille et de mes amis. Si on se doutait du plaisir qu'on procure à ceux qui sont loin en leur écrivant, on mettrait, comme dit Bocquillon, souvent la main à la plume; c'est presque toujours en tremblant qu'on ouvre ces lettres : est-il arrivé quelque malheur? On parcourt d'un coup d'œil rapide, puis on se rassure; on lit, on relit; on commente les phrases, les mots; on est joyeux, susceptible, inquiet...

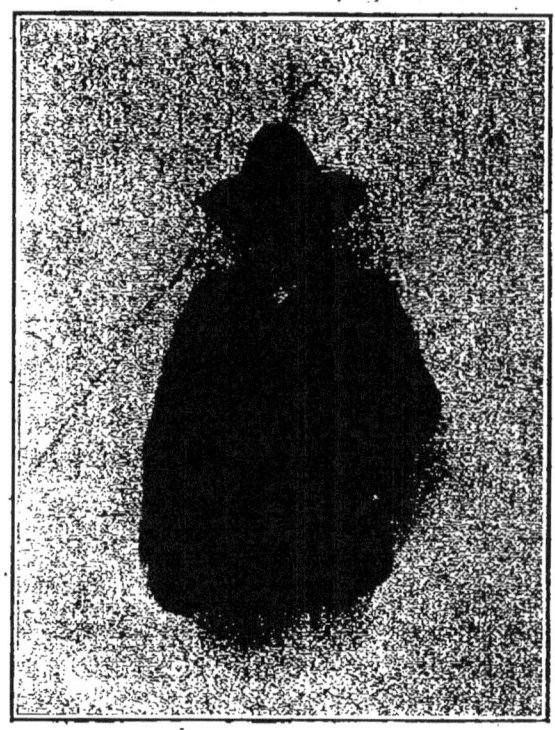

M. COCU, INSPECTEUR DES TRAVAUX DE LA VOIE

que sais-je; on voudrait fouiller dans les intentions, sonder les cœurs, qui semblent s'être stéréotypés, gravés, dans ces quelques lignes noires qu'on a sous les yeux. C'est alors que l'écriture prend un caractère bien particulier, une expression toute personnelle.

Les quelques maisons qui composent l'agglomération de Matadi sont à peu près toutes en bois, propres et pas trop mal construites; elles sont naturellement dispersées, au hasard du goût ou des besoins du propriétaire; dans beaucoup d'endroits, la brousse cherche à reprendre possession du terrain qu'on lui a enlevé, et souvent, elle y parvient.

Deux grands vapeurs sont à l'ancre sur les bords du fleuve; en plus, un petit steam appartenant à la maison hollandaise et faisant le service entre Matadi et Banana; çà et là quelques barques. L'un des vapeurs est anglais, le *Mayomba*; l'autre belge, l'*Albertville*; c'est celui qui doit me ramener en France ou plutôt à Anvers. De temps à autre, je le surveille du coin de l'œil : s'il allait me jouer le tour de filer sans moi! Mais ça n'est pas probable, je me rassure.

Mes hôtes hollandais sont plutôt aimables et me montrent presque de la déférence. Les lettres de M. Greshoff ont un pouvoir et une influence tout à fait magiques; c'est le fameux *Sézame, ouvre-toi*, du conte arabe. C'est quelqu'un dans la colonie que M. Greshoff : n'oubliez pas que les indigènes du Congo français l'ont surnommé *Fumu Tanga*, c'est-à-dire le chef Soleil. Comme vous voyez, ça n'est pas un petit protecteur qui me couvre de son aile.

Je crois vous avoir dit plus haut que l'on ne s'acclimatait pas au Congo et que ceux qui se qualifient fièrement de vieux Africains n'échappent pas plus que les autres aux inconvénients terribles du climat, il y a du reste une raison qui les rend en général plus accessibles que les autres à certaines maladies telles que : affections du foie, bilieuses hématuriques, dyssenteries, etc.; c'est l'anémie, jointe au manque de sobriété (je parle de la côte bien entendu, car dans l'intérieur on est forcément très sobre), j'ajoute que ce manque de sobriété va souvent jusqu'à l'ivrognerie : ce défaut, ou plutôt ce vice est dû au climat même et à l'absence de distractions intellectuelles; car en dehors de ce qu'on appelle les affaires, se développe une indifférence, qui va jusqu'à l'abrutissement. Les spiritueux, le champagne, les apéritifs de toutes sortes jouent un rôle déplorable sur l'organisme et le cerveau des immigrants, qui graduellement arrivent à prendre les habitudes de ceux de la côte. D'abord on cherche à combattre le côté accablant du climat par des montants et des excitants qui, pris à la dose raisonnable, seraient peut-être bienfaisants ou tout au moins inoffensifs. L'ingurgitation de tous ces liquides est

WARF DE MATADI

évidemment plutôt agréable; mais cette satisfaction du gosier se paie vraiment *trop cher*, dans le sens le plus complet de l'expression. Ainsi, il est avéré que certains fonctionnaires à Libreville consomment à peu près en liquides le plus clair de leurs appointements; ils n'ont du reste que ça à faire, en dehors des distractions que peuvent leur procurer les jeunes personnes de l'endroit, dont les museaux simiesques n'ont pourtant rien de bien séducteur.

Je me demande où sont maintenant mes courageux et joyeux compagnons, qui continuent intrépidement leur chemin. Que la Providence les garde! Ils méritent tous de réussir; et je leur envoie du fond du cœur mes vœux les plus ardents, à eux et à leur vaillant chef, Marchand, qui m'a pourtant plus d'une fois bien em.....bêté.

J'ai fait ce matin 25 mai une visite aux Pères de la mission

LA PLAGE DE MATAD

de Matadi, et je dois à l'obligeance du supérieur Jansens la communication d'une vue de la ville? Je suis heureux d'avoir ce document en main; car il me serait de toute impossibilité de donner un coup de crayon, accablé que je suis par la chaleur, et un peu, avouons-le, par la fièvre. Il est vraiment temps que l'*Albertville* lève ses ancres.

Entre temps, voici un trait auquel j'assiste et qui peut donner une idée du côté enfantin et vaniteux des nègres.

J'avais offert à un noir pour me dispenser de fumer moi-même, un très gros cigare, qu'on venait de me donner; le noir en question avait accepté sans hésiter; et séance tenante, avait allumé le dit *princado*, qu'il s'était mis à fumer gravement au milieu d'un groupe, qui le considérait ébahi. Je n'ai jamais vu même, parmi nos fonctionnaires les plus rem-

M. ULRICH

plis de dignité, une attitude plus superbe et plus hautaine : il s'était établi subitement entre cet homme et ses congénères une distance considérable, que ceux-ci du reste osaient à peine franchir; ce n'était pas de l'amour-propre flatté, de la vanité, qui s'était subitement emparé du moricaud, c'était de l'orgueil; et la façon dont il projetait les grosses bouffées de sa fumée donnait parfaitement à entendre qu'il n'y avait plus rien de commun entre lui et la racaille qui l'entourait.

Le manège dura jusqu'à la consommation entière du cigare; et je pus voir graduellement le prestige s'évanouir. Le cigare achevé, le pauvre nègre essaya vainement de conserver ses airs triomphants; c'était fini; je vis même quelques sourires ironiques se glisser sur les lèvres de ses admirateurs. N'est-ce pas en somme l'image brutale du succès, le fameux *donec eris felix*, etc. des anciens? Tâchez, ô mes frères en humanité, si vous fumez de gros cigares, de les ménager et de les faire durer le plus possible.

L'*Albertville* continue à décharger ses marchandises sans trêve ni repos, nuit et jour; il semble que cette expectoration ne veut pas s'arrêter; et pourtant il en a rendu des caisses et des ballots! J'attends impatiemment l'arrêt de ce torrent, qui menace de s'éterniser, pour introduire à son bord et ma personne et mon bagage, *César et sa fortune* (après la scène du cigare on se sent quelque chose.)

En attendant le moment désiré, je regarde à travers mes stores les petits boys qui grouillent et jouent comme de jeunes singes ou des petits chats. Ces enfants noirs sont jolis et naïfs, tant qu'ils sont petits, et j'ai toujours envie d'en emporter un en Europe; malheureusement ils deviennent, en grandissant, *ficelles*, rapaces, voleurs, etc.; tout comme nos domestiques. Je me contenterai donc de rapporter le perroquet que j'ai promis à mon neveu Georges, qui y tient *mordicus* et ne rate jamais de m'en parler dans ses lettres, tout comme si c'était commode de voyager avec ces bêtes-là.

En voilà un animal qui tient de la place! que j'ai dû repêcher deux ou trois fois dans l'Oubangui; rattraper dans les forêts du Congo, remplacer même cinq ou six fois et qui finalement existe toujours et finira par faire, un jour ou l'autre (si Dieu le veut), son entrée triomphale à Courbevoie.

27 *mai*. — Il fait toujours une douce chaleur, et l'*Albertville* continue à vomir sa cargaison.

Une bande de nègres est arrivée à la factorerie, apportant une charge d'ivoire, qu'il s'agit de vendre à M. Ulrich, la gérant intérimaire; j'assiste à la conclusion du marché : quelle patience, grands dieux! et il faut le sang-froid et la bonne volonté de l'acheteur, pour ne pas flanquer tout ce monde à la porte.

Figurez-vous-les tous accroupis en cercle autour du blanc, qui est assis lui-même et les écoute imperturbablement; après cinq heures de discussion, discussion pendant laquelle rien n'est encore commencé à conclure (ça dure quelquefois deux ou trois jours, avec ces rusés compères qui montrent en général un calme et une mauvaise foi touchants). Il s'agit de lutter de ruse et de tartuferie avec ces commerçants madrés, qui grattent et cherchent sans cesse à obtenir quelque chose en plus du prix convenu, soit un fusil, soit des couvertures, soit une boîte de conserves, le tout comme *matabiche* (cadeau), menaçant sans cesse de rompre le marché, si on ne leur fait une dernière concession.

Pour conclure l'affaire, c'est un noir qui sert d'interprète, et le drôle me fait parfaitement l'effet d'être capable de tirer bénéfice des deux côtés. Je suppose que le gérant doit avoir à s'en méfier.

Comme vous voyez, ces sortes de transactions ne sont pas tout à fait commodes, et pour mon compte, je me sentirais incapable de les traiter. M. Ulrich me semble un vrai négociant, un habile diplomate. En général, tous ces hommes du nord que je rencontre en Afrique me paraissent très aptes aux affaires : ils ont un sérieux et une fixité dans les idées, une espèce de concentration sur un unique but, qui leur donnent une véritable supériorité sur nos races plus imaginatives et plus mobiles, je dirai plus artistes. Est-ce mieux? Est-ce plus mal? Je n'en sais rien. Assurément cette simplicité d'idées n'est pas faite pour nous plaire et nous amuser; mais elle est une force indiscutable. Cette façon de faire un peu monomane ne nous intéresse pas; cette logique implacable fatigue nos cerveaux latins qui ont besoin d'aliments variés et divers, qui vont facilement du coq à l'âne, et ont une promptitude de conception que les hommes du nord qualifient volontiers de légèreté, parce qu'ils la comprennent rarement, eux qui sont le contraire de légers.

Il faut en conclure que chaque race a ses défauts et ses qualités et que tout est peut-être pour le mieux dans le meilleur des mondes. Néanmoins, et quoiqu'on dise : Vive la France ! Elle peut être vaincue sur un champ de bataille, elle qui tant de fois a vaincu les autres, mais elle le serait difficilement dans l'arène des idées et de l'intellectualité. J'ai dit; comme s'écrierait Pet-de-Loup, et que les ennemis de France taisent leurs g...... !!

La fièvre paraît vouloir renoncer à ses attaques en face de la sobriété que je lui oppose; je crois aussi que le moral y est pour quelque chose : la joie du retour prochain semble me rendre mes forces; je me cramponne tant que je peux et ne veux me laisser aller à aucun prix. Crever au port serait par trop ridicule, et Marc aurait raison de m'en vouloir. Car tous mes documents, dans le cas où ils lui parviendraient, ont besoin d'être coordonnés, revus et corrigés par moi : la copie est fortement décousue et les dessins plus que rudimentaires, étant donné les conditions dans lesquelles j'ai dû accoucher du tout : toujours courant, toujours naviguant, toujours en lutte avec les éléments ou la maladie, n'ayant jamais que de courts instants de réel repos.

CHAPITRE VII

L'*Albertville*. — Le départ. — Boma. — Des Anglais. — Quisanga. — L'Océan et Banana. — Encore les Hollandais. — Le départ. — Singe et perroquet. — Orchestre noir. — les Bangalas. — L'émeute.

J'ai été présenté après dîner au capitaine de l'*Albertville*, sir Blake, appartenant à la marine anglaise : c'est un officier distingué de formes et de tournure ; il semble allié à un fonds sérieux tout britannique les façons aimables et accueillantes d'un gentleman français. Parlant notre langue d'une façon suffisante, il a pu me dire qu'il était tout disposé à me faciliter à bord les moyens de travailler sans être dérangé. C'est une véritable aubaine, car il a beaucoup de passagers, et j'aurais pu courir le risque d'être un tant soit peu bousculé, ce qui m'empêcherait absolument de rien produire.

Je lui ai naturellement décliné mes titres de collaborateur à l'*Illustration*, en qualité d'écrivain et de dessinateur. C'est M. Janssens, le jeune et intelligent préposé à la maison de commerce de détail, qui a bien voulu faire la présentation au nom de la maison hollandaise ; cette maison me paraît décidément jouir d'un crédit considérable au Congo.

Je crois que tout l'équipage de l'*Albertville* est anglais, mais le bateau, qui est admirablement aménagé, est belge ; il est de construction nouvelle et excellent marcheur. Dans de pareilles conditions, je vais, je pense, effectuer une bonne traversée. Je pourrai donc voir Paris dans un mois au plus. C'est par Anvers que j'arriverai en Europe, ce qui, malgré mon impatience de revoir la France, n'est pas fait pour me déplaire.

M. JANSSENS

Mardi 31 mai. — Cette fois, je suis bien à bord, embarqué, installé, calé, et celui qui voudrait me remettre à terre devrait certainement recourir aux moyens violents. Nous descendons le Congo par un temps merveilleux, avec une brise presque fraîche, entre des rives qui m'enchantent (probablement parce que je les quitte). Tous mes compagnons de retour, mettant de côté la fameuse pose à l'héroïsme, manifestent une joie sans mélange. J'avais bien raison quand je disais qu'il y a toujours chez les héros, même professionnels, un petit fond de *blague* : ils ne dédaignent pas de jeter de la poudre aux yeux, non seulement de leurs contemporains, mais même entre eux, de temps en temps ils se jouent la comédie, ou plutôt le drame. A bord de l'*Albertville* c'est fini de mettre la main sur le pommeau de son poignard et d'enfoncer son feutre sur ses yeux : les physionomies se sont détendues. Je parle pour ceux qui détalent définitivement. Pour mon compte per-

LE CAPITAINE BLACK DU *Prince-Albert*

sonnel, j'exulte, je ris ; si j'osais, je pincerais des entrechats ; mais ça manquerait tout à fait de décorum. A l'heure actuelle, je n'éprouve même plus d'impatience : je sais que je suis dans la bonne direction, et qu'avant trente jours, je reverrai Courbevoie, à moins que les poissons de l'Océan ne m'aient absorbé, hypothèse que je ne veux pas admettre un seul instant : je ne crois pas le sort assez canaille pour me faire une pareille fumisterie.

J'ai passé ma première nuit à bord, en face Boma qui me semble n'avoir rien d'extraordinaire ; je vous dirai que je suis devenu difficile : Matadi et sa voie ferrée m'ont absolument *épaté* (je ne trouve pas d'autre expression pour rendre ma pensée), *épaté*, au point de vue du résultat, de l'effort et du progrès obtenu dans la marche de la colonisation au Congo.

Je n'insiste pas trop : on pourrait m'accuser d'avoir touché l'or de Léopold, tandis que je suis obligé d'avouer qu'on ne m'a encore fait dans ce sens aucune ouverture ; hélas !

Je suis donc heureux à bord de l'*Albertville* qui est un magnifique steam, où le confortable va jusqu'au luxe. Je retrouve ici mon gai compagnon de pirogue, le brave capitaine Tonneau et son ami le commandant Leclercq. Tous deux s'étaient arrêtés à Boma et reviennent en Europe.

Au soir, Tonneau me redit à tue-tête la *Marche des Français*, un chant dont je suis l'humble auteur et qui a empoigné tous mes camarades de la mission Marchand. Les Belges applaudissent le refrain en chœur : « Sarmates, Russes, en avant ! En avant, Gaulois et Francs ! »

Comme vous voyez, tout va bien.

Mercredi 1er juin. — Un stock de Bangalas, destinés à l'exposition de Bruxelles, ainsi qu'une centaine de soldats noirs de l'État, vêtus tout battant neuf, sont amenés à bord ; un groupe d'Anglais et d'Anglaises leur succède ; ces dames sont les premières blanches que j'aperçois depuis un an. Je ne vous dirai pas mon impression sur elles : ce sont des Anglaises ; vous les connaissez, et quand on en a vu une, on trouve qu'elles sont toutes pareilles. On aperçoit le plus souvent, même au travers des plus jeunes, le manche à balai traditionnel, qui leur donne la gracieuse tournure que vous savez.

Quant aux messieurs ils me semblent toujours avoir avalé un bec de gaz.

Ces nouveaux hôtes m'apparaissent plutôt gênants ; ce n'est certes pas un appoint pour la gaieté durant la traversée. Enfin, il faut supporter ce qu'on ne saurait empêcher.

Je m'étais trompé, heureusement, et l'alerte était fausse : je vois les peu sympathiques insulaires déménager avec leurs délicieuses moitiés et reprendre le chemin de la terre, raides comme des parapluies. Tant mieux ! Ces gens me font un effet lugubre et je crois toujours à leur aspect lire la suite du comte d'Hoffmann, *La Poupée de Nuremberg*. Il y avait là une grande personne maigre, dont j'ai certainement entendu grincer les articulations, quand elle m'a frôlé en passant, et j'ai frémi en songeant qu'il se rencontrait des gentlemen assez courtois et amis du devoir pour...

2 juin, 6 heures du matin. — Un coup de canon annonce qu'on dérape. Adieu, Boma !

Deux heures plus tard, nous touchons *Quisanga*, territoire portugais. Sur la rive, une coquette construction avec dépendances s'étend au milieu des bois de palmiers ; c'est la maison hollandaise, dont le gérant ne me paraît pas trop engageant et où je m'abstiens de descendre.

Si, comme on me le dit, nous ne devons stationner que deux ou trois heures, nous serons avant la nuit à Banana, où l'on doit séjourner deux ou trois jours. Je le regrette : il paraît que c'est particulièrement malsain.

Une réflexion en passant : j'éprouve une véritable satisfaction à ne plus être servi par des nègres ; tout calculé, j'ai plus de pitié que de sympathie pour eux ; j'aime autant ne plus les voir et surtout ne pas être obligé d'utiliser leurs services. Décidément, ils nous sont inférieurs ; en fait de conception, tout se résume chez les plus intelligents à l'idée de satisfaire des appétits matériels, avec une vanité presque égale à celle des Anglais, dont ils ne sauraient avoir ni l'activité, ni la persévérance, mais dont ils singent assez bien les allures automatiques et la morgue stupide. Je parle ici, bien entendu, des nègres civilisés. Les quelques gentlemen noirs que j'ai pu rencontrer étaient d'une correction parfaite au point de vue vêtement et attitude. Les noirs possèdent des aptitudes commerciales assez particulières; malheureusement ces qualités se trouvent le plus souvent atténuées et neutralisées par des actes brusques et inattendus, qui les rapprochent du singe au point de vue incohérence. Les exceptions, et il y en a certainement confirment la règle.

FACTORERIE HOLLANDAISE A BANANA

Je ne dis rien des métis, que j'ai peu vus et qui certainement sont très supérieurs aux noirs. Le Sénégalais, à mon avis, quoique très foncé d'épiderme, est une sorte de métis, ou tout au moins il constitue le passage entre l'élément arabe et la race noire, dont il est un des types les plus intelligents et le plus beau comme physionomie. Tout cela, bien entendu, est très général et formulé par moi sous toutes réserves.

J'ajouterai, ce qui tendrait à corroborer ce que j'ai avancé, qu'on n'a pas encore trouvé parmi les noirs, depuis qu'ils sont en contact avec la civilisation, ni en sciences, ni en art, un type d'homme vraiment remarquable. Je doute par la suite qu'il se rencontre jamais chez eux des Newton, des Humbold, des Voltaire. Est-ce à dire qu'ils ne doivent pas prendre leur place dans la grande société humaine? Je suis d'avis au contraire qu'on doit les aider et surtout ne pas les maltraiter. L'abus de notre supériorité dans ce sens constitue une véritable lâcheté.

Enfin, je vois l'Océan ! j'entends le grand murmure de ses vagues, qui viennent mourir doucement sur le sable ; je respire l'air salin. Dans deux ou trois jours au plus, nous allons voguer sur ses eaux qui sont à peine ridées par la brise, et scintillent de mille diamants.

Voici Banana, avec sa langue de terre pointue comme une aiguille, et ses palmiers qui protègent de leur ombre la riante factorerie hollandaise.

Je prends terre et rends visite à M. Van der Most, gérant en chef de cette maison et de toutes les factoreries du Bas-Congo. Celui-ci, sur la recommandation de son ami et collègue M. Greshof, m'accueille bien et m'offre gracieusement une hospitalité, que je refuse en partie, désirant coucher et prendre mes repas à bord. M. Van der Most me fait visiter sa belle installation, où règnent une tenue et un ordre parfaits.

Ces Hollandais sont vraiment remarquables au point de vue négoce, et je serais tenté de croire que leur activité dépasse celle des Anglais, qui sont pourtant considérés comme maîtres dans le genre. On se figure volontiers le Hollandais indolent et flegmatique. C'est une erreur grande : je les rencontre tous vigoureux, énergiques, je dirai presque *âpres* dans cette lutte pour la fortune; et, si je ne craignais d'offenser mes hôtes, j'ajouterais que leurs compatriotes ont plutôt une tendance à exagérer cette âpreté ; ce à quoi ils pourraient me répondre que nous ferions bien, nous autres Français, de tâcher d'acquérir un peu de ce défaut. Dans tous les cas, les Hollandais ont été parfaits vis-à-vis de moi et je tiens à le déclarer hautement.

Nous devons stationner ici jusqu'au 6 courant, c'est-à-dire trois jours. D'ici là, j'aurai probablement peu de choses à raconter. Je vais en profiter pour revoir mes dessins et faire quelques croquis à bord, où il ne manque pas de types à étudier. M. le docteur Dupont, avec lequel je me suis lié de suite, met obligeamment à ma disposition la troupe de Bangalas qu'il a recrutée dans le Haut-Congo. Je n'ai donc que l'embarras du choix.

Je vais quitter le continent africain, et l'impression que j'en emporte c'est qu'il ne renferme plus ni mystères, ni ténèbres : les vastes espaces qui peuvent encore rester inexplorés, à droite et à gauche des cours d'eau, n'apprendront, je crois, rien de nouveau. Ce continent a été traversé et retraversé dix-huit ou vingt fois par les explorateurs européens ; les uns sans ressources et presque sans appui ; d'autres, comme Stanley avec des moyens formidables, qui pouvaient défier tous les obstacles. Les plus méritants ont certainement été les plus petits et les plus obscurs.

A l'heure actuelle, des routes sont frayées dans tous les sens ; et si on ne les parcourt pas sans courir quelque danger, du moins, on a des chances pour ne plus devenir victime des indigènes, surtout si on se présente en visiteur pacifique.

Le côté arabe, tout en étant plus civilisé, me semblerait plus périlleux à explorer, quoique mieux connu ; cela tient à l'état de guerre, devenu chronique dans ces contrées. Remarquez que j'écarte l'hypothèse des fièvres et des maladies inhérentes au climat. C'est là en effet le vrai péril à redouter. Quant aux horribles coutumes de cannibalisme et aux sacrifices humains, mon avis est qu'elles disparaîtront rapidement; elles sont en somme bien moins répandues que certains voyageurs se sont plus à le raconter : il y a des exemples assez communs de blancs ayant vécu des années au milieu de populations réputées antropophages.

Cependant, il n'en sera pas des noirs comme des peaux-rouges américains, que les blancs ont dépouillés et massacrés

M. VAN DER MOST

sans grand peine, et dont on se plaît encore à chanter, de l'autre côté de l'Atlantique, les fabuleux exploits ; pauvres diables réduits à la plus affreuse misère, et destinés à disparaître complètement d'ici dix années. Ça se passera autrement avec les Africains, qui sont plus doux et paraissent plus disposés que les rouges à accepter la servitude; c'est, en somme, une race d'esclaves destinée de temps immémorial à supporter tous les jougs. Mais ça n'est pas à dire qu'ils ne se révolteront pas contre les oppresseurs ; je suis même persuadé que le sang des blancs arrosera plus d'une fois le sol africain ; et le temps n'est pas éloigné où de terribles représailles pourraient bien payer les cruautés commises. Ça n'arrêtera pas la conquête, qui continuera de plus belle jusqu'à l'instruction complète de la race vaincue, laquelle alors reprendra une revanche terrible, très probablement sous la conduite des Arabes musulmans. L'affaire Dhanis est un avertissement auquel on était loin de s'attendre.

Je n'ai pas la prétention d'être prophète ; mais voici ce qui me parait découler de la logique des faits. Les nègres ont un auxiliaire terrible qui empêchera encore longtemps les Européens de s'implanter au centre du continent : c'est le climat, qui les anémie et les tue sans merci. Il est en outre avéré que nous ne pouvons rien sans les noirs, qui nous fournissent à la fois l'élément travailleur et l'élément militaire dont nous avons besoin pour les soumettre ; ce qui n'est jamais arrivé dans l'Amérique du Nord, où il n'y a pas d'exemple qu'on ait pu enrégimenter les Indiens rouges, et encore moins les obliger à travailler. Des régiments blancs ne dureraient pas longtemps dans le Haut-Oubangui ou le Haut-Congo. Ça ne se passerait pas comme en Algérie ; et la campagne de Madagascar a prouvé surabondamment que je dis la vérité.

Le nord de l'Afrique, le sud, et un peu les côtes sont colonisables ; mais le reste l'est peu ; à moins que l'on ne joue sur les mots et qu'on considère comme colonie une contrée où les années comptent double et triple, quand on n'y succombe pas très rapidement ; sans parler de ceux qui reviennent dans la mère Patrie, rapportant une santé compromise à jamais.

Il n'y a pas trop de population en France, et notre pays pourra encore longtemps nourrir ses habitants ; je ne vois pas la nécessité de les exposer ainsi, avec la perspective de les revoir anémiés, fiévreux, gâteux, quand ils en reviennent. On dit que les voyages instruisent la jeunesse, je le veux bien, mais il y a voyages et voyages ; et je ne conseillerai jamais aux miens et à ceux qui m'intéressent de venir passer leurs vacances à Brazzaville ou à Léopoldville, sur le Congo ou le Niari ; et encore moins de s'y fixer.

Pour mon compte personnel, j'en suis hors, et comme dans la fable du *Renard et du Bouc*, je dis à mes compagnons : « Tâchez de vous en tirer, faites tous vos efforts ; car pour moi, j'ai certaine affaire, etc. »

Non, ce n'est pas tout à fait ce langage que je tiens à mes camarades, qui ne peuvent pas, ne doivent pas rétrograder ; mais je leur souhaite d'aller vite et de revenir tous pleins de vie et de santé, recueillir le fruit de leur héroïsme ; ce qui arrivera sûrement, car, comme me l'a dit Marchand dans une lettre, le plus dur est fait.

Allez, Marchand ! Allez, mon cher Baratier ! on ne récompensera jamais assez vos courageux efforts ; et quels que soient les résultats, on ne saurait qu'applaudir à votre valeur et à celle de vos compagnons.

Nous filons sur l'Océan, laissant la côte d'Afrique sur notre gauche, comme une ligne bleuâtre à peine visible dans la brume ; la mer est calme et l'on nous fait espérer qu'elle gardera sa sérénité durant toute la traversée ; j'en accepte l'augure : je désirerais me reposer un peu des émotions de l'année ; je constate que je suis devenu momentanément très *bourgeois* : j'ai assez des rapides, des sauvages, des crocodiles, serpents, moustiques, chiques et autres agréments de la brousse : j'ai assez des eaux fiévreuse du Congo.

Nous ne ferons plus escale qu'à Sierra Léone et à Las Palmas ; je ne compte pas les autres points de la côte, que nous devons à peine effleurer. Dans tous les cas, je pense être à Paris vers la fin du mois.

La vie à bord de l'*Albertville* s'annonce plutôt monotone,

et n'a rien de commun avec celle du *Stamboul*, de joyeuse mémoire. Ça manque de Français ; je donnerais quelque chose pour avoir à notre table des têtes dans le genre de celles de Poilpot, du capitaine Germain, voire même de Marchand (le Tigre). Ah ! on ne s'embêterait pas avec ces gas-là.

Un coup de canon ! Voici Landana ; il paraît qu'on s'arrête ici au moins deux jours, pour prendre un chargement. L'éternelle barre, qui règne le long de la côte d'Afrique, nous oblige à garder le large, où les effets du phénomène se font sentir par un affreux roulis, malgré le calme de la mer à la surface. Je vous ai déjà décrit ces barres, à ma première traversée, je n'insiste pas : c'est toujours aussi insupportable.

Jusqu'ici le cœur reste solide, et l'anémie semble vouloir disparaître, car ne vous y trompez pas, je suis sorti de la fournaise africaine rôti, déplumé, ravagé. J'espère me *requinquer* un peu, pour faire ma rentrée au pays des blancs ; il me serait désagréable, de vivant et relativement jeune que j'étais quand j'ai quitté l'Europe, d'y revenir un *vieux monsieur*. Et pourtant, je suis obligé, quand je jette un regard dans ma glace, de constater qu'il y a un rude déchet. Je me contenterais encore d'entendre dire de moi cette phrase que j'ai ouï formuler à un camarade, à propos d'un chapeau ayant beaucoup servi et que je refusais d'endosser pour aller dans le monde : « Mais pardon, il est encore mettable. »

Je ne sais si je vous ai dit que je rapportais entre autres curiosités ramassées dans le Congo, un singe et un perroquet. Jusqu'ici ces bêtes sont en bon état ; le singe ressemble assez à un *Auvergnat* de mon quartier qui vend du charbon en détail ; quant au perroquet, c'est le portrait tout craché d'un propriétaire que j'ai eu dans ma toute jeunesse, propriétaire qui, entre parenthèse, n'entendait pas la plaisanterie à propos de l'argent : c'est le même nez ou plutôt le même bec et la même intonation brève, avec des yeux clairs et implacables. Il me semble toujours quand je l'examine (le perroquet) qu'il va me crier : « Mon terme ! » L'illusion serait complète. J'ai peu de sympathie pour cet oiseau, et, si je ne l'avais pas promis à Georges, qui y tient mordicus, il y a longtemps que je m'en serais débarrassé ; quant à l'*Auvergnat*, c'est un brave singe, qui me fait faire du bon-sang avec ses gambades un peu gauches et son collier de barbe noire, encadrant une physionomie plutôt sournoise : *Fouchtra* (c'est son nom) fait les délices de l'élément nègre à bord et j'entends rire les moricauds comme des bienheureux autour de lui. Ils ont certainement des points de contact indéniables avec mon chimpanzé.

Nous avons comme principable distraction une musique d'exécutants nègres, dressés par M. X..., chef d'orchestre. Je suis surpris du résultat obtenu, très rapidement, par le patient chef, qui en somme avait affaire à de purs sauvages.

J'examine du haut du deuxième pont la popote des Bangalas qui est très intéressantes, quoique les ménagères noires ne soient pas encore près de rivaliser avec les nôtres ; une chose me choque absolument chez ces dames, c'est de les voir employer indifféremment et à tour de rôle la même eau, soit aux ablutions, soit aux potages. Après tout ce n'est peut-être pas plus mauvais ; on dit que le feu purifie tout, et très certainement les marmitons de nos restaurants en savent quelque chose.

Nous sommes aujourd'hui mercredi, 9 juin ; nous avons quitté Landana et nous marchons à toute vapeur sur San-Thomé. Le temps qui avait paru se brouiller avant-hier a repris sa sérénité.

Quoiqu'il y ait trois docteurs à bord, j'ai bon espoir d'arriver sain et sauf à Anvers. J'ai bien échappé aux médecins sur le sol d'Afrique, il n'y a pas de raison pour que je me laisse faire sur l'Océan. Ces messieurs sont du reste très gais et entendent parfaitement la plaisanterie.

Une bande de requins a fait son apparition autour de l'*Albertville* et nous suit assez longtemps dans le sillage du bateau. Enfin, après quelques ébats le long des flancs, nous voyons disparaître ces monstres dans les profondeurs de l'Océan ; ils ont jugé sans doute qu'il n'y avait rien à récolter : ce sont les premiers habitants de l'onde que j'aperçois depuis mon départ ; les marins du bord prétendent que c'est de mauvaise augure.

Je dessinais tranquillement dans ma cabine, quand des cris et des hurlements vinrent frapper mes oreilles, partant de l'avant, où sont entassés les soldats noirs et les Bangalas : je montai en hâte sur le pont pour me rendre compte de la cause du tumulte et j'assistai à une véritable mêlée entre noirs : marmites, bouteilles, casseroles s'abattaient sur les physionomies des combattants, avec un entrain digne d'une meilleure cause. Ces enragés, ayant épuisé toute leur vaisselle, finirent par se calmer. Le docteur Dupont, qui n'entendait pas qu'on lui détériorât son stock d'ébène, s'interposa avec plusieurs blancs et la lutte cessa complètement, après que, sur ses vives remontrances, on eut fait l'échange du sang. Les blessés, dont plusieurs grièvement, pansèrent leurs atouts et tout rentra dans l'ordre.

Je vis quelques instants après passer un convoi de quatre soldats, portant une femme enchaînée, puis deux hommes également ligottés : c'étaient les auteurs du conflit : la dame avait, dit-on, été serrée d'un peu près par un soldat de l'État ; et l'époux présumé, qui l'*avait* sans doute *trouvée mauvaise*, avait sans préambule exprimé son mécontentement au troupier, en lui appliquant sur le coin de la face un formidable coup de *tampon*, auquel ce dernier avait riposté par un atout non moins senti : vous connaissez la suite.

CHAPITRE VIII

San-Thomé. — Réflexions. — La vie à bord. — La mort. — Les requins.
Sierra-Leone. — Le Pic de Ténériffe. — Las Palmas.

Nous atteignons la ville portugaise de San-Thomé, le lendemain, à 10 heures du matin.

San-Thomé avec sa côte verdoyante et sa chaîne de montagnes composée de pics élevés, m'apparaît comme un séjour délicieux : son fort, de construction très ancienne, éclate de blancheur au milieu de jolies maisons à toits rouges, éparpillées sur le bord d'une mer couleur émeraude. Une coquette église avec deux tours carrées couronne l'ensemble ; c'est tout à fait charmant.

Si je ne me trompe, nous sommes sous la ligne équatoriale, que je vais franchir pour la sixième fois.

Nous filons maintenant vers Sierra-Leone, toujours avec un temps splendide et un ciel bleu comme on n'en voit guère au Congo. Néanmoins, je trouve que les journées s'écoulent plutôt lentement, et le *grand spectacle* de la mer n'empêche pas l'insipide monotonie du bord de se faire sentir, comme dans toutes les longues traversées. On a essayé de poétiser la vie du marin ; au fond, je la trouve abrutissante, et tous les officiers de bonne foi me l'ont avoué.

Il n'est pas absolument gai d'être enfermé durant des semaines entre quatre planches, avec des têtes plus ou moins sympathiques, au milieu de gens plus ou moins guindés, qui s'observent et pour lesquels on est obligé de s'observer. L'existence est encore possible à bord de nos bateaux, mais veuillez vous figurer la vie sur un steam anglais ; ça devient une obsession, un cauchemar : tous ces personnages en bois, qu'on voit circuler, ces lieux communs qu'on entend débiter d'une façon solennelle, l'importance, la morgue idiote de ces parvenus des denrées coloniales est écœurante. Dire que ce sont ces types-là qui ont la prétention de régner sur le globe, et qu'on rencontre nombre de gens qui les trouvent forts ; probablement parce qu'ils sont riches. Au fond, ne vous y trompez pas, grattez un Anglais, et vous trouverez un butor ; les exceptions mêmes confirment la règle. Tout dernièrement encore l'affaire Jameson a donné une preuve manifeste de la grandeur et de la noblesse du caractère britannique. Je trouve que l'Anglais est le plus vilain peuple du monde ; il est dans tous les cas le plus tartufe et le moins généreux.

Mais, pour en revenir à la navigation en général, elle ne saurait avoir d'agréments, quand elle quitte les proportions d'une promenade : voyez plutôt avec quelle impatience on compte à bord les jours, comme on calcule les distances qui séparent encore de la terre. Quelle joie se peint sur tous les visages, quand arrive le moment si désiré du débarquement : c'est peut-être même cette immense joie qui compense le mal à endurer et finit par donner un charme aux longs voyages sur mer. Après tout, le bien n'est peut-être appréciable qu'à cause du mal ; et l'homme qui n'a jamais souffert n'éprouve sans doute aucune jouissance réelle. Ce sont assurément les choses que nous acquérons avec le plus de peine qui nous donnent le plus de satisfaction. Partant de ce principe, les voyages à travers les océans sont délicieux ; et quand, comme moi, on y joint le mal de mer à peu près à jet continu, le bonheur de toucher le plancher des vaches ne peut être que complet.

En attendant cet heureux moment, cherchons le moyen de nous distraire : il n'y en a pas trente-six : le travail. Malheureusement, le travail devient impossible avec l'affreux balancement du bateau, et l'assiduité procure inévitablement la migraine : Je ne vois sur le pont que gens évachés sur leurs chaises longues, cherchant à tuer le temps par l'assoupissement. Les nègres seuls à l'avant paraissent plongés dans une béatitude véritable : Ne rien faire du matin au soir, c'est le rêve pour eux ; ces gens ne songent à rien, et on voit leurs gros yeux nager dans le vague ; l'horrible balançoire même semble n'être pour eux qu'une douce berceuse : Ah! ils ne sont pas pressés de débarquer ceux-là. Ils sont sous l'œil paternel du bon docteur Dupont, qui les observe de l'étage supérieur et joue pour eux le rôle de la Providence. Je suis sûr que ces pauvres gens garderont longtemps, après qu'ils seront retournés dans la brousse, le souvenir du docteur. Il est vrai que le nègre est bien ingrat par tempérament.

Puisque j'ai promis d'être sincère, à propos de mes impressions de voyage, je vais vous en communiquer une qui ne manquera pas de vous étonner : Durant ces longs jours de mélancolie que je passe à bord de l'*Albertville*, j'ai des retours, malgré mon vif désir d'être au milieu des miens, j'ai, dis-je, des retours de pensée vers cette Afrique que je laisse derrière moi et où j'ai certainement beaucoup souffert ; le croirait-on, certains souvenirs m'apparaissent maintenant riants et pleins de charme : entre autres je ne puis effacer de mon esprit la vue que j'avais à Brazzaville chaque matin, par la porte ouverte de mon chimbeck : cette porte encadrait un coin vraiment féerique de jardin, où le soleil versait ses palets d'or et ses diamants sur un va et vient d'hommes et de femmes aux pagnes bariolés de mille couleurs.

Je ne sais pourquoi cette scène en particulier me revient obstinément sous les yeux avec un éclat et une intensité de lumière sans pareils. Ce charme n'est subitement rompu dans mon souvenir que par l'intrusion brusque de l'élément militaire, auquel je n'ai pu me soustraire que par des tours de force et d'adresse.

Remarquez qu'il n'y a pas à en vouloir aux militaires eux-mêmes; c'est au régime uniquement qu'il faut s'en prendre. Je conclus, en disant que l'Afrique pourrait bien avoir été trop durement jugée par moi, parce que j'y étais en partie privé de ma liberté, en proie à une irritation, à une excitation, qui, plus d'une fois, m'ont procuré la fièvre. Parmi les officiers, un seul, avec lequel j'ai passé plusieurs mois, sans aucun nuage, a eu le tact de ne jamais essayer de me faire sentir sa supériorité hiérarchique, c'est Baratier. (Je me trompe, un autre aussi m'a laissé un charmant souvenir.) J'ai gardé pour Baratier une affection véritable. Je conclus, dis-je, qu'il se pourrait parfaitement, comme on me l'a prédit plus d'une fois, que j'oublie un jour les douleurs, pour ne plus me souvenir que des bons moments passés là-bas.

Dans tous les cas, si je reviens jamais, ce dont je doute, ce sera en possesion d'une pleine indépendance et en mesure de me protéger moi-même; je me crois beaucoup plus apte à mener une expédition qu'à la suivre. A mon avis, les héros exotiques dégringolent souvent quand on les voit de trop près; heureusement pour eux, ils sont leurs propres historiens; sans quoi, il y aurait fort à rabattre sur leurs exploits, exactement comme pour les hommes politiques.

Tout ce monde, un peu théâtral, n'a que la valeur due au jour sous lequel il se présente : ces messieurs peuvent rarement résister à un examen sérieux, et le plus souvent, ils sont entachés de charlatanisme. Il faut, pour être édifié, les entendre se juger entre eux. En somme, beaucoup se montrent jaloux, vaniteux, et un tantinet blagueurs. S'il y a des exceptions, elles sont rares et il faut une bonne lanterne pour les découvrir. Mais, nous sommes bons de nous faire de la bile à ce propos ; ça a dû se passer de tout temps de la même façon : mystificateurs et mystifiés, dupeurs et dupés, rouleurs et roulés.

Mais vous en parlez bien hardiment, me dira-t-on.

J'en parle fort à mon aise, en effet, moi qui ne suis ni savant, ni explorateur, ni soldat, qui ne brigue ni récompense, ni honneurs, ni grade, ni distinctions d'aucune sorte, distinctions qui à de rares exceptions prêtent plutôt à sourire, et ne sauraient tenter quiconque à la prétention d'être un homme. Je suis un artiste, un curieux, je n'ose dire un philosophe, le plus beau titre qu'on puisse envier.

Aujourd'hui 14, a eu lieu à bord une triste cérémonie : on a lancé dans les profondeurs de l'Océan le corps d'une jeune femme, embarquée à Boma déjà fort malade.

Je ne vous ferai pas la description de la scène qui est toujours imposante dans sa simplicité, avec son cadre grandiose, qui donne bien l'idée du néant de la vie humaine. Un triste détail ajoutait à l'impression du spectacle, c'était la présence d'un enfant de trois ans à peine, qui assistait inconscient à cette immersion de sa mère. Le pauvre petit diable a une famille, à Anvers, laquelle est loin d'être fortunée ; on va, dit-on, faire à bord une collecte qui permettra de mettre quelques centaines de francs à la disposition de la personne qui se charge provisoirement de l'enfant.

Déjà un malheureux nègre était mort et avait été lancé à l'eau au commencement du voyage. Il est vrai que c'est si peu de chose qu'un nègre. La cérémonie n'avait pas été longue.

Je ne parle que pour mémoire du trépas de mon chimpanzé l'*Auvergnat*... De Profundis !

Durant l'après-midi, des requins, formidables cette fois, se sont montrés aux flancs du navire ; ils sont nombreux et très visibles. Ces animaux de mauvais augure nous accompagnent durant plusieurs heures : je croyais pourtant en avoir fini avec les anthropophages.

15 juin, 10 heures du matin. — Voici Sierra-Leone, avec ses îles délicieuses et éclatantes de verdure; cette station est, à première vue, un véritable paradis. Néanmoins, je m'abstiens de descendre à terre; j'aurais trop peur de voir l'*Albertville* filer sans moi ; et puis, la nommée *fièvre* réside

UNE RUE DE SIERRA-LEONE

ici, dit-on, en permanence : je ne tiens absolument pas à renouer d'anciennes relations ; je suis en outre persuadé que l'endroit est plus joli à regarder du bateau ; et puis, il doit y avoir beaucoup d'Anglais : et pour moi l'apparition d'un Anglais attriste toujours un paysage.

Une chaleur humide pèse en ce moment sur les épaules, plus insupportable peut-être que celle du Congo ; on m'affirme qu'il en est toujours ainsi, et que nombre d'Européens crèvent comme des mouches en cette saison. Je ne demande donc qu'à prendre une fuite rapide, quitte à faire plus en détail une visite à la localité, lors de mon futur voyage.

Encore une escale et nous en aurons fini avec les bons nègres.

C'est, je crois, *Las Palmas* que nous allons accoster, mais il nous faut au moins six jours de navigation; je dois donc encore mijoter une bonne semaine dans mon jus, avant de respirer un air normal.

C'est curieux : à mesure que j'avance vers le nord, il me semble que je sors d'un rêve pénible, d'une espèce de cauchemar dans lequel mille obstacles entravaient ma marche, où tous mes efforts étaient brisés par une résistance passive. Une sorte de calotte en plomb, qui me couvrait le cerveau, s'allégit petit à petit; mes forces musculaires et ma vitalité renaissent doucement; je me fais l'effet d'un poisson qui a reçu une secousse électrique produite par la cartouche de dynamite lancée dans ses eaux : de mort que j'étais en apparence, je ressuscite peu à peu, j'étends une jambe, un bras, je me lève, je marche; pour un peu, je vais courir, sauter. Et puis, autre phénomène : il me semble que j'ai quitté Courbevoie il y a quelques jours à peine. J'entends la voix de ma femme qui gourmande Georges, lequel du reste ne s'en fait pas autrement de bile; les chiens aboient dans le jardin; je vois l'immense silhouette de Judet, qui a arrêté son cheval devant la grille et sonde de l'œil la façade de la maison : « Bonjour, Castellani : ne vous dérangez pas, je venais savoir si vous pouviez venir, à onze heures, déjeuner à la maison; Morès y sera... » Pauvre Morès, hélas! il n'y sera plus; le monstre africain l'a dévoré.

Oui, tout cela est passé depuis plus d'un an; il me semble que c'est d'hier.

N'importe, illusion ou réalité, je suis content de sortir de l'aventure. C'est comme si j'avais vécu un conte d'Edgard Poë.

Les nuits sont de plus en plus intolérables dans les cabines ; par contre, elles sont très dangereuses sur le pont au point de vue de la fraîcheur ; car, ne vous y trompez pas, c'est encore cette bonne Afrique qui est la terre par excellence des rhumatismes. Comme vous voyez, il y a du choix : ou étouffer en bas ou devenir perclus de douleurs en haut ; dans tous les cas, l'anémie est garantie partout.

Il y a des malades à bord, mais surtout des languissants : on est naturellement beaucoup plus faible au retour qu'à l'aller, nous avons presque tous des figures de papier mâché ; de vrais têtes de coloniaux.

Nous approchons de Las Palmas ; le cauchemar dont je vous ai parlé plus haut s'évanouit tout à fait : toute cette féerie macabre a disparu, comme les fantômes aux premiers rayons du jour. Me voilà hors de cet enfer africain, où je m'étais aventuré assez imprudemment, et qui, maintenant que j'ai repris mes esprits, m'apparaît comme le vestibule de la mort, le creuset du néant ; où le sang se dessèche, les cervelles se fondent, les os s'exfolient ; où il semble qu'on assiste à sa propre vivisection. Tout cela est sinistre, lugubre, et j'éprouve la joie d'un homme qui s'éveille et se dit : « Tant mieux ! ça n'était qu'un rêve. »

Aujourd'hui 18 mai, le vent nous apporte les effluves d'Europe, un peu vivement, un peu brutalement si vous voulez ; mais c'est bon néanmoins, et on se sent respirer à pleins poumons : Souffle, vend du nord, tes rudes caresses soulèvent les flots, mais font circuler le sang dans les veines.

A mesure que nous marchons vers Las Palmas, l'Océan prend des teintes méditerranéennes ; on se sent presque chez soi aux Canaries, et ces îles, qui marquaient le seuil du monde ancien, aujourd'hui sont les sentinelles avancées de l'Europe dans l'Atlantique.

Ainsi demain, s'il ne survient pas d'accident, nous naviguerons dans nos eaux.

Il est temps : je commence à avoir assez des têtes du bord ; je ne parle pas des nègres transportés, ceux-là m'horripilent : mais même mes amis les bons Belges finissent par me scier l'épine dorsale, avec leurs gasconnades qui, toutes septentrionales qu'elles soient, sont encore plus indigestes que les nôtres. Le gonflement de la grenouille, qui veut se faire aussi grosse que le bœuf, n'est rien à côté de l'enflure de ce petit peuple composé de Français et d'Allemands.

J'ai été, je crois, assez élogieux envers nos voisins pour ne pas leur ménager mon opinion :

Oui, la Belgique a plus travaillé au Congo que la France, qui, elle, n'a rien fait du tout; mais je doute que le fameux Congo belge enrichisse de sitôt la mère Patrie, laquelle jusqu'ici s'est contentée d'y envoyer mourir ses enfants les plus vigoureux au profit de quelques aigrefins... mais, arrêtons-nous, car je sens que je m'égare sur le chemin glissant et fangeux de la politique.

Donc, je vous disais que j'éprouve le besoin impérieux de changer de vis-à-vis et de têtes ; et tous ceux qui ont navigué me comprendront; j'ai promis de dire exactement mes impressions ; je vous les sers donc telles quelles, au fur et à mesure qu'elles se produisent. Vous me trouverez peut-être grincheux, hargneux, pointu ? Ce n'est pas ma faute; je n'ai qu'une prétention : c'est être sincère. Pourrai-je l'être complètement ? C'est bien difficile, et j'ai déjà suffisamment payé la vaisselle cassée pour mettre un peu de prudence dans mes allures.

Nous filons, nous filons toujours, et l'*Albertville*, fendant la nappe liquide, fait jaillir à droite et à gauche deux gerbes d'écume blanche qui fuient en tourbillons rapides, le long de ses flancs.

Que le vieux Neptune nous continue ses faveurs. Jusqu'ici, nous n'avons pas eu de tempête et, par conséquent, pas de retard.

20 *juin*. — Tous les yeux sont fixés, toutes les lunettes sont braquées à l'avant : on cherche le fameux pic de Ténériffe, qui se cache, dit-on, dans la brume et devrait déjà montrer sa pointe à l'horizon.

Les uns parient qu'il ne paraîtra pas avant midi, d'autres affirment pour deux heures, d'aucuns pour six; enfin, des pessimistes déclarent qu'on ne le verra que demain matin. Que

PIC DE TÉNÉRIFFE

le diable les emporte tous! Je prétends, moi, l'avoir vu ce matin même au lever de l'aurore; et le capitaine Blake dit que c'est possible.

Cette fois, il n'y a pas à douter, non seulement nous avons devant nous le pic, mais toute la silhouette montagneuse des îles : dans six heures, nous serons à Las Palmas et nous en aurons fini définitivement avec la race noire : déjà nous côtoyons la grande île et nous atteignons la pointe qui

LAS PALMAS

ÉPILOGUE

La *Dépêche*, de Toulouse, publie les deux lettres suivantes, écrites à sa famille par un sous-officier aux tirailleurs sénégalais qui fait partie de la mission Marchand :

Nozzioby, le 25 juillet 1897.
(25'55 Est et 5'33 Nord.)

« Cher cousin,

« Je suis, dans la Haute-Egypte, occupé à construire un nouveau poste sur les bords du Souch, sous-affluent du Nil Blanc. C'est une étape de plus dans cette région peu connue que la mission Marchand va disputer aux exploiteurs anglais et belges.

« Si nous réussissons, j'oublierai de bon cœur tous les dangers et toutes les fatigues. Mais que de difficultés, que de combats à surmonter contre la nature et peut-être les hommes. Les Derviches ne sont pas commodes, et le bateau que nous traînons depuis Loango, tantôt par eau, tantôt par terre à travers les forêts, les marécages et les rochers, ne va pas seul sur le Nil. Ah ! quand nous l'aurons lancé sur le grand fleuve, il y aura en Europe des gens bien étonnés, stupéfaits, désappointés.

« Nous n'avons pas de repos, car un jour de retard rendrait tous nos efforts inutiles ; tout ce que nous aurions fait le serait en pure perte si les Anglais ou *d'autres* occupaient notre route quand nous voudrons passer. Je crois au succès à la condition de bien marcher ; malgré mon espoir, j'ai une crainte secrète d'arriver trop tard. Quand tu liras cette lettre, nous serons sur le Nil ou bien nos os blanchiront lentement dans la brousse d'Égypte, sous un ciel de plomb. Si nous sommes détruits, je crois que je garderai au-delà de la mort le regret de ne pas avoir réussi. Oui, mon seul désir, à l'heure actuelle, est de voir le *Faidherbe* promener nos couleurs entre Khartoum et Gondokoro. Vous devez savoir en France que le *Blot* est arrivé au Tchad ; nous pouvons en être fiers, c'est le premier bateau qui flotte sur ce lac mystérieux, et c'est un bateau français. »

Tambourah, 27 août 1897.

« Chers parents,

« Nous sommes allés dans l'Oubangui pour occuper la Haute-Égypte, faire connaître notre force aux Derviches, lancer un bateau sur le Nil et réunir, si c'est possible, notre colonie d'Obock, sur la mer Rouge, à celle du Congo, sur l'Atlantique. Nous sommes vingt-trois blancs pour ce travail avec cinq cents tirailleurs noirs. Le plus pénible est pourtant fait ; je viens de conduire les derniers morceaux du bateau au bord de la rivière du Souch où on va le monter.

« Je ne me suis guère amusé avec ces deux cents porteurs que nous avions pris de force et qui cherchaient à s'échapper à la moindre occasion. On avait beau fusiller ou pendre ceux qu'on rattrapait, les autres essayaient quand même et quelques-uns réussissaient de temps en temps. Alors, les charges seraient restées en arrière si je n'avais pas eu la patience d'aller dans les villages voisins, avec quatre ou cinq tirailleurs, pour ramasser les hommes ou les femmes qu'on y trouvait; on leur plaçait 30 kilogrammes sur la tête et je continuais la route avec toutes les charges; parfois, tout le monde abandonnait le village, je mettais le feu à une ou deux cases; généralement, le moyen était bon, et tous revenaient; on faisait attacher le chef, qui était obligé de donner des esclaves pour enlever les charges

« D'autres fois, personne ne se présentait ; nous faisions enlever tout ce qui était dans les cases ou les greniers, et nous le distribuions aux autres noirs du convoi, qui mouraient de faim. La nuit, on surveillait tout ce monde-là ; mais ils s'enfuyaient tous à la fois et il était difficile de tuer tout le monde.

« Ce manège-là m'a bien fatigué et bien dégoûté. Vous ne devez pas trop vous étonner de ce que je viens de raconter : c'est la seule façon d'obtenir quelque chose de ces brutes. J'en souffrais au début; mais, quand je les ai vus si dégoûtants, si sauvages, se disputer beaucoup de leurs camarades fusillés pour les manger, il m'arrivait d'avoir envie de faire faire des feux de salve dans le tas.

« Je me porte bien... etc. »

D'autre part, la famille de M. Landeroin, lequel est attaché à la mission Marchand en qualité d'interprète pour l'arabe, a reçu de lui une lettre très optimiste dont nous extrayons le passage suivant :

Tambourah, 22 août 1897.

« Il paraît que nos bons amis les Anglais ont fait courir le bruit du massacre de notre mission. N'en croyez rien, nous sommes tous en excellente santé et ce bruit qui court ne nous empêche pas de nous porter très bien et de trouver le séjour du centre africain très agréable.

« Nous sommes trop forts et trop bien armés pour redouter un pareil désastre. Mais les Anglais ont tout intérêt à le faire croire en Europe pour qu'on nous abandonne. »

TABLE DES MATIÈRES

TABLE DES MATIÈRES

PREMIÈRE PARTIE

DE MARSEILLE A BRAZZAVILLE

CHAPITRE PREMIER

Pages

A bord du *Stamboul*. — Las Palmas. — Le Charnier. — Le baptême du tropique 1

CHAPITRE II

Dakar. — Le Marché nègre. — Le Margouillat. — Les tirailleurs sénégalais. — Konacry. — Les Croumanes. — Dreywin. — La barre. — Le gorille. — Grand-Lahou, un palabre. 12

CHAPITRE III

Cap Coast. — Le Douanier nègre. — Cotonou. — La Rade aux requins. — Libreville. — M. de Brazza. 21

CHAPITRE IV

Loango. — Les Incendies de brousse. — La Rivière des Diamants, la Source. — Les aiguilles. — La Fête des calebasses. — Le boa et la poule noire. 35

CHAPITRE V

Le capitaine Baratier et M. Fondère. — La montée du Kuilou. — Les chutes de Koussounda. — Le Mayombe. — Un accident. — Le petit courrier. — Une légende au centre africain. 46

CHAPITRE VI

Insectes dévorants. — Chefs indigènes. — Nos boys. — Caïmans et hippopotames. — Aventure avec les fourmis. — Chavirement. — La tombe du lieutenant de vaisseau Besançon. — Le chef Tali. — Hospitalité des indigènes. 60

CHAPITRE VII

La fièvre. — Par monts et par vaux. — Zélingoma. — L'esclavage. — Je rends la justice. — Mort d'un caïman 81

CHAPITRE VIII

Naufrage d'une baleinière. — Les Bacotas. — Départ de Zélingoma. — Les tortues géantes. — Loudima. — Les Bacombas. 96

CHAPITRE IX

La Mission de Bouenza. — La traite des enfants. — Les nains. — Les araignées. — La Station de Kimbiedi. — Les chefs de postes. — La Mission Liotard. — Le jardinier annamite. — Le Dr Émily. — Étapes vers Brazzaville. — Rencontre de Baratier. — Une lettre de Marchand. — Macabandilou. — L'échange du sang. — La chique. 110

DEUXIÈME PARTIE

DE BRAZZAVILLE A BANGUI

CHAPITRE PREMIER

Brazzaville. — La maison hollandaise. — La disette. — La fièvre. — Le tueur d'éléphants. — Le boa. — Un prince tatoué 131

CHAPITRE II

Pages

Mort de Mabala. — Le capitaine Marchand. — Léopoldville. — Un moment critique sur le Pool. — Querelle de chasseurs. — Un hippopotame dans une écurie 150

CHAPITRE III

Partie de chasse manquée. — Le petit cannibale. — Chasseurs d'hommes. — En pirogue avec Louettières. — Odyssée d'une princesse. — Les scrupules de Moussah et de Mamadhou. — Tiraillements avec le chef. 161

CHAPITRE IV

La vente des armes. — La chicote. — Le fleuve Congo et ses habitants. — Je veux lâcher la Mission. — Exécution des chefs Missitou et Mayoké. — Fuite sur le *Faidherbe*. — Retour à Brazzaville. 175

CHAPITRE V

Le jeûne. — Le village Batéké. — Je demande asile à la mission. — Noël. — Un ornement bizarre. — Fausse alerte 189

CHAPITRE VI

Retour de Marchand. — Un mort récalcitrant. — Marchand rend la main. — Un Sénégalais dévoré par un crocodile. — Le Cassaï. — La Sanga. — M. Lafitte. — Une fugitive. — Un épisode de chasse dramatique. — M. Costa et le féticheur à Liranga. 198

CHAPITRE VII

L'équateur. — L'Oubangui. — A bord de la *Ville-de-Bruges*. — Un village cannibale. — Un Sénégalais disparu. — Politesse anglaise. — Imécée. — M. Tréchot attaqué par les indigènes. — L'anthropophagie. 212

CHAPITRE VIII

Les marchés. — L'ensablement de la *Ville-de-Bruges*. — Rencontre de l'*Antoinette*. — Zinka. — Un voleur audacieux 222

CHAPITRE IX

Pages

Bangui. — Ponel. — Comte. — A propos des Sultans noirs. — Les Bondjos. — Le cochon rouge. — Mgr Augouard. — Le trou au peintre. — La justice de Bangassou 232

CHAPITRE X

Les tornades. — Entre éléphant et crocodile. — Le cadavre de M. Jucherot sauvé des cannibales. — Meurtre du jardinier sénégalais. . . . 249

CHAPITRE XI

Chasse aux écumeurs bondjos. — Disparition de mon boy. — Mort d'un éléphant. — Expédition vers Wadda. — Les rapides de l'En-Avant. — La nuit au village Bondjo. — Le léporide et le serpent dans la marmite. — Les élections à Bangui. 259

CHAPITRE XII

Un vol chez les Pères de la mission. — Mort dramatique d'un porte-pavillon belge. — Sacrifices humains. — Climat mortel aux Européens. — Les monnaies courantes. — Un margouillat dans le potage. 272

TROISIÈME PARTIE

DE BANGUI A ANVERS

CHAPITRE PREMIER

Je quitte Bangui. — Un boa en plein fleuve. — Le sergent sans oreilles. — Le polyphone. — Les perroquets. — Une lettre de l'enseigne de vaisseau Dyé. — Rencontre et adieux de Marchand. 285

CHAPITRE II

Mes compagnons belges. — Un poisson d'avril. — Accueil courtois du major Van der Grinten à Imécée. — Les indigènes d'Imécée, le village.

TABLE DES MATIÈRES 437

Pages

La sentinelle de l'État. — Pendaison d'un chef cannibale. — Lutte de femmes. 298

CHAPITRE III

Départ sur la *Ville-de-Bruges*. — Nouvelle dramatique de Tamboura. — Accident sur le fleuve. — La chaise congolaise. — Un trafiquant modèle. — La cargaison de Monseigneur. — Iréboux. — La mort d'un docteur. — Équateurville et Coquiaville. — Meurtre de Louettières. — Le chimpanzé de Lafitte 319

CHAPITRE IV

Splendeurs du Congo. — Un mauvais tour de l'équipage. — Retour à Brazzaville, le nouvel administrateur M. Gaillard. — Figures d'amis retrouvées. — Kinshassa. — La mort marche. — Le massacre de l'Expédition Dhanis. — Les rapides du Pool. — Une aventure rétrospective de Marchand. — Le Dr Sims. 340

CHAPITRE V

En route pour la côte. — La mission de Kimouenza. — Majala. — Kimbongo. — Le buffle. — Obligé de montrer les dents. — Tombes de chefs. — Tampa. — Un Père à mule. — Lukusu. — Inkisi. — Le chemin de fer. 365

CHAPITRE VI

Rencontre de Malou-Malou. — M. Laplène. — Le piton. — Tumba. — La maison hollandaise, M. d'Angremont. — Un embarquement de noirs. — Tapage nocturne à Tumba. — Faux départ. — Matadi. — Nouvelles d'Europe. — Mes hôtes hollandais. — Souvenir du *Stamboul*. — Les Pères de Matadi. — Le cigare. — La traite de l'ivoire 374

CHAPITRE VII

L'*Albertville*. — Le départ. — Boma. — Des Anglais. — Quisanga. — L'océan et Banana. — Encore les Hollandais. — Le départ. — Singe et perroquet. — Orchestre noir. — Les Bangalas. — L'émeute 399

CHAPITRE VIII

San-Thomé. — Réflexions. — La vie à bord. — La mort. — Les requins. — Sierra-Leone. — Le Pic de Ténériffe. — Las Palmas. 413

Épilogue 427

PARIS. — IMP. E. FLAMMARION, RUE RACINE, 26.

www.ingramcontent.com/pod-product-compliance
Lightning Source LLC
Chambersburg PA
CBHW060932230426
43665CB00015B/1914